GÄRTNERN: KANN JEDE*R!

ÖKOLOGISCH. NACHHALTIG. URBAN.

ALESSANDRO VITALE

DK

DK | Penguin Random House

Lektorat Ella Chappell, Brittany Willis, Abi Waters
Gestaltung und Bildredaktion Karen Smith, Alice Claire Coleman
Umschlaggestaltung Kate Cromwell, Alice Claire Colemann
Herstellung Uzma Taj
Fotos Alessandro Vitale, Elliot Webb (Pilze)

Für die deutsche Ausgabe:
Verlagsleitung Monika Schlitzer
Programmleitung Heike Faßbender
Redaktionsleitung Dr. Kerstin Schlieker
Projektbetreuung Manuela Stern
Herstellungsleitung Dorothee Whittaker
Herstellungskoordination Claudia Rode
Herstellung Stefanie Staat

Titel der englischen Originalausgabe:
Rebel Gardening

Übersetzung Reinhard Ferstl
Lektorat Corina Steffl

ISBN 978-3-8310-4835-9

Druck und Bindung TBB, a.s., Slowakei

FSC MIX Papier | Fördert gute Waldnutzung FSC® C022120 www.fsc.org

www.dk-verlag.de

Hinweis
Die Informationen und Ratschläge in diesem Buch sind vom Autor und vom Verlag sorgfältig erwogen und geprüft, dennoch kann eine Garantie nicht übernommen werden.
Eine Haftung des Autors bzw. des Verlags und seiner Beauftragten für Personen-, Sach- und Vermögensschäden ist ausgeschlossen.

INHALT

EINFÜHRUNG

TEIL EINS
DEN GARTEN STRUKTURIEREN

Teil zwei
Was pflanze ich wie?

Teil drei
Garten-pflege

TEIL VIER
DIE BESTEN PFLANZEN FÜR EINSTEIGER

ANHANG

EINFÜHRUNG

ÜBER MICH UND MEINEN GARTEN

Wusstet ihr, dass ihr Nahrungsmittel überall selbst anbauen könnt, ganz gleich, wo ihr wohnt oder wie viel Platz ihr habt? Das ist nicht nur gesund für Körper und Geist, es reduziert auch Müll und verbessert eure CO_2-Bilanz. In einer Welt, in der die meisten Menschen keinerlei Bezug mehr zu den Ursprüngen ihrer Nahrung und deren Erzeugung haben, zeige ich euch, wie ihr euch in einem urbanen Raum selbst mit Obst, Gemüse und Kräutern versorgen könnt!

Ich heiße Alessandro, bin 30 Jahre alt und stamme aus Norditalien. Vor etwa sieben Jahren bin ich nach London gezogen. Ich begeistere mich für Tattoos, seit ich zwölf bin, und arbeite als freiberuflicher Videograf, erstelle also Filme. Außerdem zeige ich anderen, wie sie gärtnern, nachhaltig leben und die Abfallmenge reduzieren, die sie produzieren. Ich finde, wenn wir einen eigenen Garten oder sonstigen engen Bezug zur Natur haben, sollten wir uns stets um Nachhaltigkeit bemühen und unsere Umwelt bewahren.

Meine Leidenschaft ist schon seit meiner Kindheit das Gärtnern. Besonders gern beobachte ich die Reaktion der Menschen, wenn ich ihnen von mir und meiner Beschäftigung erzähle.

»Ich lebe still in einer Nische der Natur und hoffe, dass das auch immer so bleibt!«

Ich habe die meiste Zeit meines Lebens in Italien verbracht, wo ich direkt in den Anbau von frischen Lebensmitteln involviert war. Der Unterschied zwischen verarbeiteten und natürlichen Nahrungsmitteln ist mir seit meiner Kindheit bewusst. Gleichzeitig habe ich gelernt, woher sie stammen und wie man sie anbaut.

Die Leidenschaft für das Gärtnern verdanke ich meinem Großvater, der mir alles beigebracht hat, was er über lebendige Erde und den Anbau ohne Chemie, in Harmonie mit der Natur, wusste. Durch den Umzug nach London habe ich noch mehr Lust bekommen, einen Raum zu schaffen, in dem Boden und Lebewesen koexistieren und wir Natur auf eine Weise erfahren, die uns dem Alltag entreißt.

Meine Familie gehört zu meinen wichtigsten Stützen. Dank ihr meistere ich viele Herausforderungen des Lebens. Meine Eltern ließen mich in meiner Jugend viel reisen. Von meiner Schwester wurde ich beim Entwerfen einer besseren Zukunft für die junge Generation unterstützt. Mein wichtigster Halt aber ist meine Freundin Iasmina, die mir in allem zur Seite steht. Ohne sie und ihren Einsatz wäre ich nicht, wo ich heute bin.

Mit dem Anbau von Obst und Gemüse habe ich angefangen, weil ich immer eine enorme Leidenschaft für die Natur hatte – etwas, was unserer modernen Gesellschaft verloren gegangen ist. Ich will nicht die Massenproduktion von Nahrungsmitteln durch Großunternehmen unterstützen. Sie arbeiten mit Kunstdüngern und Pestiziden, die der natürlichen Biodiversität und der Umwelt schaden.

In London steht mir nur ein 8 × 5 m großes Stück Land zur Verfügung. Trotzdem konnte ich die Erzeugung von Lebensmitteln optimieren, indem ich mich auf das vertikale Gärtnern (siehe Seite 52) verlegt habe und alle nur erdenklichen Räume in unserem Stadtgarten nutze. So kamen meine Partnerin und ich eine ganze Saison lang gänzlich ohne gekauftes Obst und Gemüse aus. Vor Kurzem habe ich sogar unseren Vorgarten, eine Betonwüste, in ein Gemüsebeet umgewandelt. Ich hoffe, mit diesem Buch Menschen zu etwas weniger Rasen und mehr Nutzgarten zu inspirieren.

Ich baue vielerlei Obst und Gemüse an, alles in Hochbeeten und Töpfen. Dabei verwende ich überwiegend alte Sorten und eigenes Saatgut. Das Sammeln von Samen und die Saatgutautonomie (siehe Seite 75) sind dabei von entscheidender Bedeutung, denn jedes Samenkorn ist ein Bindeglied zur Vergangenheit, Gegenwart und sogar Zukunft.

Um einen gesunden Boden und ein tragfähiges Netz aus Mikroorganismen zu erhalten, arbeite ich mit mehreren Strategien. Mit dem »No-Dig-Gärtnern«, dem Gärtnern ohne Umgraben (siehe Seite 20), versuche ich die Mikroaktivität meines Bodens nicht zu stören. Jadam nennt sich eine aus Korea stammende Methode des preiswerten Biolandbaus (siehe Seite 22). Außerdem habe ich viele Prinzipien der Permakultur (siehe Seite 23) übernommen. In der Permakultur geht man davon aus, dass das Ökosystem eines Gartens selbsterhaltend und nachhaltig ist. Ein wesentlicher Aspekt der Permakultur ist das Konzept des geschlossenen Kreislaufs. Das heißt, dass alles wieder in das System einge-

Die Juli-Ernte

Mein Vorgarten

speist wird. Aus Abfall werden wiederverwendbare Ressourcen.

Auch bei der Anlage meines Gartens war Permakultur der Ausgangspunkt. Ich habe ihn so angelegt, dass möglichst wenig Abfall entsteht, und setze bis heute auf Zero Waste (siehe Seite 64).

Außerdem arbeite ich viel mit Mischkultur. Dabei werden Pflanzen so kombiniert, dass sie sich gegenseitig nützen. Mischkultur hat viele Vorteile und erhöht zudem den Zierwert des Gartens, weil sie

- Farbakzente setzt,
- Schädlinge vermeidet,
- Nützlinge anlockt,
- Bestäuber auf den Plan ruft und
- den Geschmack vieler Gemüsepflanzen verbessert.

Erträge im eigenen Garten lassen sich erheblich steigern, wenn man herausfindet, wie Pflanzen sich gegenseitig in ihrem Wachstum beflügeln.

Ich besorge mir mein Saatgut überwiegend durch Tausch oder im Online-Handel bei seriösen Unternehmen, die Bioprodukte anbieten. Außerdem sammle ich es im eigenen Garten. Ein besonderes Faible habe ich für Chili. Inzwischen besitze ich eine Sammlung, die rund 600 Sorten umfasst.

Das Sammeln von eigenem Saatgut gehört zu den wichtigsten gärtnerischen Tätigkeiten. Dadurch bekommen Sorten die Möglichkeit, sich an die jeweiligen Bedingungen im Garten anzupassen. So hat man optimale Kontrolle über seine Produktion.

Samen sammeln heißt, Nahrungsmittelkultur zu bewahren. Alte Sorten gäbe es längst nicht mehr, wenn Gartenbesitzer sie nicht gesät, gepflanzt und gesammelt und dadurch gerettet hätten.

»Sammelt jedes Jahr Saatgut in eurem Garten. Ein Samenkorn bewahrt das Beste aus dem letzten Jahr und ist ein kostenloses Geschenk für das nächste!«

URBAN GARDENING

Das Gärtnern in einer großen Stadt wie London hat seine Vor- und Nachteile. Wenn man in einem urbanen Raum wohnt, kann es vorkommen, dass man öfter umzieht. Ich musste in den letzten sieben Jahren fünfmal die Bleibe wechseln und deshalb meinen Garten jedes Mal komplett neu anlegen. Dazu gehörte auch, dass ich mein Gewächshaus immer wieder ab- und aufgebaut und Unmengen Erde umgeschichtet habe. In meinem aktuellen Garten hatte ich ein ganzes Jahr lang kein Wasser und durfte täglich acht- bis zehnmal zwei 10-Liter-Gießkannen die Treppen hinuntertragen. Aber ich wollte unbedingt einen Garten!

»Es gibt keinen Planeten B!«

Inzwischen weiß ich, was in vielen urbanen Räumen machbar ist. Deshalb habe ich es mir zur Aufgabe gemacht, inspirierende Videos über Nachhaltigkeit und die Bedeutung des Eigenanbaus von Obst, Gemüse und Kräutern zu produzieren. Ich habe mit Unternehmen wie Vans, Natwest, BBC, Unilever und vielen weiteren zusammengearbeitet, um Zeichen zu setzen und unseren Lebensstil zu verändern.

Ich sage es jedem, der es hören möchte: Genüsse im eigenen Garten heranzuziehen macht einen Riesenspaß. Ich habe sogar einen YouTube-Kanal eingerichtet, da mir vor allem daran gelegen ist, dass jeder so viele grüne Räume wie möglich anlegt. Böden können Kohlendioxid binden und damit dem Klimawandel entgegenwirken.

Mein Hauptanliegen ist es, euch zu zeigen, wie ihr euch mit Selbstangebautem versorgt und es haltbar macht, damit nichts verschwendet wird. Manchmal kommt es uns vor, als könnten wir als Einzelne nichts dazu beitragen, dass sich die Welt verändert, aber das stimmt nicht. Wir können der Umwelt und kommenden Generationen etwas Gutes tun, selbst in unseren lebhaften Städten. Ich will euch mit meiner Begeisterung für das Gärtnern anstecken. Deshalb habe ich dieses Buch geschrieben, in dem ich euch Schritt für Schritt zeige, wie ihr euch einen grünen Daumen wachsen lassen könnt!

WARUM URBAN GARDENING?

Mit diesem Buch möchte ich zeigen, dass jeder in jedem urbanen Raum mit ein bisschen Know-how einen Garten mit Bioobst- und -gemüse, tierfreundlichen Blühpflanzen und einer Unmenge Kräuter anlegen kann.

Wichtig ist nur, zu den Wurzeln zurückzukehren. Urban Gardening wird oft mit dem Nein zu Traditionen assoziiert. Ich dagegen möchte die Tradition pflegen und sichergehen, dass unsere Beziehung zur Natur nicht verloren geht.

Verbinden wir uns mit der Natur, statt Gründe zu suchen, warum das nicht möglich ist. Wenn mir das in einer Mietwohnung in London mit einem Garten ohne Wasseranschluss gelingt, kann es jeder.

Wir werden nicht mit dem Wissen über Anbaumethoden geboren, aber mit der Fähigkeit, etwas zu umsorgen. So kommen Bindungen zustande. Immer wenn ich in meinem kleinen Garten bin, muss ich an meinen Großvater denken.

Schon seltsam: Früher war die Kultur von Nutzpflanzen die Grundlage unserer Existenz – heute, da wir uns mit etwas völlig anderem befassen, gilt sie als rebellisch. Urban Gardening heißt, nicht einzukaufen wie alle anderen, sondern zu experimentieren und den kleinsten Gassen großer Städte Leben einzuhauchen.

Man stelle sich vor, wir würden das in aller Welt tun. Was, wenn in jeder Großstadt Gemeinschaftsgärten entstünden, in denen man einfach herumgehen und sich etwas holen könnte? Utopie, gewiss, aber wir brauchen Visionen. Ich bin der Überzeugung, dass wir die Welt verändern können und werden. Und dieses Buch soll dazu beitragen.

»Ich habe das Gefühl, in unserer modernen Gesellschaft sind Nutzpflanzenanbau und Streben nach Autarkie die Rebellion schlechthin!«

WAS IST URBAN GARDENING?

Als ich anfing, Nutzpflanzen in meinem Garten anzubauen, habe ich mit konventionellen Methoden gearbeitet. Dazu gehörte, dem Boden so viel Nützliches wie möglich zuzuführen und beim ersten Anflug von Schädlingen die chemische Keule zu schwingen. Bald erkannte ich aber, dass Chemie nicht nur allen Insekten den Garaus macht, sondern auch Pflanzen schwächt.

Wer einen gesunden, ertragreichen Gemüsegarten unterhält, muss auch wissen, wie er Schädlingen zu Leibe rückt, ohne in den Giftschrank zu greifen. Das verhindert nicht nur, dass er selbst das Zeug in den Körper bekommt, sondern beugt sogar künftigen Problemen mit Mitessern vor.

Jedes Jahr werden weltweit etwa 2,8 Milliarden Kilogramm chemischer Insektizide ausgebracht. Die meisten lassen sich mit Wasser von der Oberfläche der behandelten Pflanzen waschen. Aber manche sind auch systemisch, werden also während des Wachstums vom Obst und Gemüse aufgenommen.

RETTET DIE BIENEN

Pestizide machen nicht nur Schädlingen den Garaus, sie wirken sich auf die gesamte Nahrungskette aus. Die Zahl der Bienenvölker ist in Europa eine Zeit lang beständig zurückgegangen und steigt erst seit der Jahrtausendwende wieder. Gleichzeitig sinkt weltweit die Zahl der Bestäuber. Allen Honigbienen setzen Gifte im Pollen zu, was zum Absterben ganzer Völker führen kann. Obst und Gemüse aber haben ohne Bienen und andere Bestäuber keinen Bestand. Deshalb sollten wir die fleißigen Insekten nicht nur als Honiglieferanten schätzen, sondern als freundliche Gartengäste, die ein Gedeihen dort überhaupt erst ermöglichen.

DIE GEFAHREN DES ACKERNS

Beim Ackern wird Erdreich gewendet, damit der Boden bepflanzt werden kann. In der industriellen Landwirtschaft kommt noch das Düngen mit synthetischen Präparaten hinzu, was die Situation weiter verschlimmert. Die meisten Unternehmen arbeiten zur Steigerung der landwirtschaftlichen Produktion inzwischen mit Kunstdüngern, denn sie lassen sich schnell und einfach einsetzen. Allerdings senken sie die Produktivität des Erdreichs, verschmutzen Gewässer und belasten die Luft. Der Boden wird hart, die Qualität der organischen Substanz darin nimmt ab und der pH-Wert sinkt.

Das Wenden soll den Boden für die nächste Saison vorbereiten, schädigt aber das Ökosystem. Es verbessert die Durchlüftung der Erde, doch wissenschaftlichen Studien zufolge sind die Risiken höher als der Nutzen. Die natürlich im Boden vorkommenden Bakterien und Tiere, die eine wichtige Rolle für die Fruchtbarkeit spielen, werden dezimiert. Wenn sie sich zersetzen, düngen sie den Boden kurzfristig. Ein Raubbau. Zudem fördert Ackern die Erosion und Degenerierung des Bodens, da es den von Pflanzen absorbierten Kohlenstoff freisetzt.

Bei mir sind synthetische Pestizide, Herbizide und Umgraben tabu. Ökologisches Gärtnern tut der Umwelt gut. Bodenregeneration und das Arbeiten mit der Natur sind zwei meiner wichtigsten Ziele. Sie sollen helfen, langfristig den Bedarf an Nahrungsmitteln zu decken und die Diversität des Makro- und Mikrobioms zu fördern.

»Ich bewirtschafte meinen Biogarten im Einklang mit der Natur und versuche das Gleichgewicht des Ökosystems herzustellen.«

Pilze, Obst und Gemüse aus dem Garten hinter dem Haus

HILFE FÜR DEN PLANETEN

Ein eigener Garten versorgt euch nicht nur mit frischen, gesunden Lebensmitteln, er mindert auch die negativen Auswirkungen unserer Gesellschaft auf die Umwelt. Hier sind nur einige der positiven Folgen:

- Der Eigenanbau von Gemüse, Obst und Kräutern senkt die Kosten für den Nahrungsmitteltransport und damit auch die Luftverschmutzung, denn der Weg vom Boden zum Teller ist nicht weit.
- Stadtgärten und andere Grünflächen verbessern die CO_2-Bilanz von Städten, was wiederum die Luft sauberer und die Bewohner gesünder macht.
- Bestäuber brauchen unsere Hilfe. Der Verlust von Lebensräumen gehört zu den Hauptfaktoren für den Rückgang der Zahl von Bienen, Schmetterlingen und anderen Insekten, die unsere Gärten ansteuern. Durch eine bunte Mischung an heimischen und nicht heimischen Pflanzen tragt ihr dazu bei, das Insektensterben zu stoppen.
- Und nicht zu vergessen: Die im eigenen grünen Raum verbrachte Zeit macht gesünder und glücklicher!

»Eine Erdbeerpflanze mag klein sein, doch ist sie genau wie ein Baum oder Wald gut für die Umwelt. Sie nimmt CO_2 auf und wirkt dadurch wie jede andere Pflanze der Erderwärmung entgegen. Ihr Beitrag ist vergleichsweise gering, aber in unserer Lage zählt jedes bisschen.«

MEINE METHODEN

Im Boden unter unseren Füßen existiert ein unglaublicher Mikrokosmos. Er besteht aus unzähligen Organismen, die Pflanzen das Überleben sichern und ihnen Nahrung zur Verfügung stellen. Befindet sich der Mikrokosmos im Gleichgewicht, sind alle Pflanzen, Tiere und Pilze, die darin und davon leben, glücklich.

Als Biogärtner stehen euch verschiedenste Methoden zur Verfügung. Sie ermöglichen ein Arbeiten mit der Natur, fördern die Entwicklung der Pflanzen unter Bewahrung des Ökosystems und erhöhen die Biodiversität.

Auf den folgenden Seiten stelle ich euch die drei wichtigsten Anbaumethoden vor, die diesem Buch zugrunde liegen. Aus allen habe ich einige Strategien und Philosophien genommen und sie für mich und meinen Garten kombiniert. Dadurch konnte ich einen Raum schaffen, in dem ich mich *Pachamama*, der Mutter Erde, verbunden fühle und mit ihr eins werde.

NO-DIG-GÄRTNERN

Eine meiner wichtigsten Inspirationsquellen und mein großer Gartenheld ist Charles Dowding. Von ihm habe ich alles über das No-Dig-Gärtnern gelernt. Bei dieser Anbaumethode geht es vor allem darum, das Bodenleben nicht zu stören.

Dowding zufolge bilden Milliarden Mikroorganismen das sogenannte Nahrungsnetz des Bodens. Sie schaffen mikroskopisch kleine Kanäle, in denen Wasser und Nährstoffe transportiert werden. Die Kanäle verbessern den Wasserabzug des Erdreichs und erhöhen zugleich seine Fähigkeit, Feuchtigkeit zu speichern. Beim No-Dig-Gärtnern, dem »Gärtnern ohne Umgraben«, geht es vor allem darum, den Boden in Ruhe zu lassen, damit sich das Nahrungsnetz ungestört entwickeln kann. Jeder Eingriff zwingt den Boden in eine Erholungsphase, die das natürliche Gleichgewicht des Ökosystems beeinträchtigt, was wiederum dazu führt, dass sich Unkraut festsetzen kann.

Ich habe Charles' Farm Homeacres in der britischen Grafschaft Somerset schon oft einen Besuch abgestattet. Wie gut seine Methode funktioniert, kann man an den Wegen zwischen den Beeten erkennen: Sie sind unkrautfrei und das Wasser versickert selbst nach Starkregen äußerst schnell.

Hier zeige ich euch, wie ihr ungenutzten Raum in einen florierenden Garten verwandelt, indem ihr unkrautfreie Wege und Hoch- bzw. Rahmenbeete anlegt.

UNKRAUTFREIE WEGE

Wenn ihr einen Rasen oder ein unkrautbewachsenes Areal habt, bedeckt ihr es mit Kartonpapier. Es darf kein Klebeband enthalten, wie es oft bei Lieferkartons der Fall ist. Druckerfarbe ist kein Problem, denn sie besteht auf braunem Karton meist aus pflanzlichen Stoffen. Lediglich glänzende Aufdrucke können Kunststoff enthalten.

Karton nimmt den Unkräutern das Licht, sodass sie eingehen und sich innerhalb weniger Monate zersetzen. Zugleich kann er von den Wurzeln von Nutzpflanzen durchstoßen werden. Am besten deckt ihr zu bepflanzende Areale mit mindestens zwei Lagen Karton ab. Sie sollten sich überlappen, damit keine Lücken bleiben. Wer allerdings kein Unkraut hat, braucht auch keinen Karton als Unkrautvernichter!

Fasst auch eure Beete mit einer Lage Karton ein. Ihr könnt zwei- bis dreimal frischen Karton darauflegen, denn er zersetzt sich binnen 2–3 Monaten.

EIN RAHMENBEET ANLEGEN UND BEFÜLLEN

Nun könnt ihr auf den Karton einen selbst konstruierten Holzrahmen setzen.

1. Gebt zuerst eine Lage aus halb zersetztem, also nicht ganz reifem und daher weniger nährstoffreichem Gartenkompost (siehe Hinweis unten) in das Beet. Wer keinen Gartenkompost hat, nimmt Pilzkompost, gut verrotteten Stallmist oder gekaufte Komposterde.
2. Darauf kommt eine Lage reifer Kompost, den ihr festtretet. Keine Angst, die Erde wird dabei nicht zu sehr verdichtet – sie verträgt das.
3. Darauf kann man noch eine weitere Lage Gartenerde geben.
4. Wenn sich der Kompost gesetzt hat, entfernt man die Seitenbretter des Rahmenbeets kurz, da sich zwischen ihnen und der Erde Schnecken verstecken können.
5. Binnen 6–8 Monaten sackt der Beetinhalt etwas zusammen, denn die Mikroorganismen zersetzen die organische Substanz. Dabei setzen sie Nährstoffe frei.
6. Bedeckt zu Saisonbeginn das gesamte Beet mit einer dünnen Schicht Kompost, um es mit frischer organischer Substanz für die Mikroorganismen zu impfen und sie zu schützen.

Kompost besteht aus organischer Substanz, die sich beständig zersetzt. Mikro- und Makroorganismen verdauen sie und scheiden dabei mehr Nährstoffe aus, als wenn der Boden umgegraben würde, da dieses Aufbrechen die Aktivitäten der Bodenlebewesen und das natürliche Gleichgewicht stört.

Ein Erdreich in dieser Zusammensetzung speichert außerdem Feuchtigkeit sehr gut, sodass man es nicht so häufig wässern muss wie normale Gartenbeete. Ein weiterer Vorteil ist, dass man sofort nach dem Befüllen des Beets mit dem Bepflanzen beginnen kann.

Hinweis:
Wer keinen halb zersetzten Kompost hat, nimmt vollständig zersetzten. Wichtig ist nur, dass das Beet einmal im Jahr frischen Kompost bekommt.

JADAM – NATÜRLICHER LANDBAU

Eine weitere äußerst kenntnisreiche Person, die meine Gartenphilosophie geprägt hat, ist Youngsang Cho aus Hwaseong in der koreanischen Provinz Gyeonggi-do. Er hat eine ökologische Anbaumethode namens Jadam entwickelt. Jadam ist dem koreanischen Begriff *jayeon-eul dalm-eun salamdeul* entnommen, der so viel bedeutet wie »Menschen, die der Natur ähneln«. Wichtigstes Ziel von Jadam ist es, eine äußerst kostengünstige landwirtschaftliche Methode zu etablieren, in der Bauern, Verbraucher und die Natur im Einklang miteinander stehen.

Dabei geht es vor allem darum, alles so einfach und billig wie möglich zu halten. Mit jedem Atemzug nehmen wir Mikroorganismen in uns auf. Immer wenn wir essen oder trinken, gelangen sie in unseren Körper. Wir können ihnen nicht entgehen, außer wir würden uns in einem sogenannten »Reinraum« isolieren. Bei der Arbeit mit der Natur kommen wir also zwangsläufig mit diesen Organismen in Kontakt.

Vielfalt ist wichtig, denn Pflanzen brauchen Mikroorganismen, damit sie Mineralien verfügbar machen. Wären sie nicht in unseren Böden, wäre nicht sicher, ob Pflanzen alles bekämen, was sie zum Überleben brauchen.

Jadam unterscheidet nicht zwischen guten und schlechten Mikroorganismen. Denn würde man sie selektiv nutzen, würden die Pflanzen unausgewogen mit Nährstoffen versorgt. Stattdessen sollte man die Mikrobiodiversität erweitern und damit arbeiten. Mehr Vielfalt liefert bessere Ergebnisse.

Eine der wichtigsten Lehren, die ich aus Jadam gezogen habe, lautet: Nutze die billigen, leicht verfügbaren Ressourcen in deiner Nähe. Das gilt vor allem für altes Pflanzenmaterial, aus dem ich neue Nährstoffe gewinne, statt es auf den Kompost zu werfen. Dafür sammle ich jedes Jahr akribisch Laub, setze damit Laubhumus an und verwerte ihn im Garten (siehe Seite 154).

Außerdem hat mir Jadam gezeigt, wie ich Präparate für meinen Boden und die Pflanzen im Garten erzeuge. Ich nutze sie derzeit, um die Mikrobiologie des Erdreichs zu verbessern und Schädlinge loszuwerden (siehe Seite 189).

Youngsang Cho schreibt in seinem Buch »Jadam Organic Farming«, dass der Landbau nicht verkompliziert, sondern einfach gehalten werden soll. Die Natur macht es genauso.

PERMAKULTUR

Die dritte Säule meiner Gartenstrategie ist die Permakultur. Darunter versteht man ein landwirtschaftliches Konzept, das auf Autarkie und Nachhaltigkeit basiert. Ich mag diesen Ansatz, denn er orientiert sich an der Natur, indem er stark auf Synergien, Vielfalt, Resilienz und natürliche Produktivität setzt.

Ins Leben gerufen wurde die Permakultur in den 1970er-Jahren in Australien von Bill Mollison und David Holmgren. Im Kern geht es darum, die Anbauziele mit möglichst geringem Energieeinsatz zu erreichen. Dabei kommen die Grundsätze der Regenerativen Landwirtschaft und des Rewilding zur Förderung der natürlichen Tiervielfalt zur Anwendung.

Zu den wichtigsten Methoden der Permakultur gehört für mich die Mischkultur. Sie hilft mir enorm bei der Bewältigung des Schädlingsdrucks in meinem Stadtgarten. Zugleich entstehen durch sie symbiotische Effekte zwischen den Pflanzen. Das ist der Fall, wenn man bestimmte Arten nah beieinander pflanzt, damit sie zusammenarbeiten und sich gegenseitig in ihrem Wachstum unterstützen, den Geschmack verbessern und Nützlinge anlocken, die sie bestäuben und Schädlinge vertilgen oder abschrecken.

Erstmals eingesetzt haben eine solche Methode wohl um 1600 amerikanische Ureinwohner, die Irokesen. Sie wird »Drei Schwestern« genannt, weil sie aus dem gemeinsamen Anbau von Bohnen, Mais und Kürbissen besteht. Und der geht so:

- Neben die Maispflanzen werden Bohnen gepflanzt. Die Maisstängel dienen den Bohnen als Kletterhilfe.
- Bohnen sind Stickstoffsammler. Sie leben in Symbiose mit Bakterien in Wurzelknöllchen, die Stickstoff aus der Bodenluft absorbieren und pflanzenverfügbar machen. Bohnen brauchen deshalb weniger zugeführte Nährstoffe und hinterlassen einen nährstoffreichen Boden, besonders wenn man sie nach der Ernte als Gründüngung einarbeitet.
- Sobald Bohnen und Mais größer sind, kommen Kürbisse dazu. Sie bilden eine natürliche Mulchschicht, verbessern so die Wasserspeicherfähigkeit des Bodens und schützen seine Mikrobiologie.

Es gibt weitere Pflanzen, die man mit dieser Methode anbauen kann. Auf ein paar komme ich später noch zu sprechen.

TEIL EINS

DEN GARTEN STRUKTURIEREN

STADTGÄRTEN EINRICHTEN

MACHEN WIR EINEN PLAN

Was pflanze ich in meinen Garten? Als Erstes müsst ihr überlegen, wie viel Platz ihr habt. Ein kleiner Garten kann pro Quadratmeter mehr Ertrag bringen als ein großer. Lasst euch also nicht von einer knapp bemessenen Fläche beirren.

Ein kleines Fleckchen ist manchmal sogar von Vorteil, weil man kreativ werden und so viele Pflanzen wie möglich hineinpacken muss, um das Platzpotenzial auszuschöpfen. Zudem lernt ihr dadurch bestimmte Pflanzen vom Samen bis zur Ernte kennen. Wenn ihr irgendwann auf einen größeren Garten umsteigt, habt ihr es schon wesentlich leichter.

In einem Stadtgarten wie dem meinen würde ich nichts pflanzen, was zu hoch wird oder zu viel Platz wegnimmt. Ich kultiviere relativ kleine Sorten, damit ich möglichst viel unterbringe.

Wer eine Drohne besitzt, kann das Grundstück von oben fotografieren, um einen Eindruck davon zu bekommen, wie viel Platz zur Verfügung steht und wie er geformt ist. Ansonsten gibt auch Google Maps einen Überblick. Wer die Form des Gartens kennt – sie ist vermutlich unregelmäßig – und die genauen Maße am Boden nimmt, kann einen Plan erstellen und Elemente wie Hochbeete festlegen.

Nehmt euch Zeit für euren Plan, langfristig lohnt es sich. Ich weiß, dass diese Vorarbeiten frustrierend sind, wenn man es nicht erwarten kann, loszulegen. Aber wenn ihr sofort hinausläuft und mit der Bepflanzung beginnt, macht ihr nicht das Beste aus dem Garten, und Fehler sind vorprogrammiert.

WO IST DIE SONNE?

Mit der Sonne steht und fällt alles. Deshalb müsst ihr vorab genau wissen, wie und wo sie in euren Garten scheint. Behaltet ein, zwei Tage lang ihren Lauf im Auge, um abzuschätzen, welche Bereiche wie lang in der Sonne liegen. Wenn ihr eure Begeisterung zügeln könnt, dürft ihr euch auch gerne etwas mehr Zeit lassen, um euren Garten wirklich zu verstehen. Kalkuliert außerdem immer eine Fehlerspanne mit ein, denn mit den Jahreszeiten ändert sich der Sonneneinfall.

Arbeitet bei der Erstellung eures Plans mit Farbcodierung, um einen Überblick über die besten Bereiche zu haben. Schattenflächen werden grau eingezeichnet, Areale mit direkter Sonne gelb oder orange. So könnt ihr Pflanzen punktgenau dort platzieren, wo sie optimale Bedingungen vorfinden. Basilikum beispielsweise muss vor praller Sonne bewahrt werden. Man kann ihn deshalb neben hohe Tomaten setzen, die ihn vor Sonnenbrand schützen.

Der Vorgarten im Juli

ANBAU IM HALBSCHATTEN

Kleine Gärten haben den großen Vorteil, dass man darin den Schatten nutzen kann, indem man an dunklere Stellen Arten pflanzt, die ihn vertragen. Wer wie ich Gurken an Kletterhilfen zieht, kann Blattsalate in Töpfe setzen und im Sommer jeweils dorthin stellen, wo die Gurken Schatten werfen. Das ist ein bisschen wie ein Urlaubstag am Pool, an dem man immer wieder den Schirm umstellt.

Das ist im Sommer eine gute Lösung, denn in der prallen Sonne schießen manche Salate, wenn sie Trockenstress bekommen, was in Töpfen schnell passieren kann. In beengten Verhältnissen kann man Pflanzen so ziehen, das wäre in großem Stil schwer zu bewerkstelligen.

Neben Blattsalaten aber wachsen noch viele weitere Nutzpflanzen im Halbschatten, etwa Petersilie, Minze und Oregano. Ich setze unter meine Gurken Radieschen, denen die riesigen Blätter und die Kletterhilfe Schatten spenden.

Man bekommt online so viele Tipps, was man an welcher Stelle im Garten anbauen kann. Ständig fragen mich Leute, was sie im Halbschatten kultivieren sollen, vor allem in der Stadt, wo die Gärten meist dunkler sind als auf dem Land.

Meine Antwort: Die Auswahl ist riesig. Der Ertrag ist vielleicht nicht so hoch wie in der Sonne, aber Schmackhaftes könnt ihr trotzdem ernten. Experimentiert und pflanzt in den Schatten hin und wieder Arten, die dort angeblich nicht gedeihen. Ihr werdet staunen, was sich aus dunkleren Ecken herausholen lässt.

Kurzum: Mit guter Planung macht ihr aus eurem Kleingarten das Beste. Darauf werde ich immer wieder zurückkommen.

GEMÜSE FÜR DEN HALBSCHATTEN

Ideal ist Blattkohl. Grünkohl und Pak Choi zählen dazu. Plant gut und setzt sie dorthin, wo die Sonne nicht immer scheint.

Grünkohl

ERSTELLT EINE PFLANZTABELLE

Sobald der Plan auf dem Papier steht, wird es Zeit, zu beschließen, was wo gepflanzt werden soll. Mit anderen Worten: Jetzt kommt der vergnügliche Teil des Ganzen! Legt euch am besten eine Tabelle an oder sucht online nach einer Vorlage. Die exakten Zeitpunkte werden sich jedes Jahr etwas verändern, aber mit einer vorläufigen Liste habt ihr schon einmal einen Ausgangspunkt.

Eure Pflanztabelle sollte folgende Elemente enthalten:

- Was pflanze ich?
- Wann pflanze ich es?
- Wo pflanze ich es?

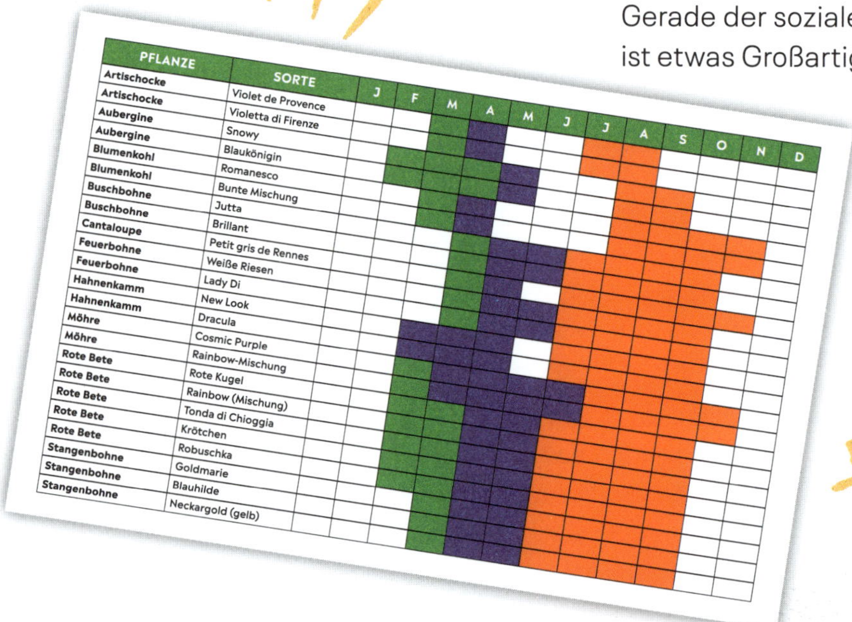

Wenn ihr aussät, statt Setzlinge zu pflanzen, müsst ihr den Aussaatzeitpunkt eintragen.

Ich fange in der Regel 4–6 Wochen vor dem letzten Frost mit der Aussaat drinnen an. Den genauen Zeitpunkt ermittelt man, indem man das Datum des letzten Frosts nimmt und davon die Zahl der Tage bis zum Auspflanzen der Sämlinge abzieht. Normalerweise aber steht auch auf Samenpäckchen, wann gesät wird.

Vorsicht: Zügelt euren Eifer und legt nicht zu früh los. Ihr werdet bald Unmengen von Pflanzen haben, die umgesetzt werden müssen – was schwer ist, wenn weder Platz noch Zeit vorhanden ist. Sollte es doch einmal vorkommen, hört euch in der Nachbarschaft um. Vielleicht nimmt euch jemand die Überschüsse ab und revanchiert sich später in der Saison. Gerade der soziale Aspekt des Gärtnerns ist etwas Großartiges.

WAS SOLL ICH PFLANZEN?

Als Erstes solltet ihr abschätzen, wie viel des anvisierten Obsts und Gemüses ihr und eure Familie im Jahr konsumiert. Es hat keinen Sinn, Unmengen Spinat anzubauen und zu ernten, wenn nur zwei und Tante Marie, die 300 Kilometer weit weg wohnt, Spinat mögen. Natürlich könnt ihr eure Überschüsse mit Nachbarn oder anderen Gartenbesitzern vor Ort tauschen, aber es gibt doch nichts Schöneres, als mit einem Korb in der Hand durch das eigene Grün zu schlendern und die Zutaten für ein köstliches Essen zu ernten.

Das solltet ihr beachten:

- Pflanzen wie Tomaten, Paprika und Auberginen tragen über eine längere Zeit immer wieder Früchte. Das spart Zeit und Platz.
- Kultiviert etwas nicht nur, weil das Bild auf dem Samenpäckchen so schön ist. Experimentieren macht Spaß, aber bleibt realistisch. Vielleicht wollt ihr Parakresse heranziehen, um eurem Sorbet Pep zu verleihen. Man bekommt das exotische Kraut normalerweise nicht in Geschäften und wenn ist es sehr teuer. Es zu ziehen macht Spaß und kostet nicht viel. Parakresse prickelt auf der Zunge, wenn man sie in den Mund nimmt. Manche vergleichen es mit dem Lecken an einer Batterie.
- Wenn ihr etwas kultiviert, um mehr Bionahrungsmittel genießen zu können, aber wenig Zeit habt, beschränkt euch auf Pflanzen, die wenig Arbeit machen und fast schädlingsfrei sind, etwa Knoblauch, Zwiebeln und Kräuter.
- Auch die Ernte kostet Zeit. Es hat wenig Sinn, haufenweise Rote-Johannisbeer-Büsche zu ziehen, wenn man keine Zeit hat, die Beeren zu ernten und einzumachen. So enden sie lediglich als Vogelfutter. Es kann natürlich sein, dass ihr den gefiederten Gartengästen gern mit einer Tasse Kaffee in der Hand beim Festmahl zuseht.

Vielleicht wollt ihr Obst und Gemüse auch anbauen, um Geld zu sparen. In diesem Fall empfehle ich, in den Supermarkt zu gehen, um nachzusehen, was am teuersten ist und sich zugleich in eurem Garten anbauen lässt. Allerdings solltet ihr dabei dem Klima Rechnung tragen. Es hat keinen Sinn, Avocados als den größten Posten auf eurem Einkaufszettel zu identifizieren und sie kultivieren zu wollen – in einer norddeutschen Großstadt werdet ihr damit wenig Erfolg haben.

Wenn der Kostenfaktor ein Thema ist, solltet ihr euch auf Pflanzen mit hohen Erträgen verlegen, etwa Zucchini, Tomaten, Auberginen und Paprika. Aber auch hier gilt: Es muss in eurer Gegend wachsen. Wenngleich gegen ein bisschen Experimentieren nichts zu sagen ist.

Obst und Gemüse haben eine Saison. Wer das akzeptiert, vermeidet auch, das ganze Jahr immer das Gleiche zu essen. Der Umstieg von »Ich möchte dieses Gericht kochen und brauche dafür das« zu »Was steht mir für ein Gericht zur Verfügung?« erfordert ein Umdenken, das nicht von heute auf morgen geht. Wer sich aber darauf einlässt, kann Gefallen am Wechsel der Jahreszeiten finden und sich auf das freuen, was bald verfügbar ist.

Weitere Anregungen und Auswahltipps für euren Kleingarten findet ihr in den Kapiteln auf Seite 212–267.

BLEIBT NEUGIERIG

Ich stecke meine Nase nur zu gern in anderer Leute Garten, um zu sehen, was bei ihnen wächst. Man kann bei Nachbarn anklopfen und mit ihnen plaudern oder einen der in vielen Gemeinden veranstalteten Tage der offenen Gartentür nutzen. Viele Gartenbesitzer reden bereitwillig darüber, was sie kultivieren, und präsentieren ihr grünes Reich mit Begeisterung. Vielleicht gibt es in eurer Nähe auch einen Gemeinschaftsgarten oder eine Schrebergartenanlage. Hier kann man geballtes Gärtnerwissen anzapfen.

Zucchini, einjährig

Rhabarber, mehrjährig

EINJÄHRIGE UND MEHRJÄHRIGE

Einjährige Pflanzen blühen und wachsen nur eine Saison lang und sterben dann ab. Aber natürlich kann man ihre Samen sammeln und im nächsten Jahr aussäen.

Stauden treiben jedes Jahr neu aus, sofern sie nicht erfrieren oder während ihrer Winterruhe von übereifrigen Gartenbesitzern beim Jäten aus der Erde geholt und entsorgt werden.

Zweijährige wachsen im ersten und blühen im zweiten Jahr, bevor sie sich verabschieden.

Ihr solltet wissen, welche Pflanzen auf eurem Plan ein- und welche mehrjährig sind. In einer idealen Welt ist es von Vorteil, einen Mix aus Einjährigen und Stauden im Garten zu haben. Stauden ersparen einem das jährliche Aussäen und Neuanpflanzen, haben aber normalerweise eine kürzere Wachstumssaison, während Einjährige länger blühen.

Stauden sollten außerdem im Frühjahr oder Herbst gepflanzt werden. Wenn man das jeweilige Zeitfenster verpasst, muss man eine Weile warten. Einjährige hingegen kann man je nach Art sogar im Hochsommer pflanzen.

Mit Stauden muss man etwas Geduld haben. Oft ärgert man sich, weil sie nicht schon im ersten Jahr eine so hohe Ernte bringen, dass man mit Dopamin geflutet wird. Aber mit den Jahren liefern sie immer mehr, sodass man froh ist, die Geduld aufgebracht und gewartet zu haben.

Mit Einjährigen ist man im Garten flexibler, etwa wenn manches nicht so funktioniert wie gedacht. Bisweilen möchte man auch etwas Neues, Aufregendes ausprobieren.

Das Wichtigste aber ist, Spaß zu haben und zu experimentieren. Es ist euer Garten – ihr könnt dort tun, was euch gefällt!

SO SCHÜTZT IHR EURE PFLANZEN

Wenn ihr die Planung abgeschlossen habt, solltet ihr überlegen, wie ihr eure Pflanzen vor Widrigkeiten bewahren könnt. Ein guter Schutz erhöht die Überlebenschancen. Nicht vergessen sollte man, dass nicht alles, was angepflanzt wird, auch gedeiht, selbst wenn man alles tut. Wir können nicht jedes einzelne Samenkorn hätscheln. Aber das ist Natur. Ihr müsst eure grünen Schätze vor den Elementen schützen, namentlich vor Frost, Regen und auch zu viel Sonne. Hilfreich ist es dabei, die Zusammensetzung des Bodens zu kennen. Im Lauf der Zeit gewinnt ihr an Erfahrung, aber hier sind ein paar Tipps und Tricks für den Anfang.

OBSTKÄFIGE

Wer Zwergobstbäume kultiviert (siehe Seite 115), möchte sie vielleicht mit Käfigen schützen, damit Vögel nicht die ganzen herrlichen Früchte wegnaschen. Nichts ist schlimmer, als sich auf die morgige Ernte zu freuen, nur um dann festzustellen, dass sie nicht mehr da ist.

Der Nachteil von Obstkäfigen ist vor allem optischer Natur: Wer nicht gerade eine Industrie- und Gefängnisästhetik mag, wird sie vielleicht als hässlich empfinden. Außerdem kann es schwierig sein, hineinzugelangen und etwas zu ernten.

Eine weitere Möglichkeit ist, leuchtende Bändchen und Glocken an die Bäume zu binden, um Vögel abzuschrecken und das Obst zu schützen. Das ist keine narrensichere Methode, aber probiert einfach aus, was in eurem Garten am besten funktioniert.

NETZE

Für den Schutz von Gemüse und Obst vor Vögeln und Schädlingen wie Blattläusen oder Kaninchen gibt es unterschiedliche Arten von Netzen. Auch der Einsatz von Nützlingen und Ablenkungspflanzen kann Wirkung zeigen (siehe Seite 173–194). Ihr müsst gar nicht viel Geld für Netze ausgeben. Im Handel sind zahlreiche Varianten erhältlich, doch kann man sie sich aus recycelten Materialien oder solchen, die Nachbarn und Freunde nicht mehr brauchen, selbst basteln.

GLASGLOCKEN

Glasglocken kommen im Garten zum Einsatz, um Stecklinge und Aussaaten zu schützen. Sie speichern Bodenwärme und schaffen ein Mikroklima, in dem Samen besser keimen, schützen sie aber zugleich vor hungrigen Vögeln. Ideal sind sie für alle, die nur einen Minigarten oder einen Balkon besitzen und daher keinen Platz für ein Gewächshaus haben.

Außerdem sind sie wesentlich preiswerter als aufwendige Anzuchtkästen. Früher waren die Glocken aus Glas, aber inzwischen gibt es auch Ausführungen aus robustem Kunststoff. Sie sind zwar nicht die nachhaltigste Lösung, halten aber oft viele Jahre lang. Man bekommt sie preiswert in Gartencentern, doch kann man sie auch aus Recyclingmaterialien wie zerschnittenen, transparenten Plastikflaschen selbst basteln. Sie werden einfach über die Pflanzen gestülpt, kosten nichts und sind besser für die Umwelt als gekaufte Versionen.

GEWÄCHSHÄUSER

Wer ein Gewächshaus hat, kann seine Pflanzen darin hervorragend schützen und ihnen einen idealen, vor allen Widrigkeiten wie Frost und Wind geschützten Start ins Leben bieten, bevor sie ins Freiland umgesiedelt werden. Außerdem bekommen sie darin viel natürliches Licht und haben es wärmer als draußen. Manche Pflanzen, die ein besonderes Klima brauchen, müssen sogar durchgehend im Gewächshaus kultiviert werden. Da sie dort aber keinen Regen abbekommen, ist regelmäßiges Wässern unumgänglich. Fehlender Platz oder zu wenig Geld für ein Gewächshaus sollte euch jedoch wirklich nicht vom Gärtnern abhalten.

FOLIENTUNNEL

Wie in Gewächshäusern sind auch in Folientunneln die Temperaturen und die Luftfeuchtigkeit höher, sodass ein Anbau das ganze Jahr über möglich ist. Folientunnel sind von einer durchsichtigen Plastikfolie überspannte Rahmen. Ähnlich wie Glasglocken schützen sie die Kulturen. Sie lassen sich relativ rasch aufstellen und sind nicht teuer. Man kann sie selbst basteln und so noch mehr sparen.

FRÜHBEETE UND MINIGEWÄCHSHÄUSER

Ein Frühbeet ist eine Kiste mit durchsichtigem, geneigtem Deckel, die auf die Erde gelegt wird. Es bietet eine platzsparende Möglichkeit, Setzlinge abzuhärten. Minigewächshäuser sind Glaskästchen mit einer seitlichen Tür. Weil sie relativ klein sind, lässt sich die Temperatur darin schwerer regeln. Sie eignen sich aber schon als sommerliche, den Ertrag steigernde Dauerbehausung für Pflanzen wie Auberginen und Tomaten. Man kann sie auch zum Überwintern von Gemüsepflanzen verwenden. Allerdings müssen sie dann zusätzlich isoliert werden, am besten mit Luftpolsterfolie. Fragt Bekannte, ob sie in letzter Zeit eine Paketsendung mit der Folie bekommen oder sonst einen Vorrat aufbewahrt haben. Wickelt man das Frühbeet oder Minigewächshaus damit ein, sollten die Pflanzen darin den Winter überstehen.

STRATEGISCHES BEPFLANZEN

Man kann Pflanzen so kombinieren, dass sie eine harmonische Einheit bilden, wie die Natur es vorgesehen hat. Manche locken Insekten wie Florfliegen und Schwebfliegen an und halten so Schädlinge in Schach (siehe Seite 189).

VOGELSCHEUCHEN

Gelegentlich haben sie zwar durchaus eine abschreckende Wirkung, aber oft sieht man Vögel darauf sitzen, da sie sich an die komischen Gestalten gewöhnt haben. Wer eine Vogelscheuche aufstellen will, sollte sie daher nicht immer am selben Standort lassen, sondern öfter umplatzieren. Empfehlenswert ist außerdem Kleidung, die im Wind flattert. Mein Tipp: Bastelt euch eine eigene, kunstvolle Vogelscheuche.

Gurken im Gewächshaus

Manche Pflanzen müssen vor den Elementen geschützt werden, also vor Frost, Regen und zu viel Sonne.

Tomaten und Melonen unter Glas

RÄUME SCHAFFEN

DEN GARTEN OPTIMIEREN

Wenn man mit dem Anlegen eines Gartens beginnt, weiß man zunächst oft nicht, wo man anfangen und was man tun soll. Planung kann den Einstieg enorm erleichtern. Die Kartierung des Gartens und eine Erstellung von Pflanzlisten habe ich bereits ebenso erwähnt wie die Erfassung der Schatten- und Sonnenflächen (siehe Seite 27–30).

Trotzdem geht es nicht nur darum, gedankenlos so viel wie möglich in einen Garten hineinzustopfen. Wichtig für eine optimale Raumnutzung in kleinen Stadtgärten ist auch die Erschließung vertikaler Flächen (siehe Seite 52): Überlegt euch immer wieder, welche davon ihr nutzen könnt. Auch ein gestaffelter Anbau (siehe Seite 122) kann in beengten Verhältnissen eine wichtige Rolle spielen. Aber zuerst möchte ich auf den oft ignorierten Vorgarten eingehen, der eine wichtige Rolle bei der Ertragsoptimierung spielt.

Anbau auf mehreren Ebenen

MACHT DAS BESTE AUS EUREM VORGARTEN

Ich habe festgestellt, dass viele Vorgärten nicht gebraucht oder, schlimmer noch, als Müllhalde missbraucht werden. Deshalb schlage ich vor, dieses wertvolle Fleckchen Erde doch besser zu nutzen. Das ist sogar dann möglich, wenn man in einem Mehrparteienhaus mit wenig Freiflächen wohnt.

Ich habe in der Nähe meiner Londoner Wohnung in meinem Vorgarten einen Gemeinschaftsgarten angelegt. Hier kann man kommen und sich kostenlos an dem Gemüse und den Kräutern bedienen, die dort wachsen. Es hat mir viel Spaß gemacht, etwas für mein Viertel zu tun, allerdings musste ich die Zahl der Besucher begrenzen, denn manche Pflanzen wurden mit Stumpf und Stiel aus der Erde gerissen, wodurch andere Gewächse geschädigt wurden. Man kann ein Schild aufstellen und die Menschen auffordern, sich etwas zu holen. Fangt mit einigen wenigen Pflanzen an und erweitert die Palette jedes Jahr etwas, um den Aufwand gering zu halten.

Haltet als Erstes Ausschau nach ausgemusterten Behältern, die ihr als Pflanztöpfe nutzen könnt, etwa Altreifen, Plastikschalen und alles, was andere als Abfall ansehen, euch aber noch etwas nutzt. Fragt Freunde, Bekannte und Nachbarn, ob sie etwas haben, oder klopft an die Türen, wenn ihr etwas vor dem Haus herumliegen seht, das so aussieht, als würde es bald in die Mülltonne wandern. Auch Wertstoffhöfe sind eine ergiebige Quelle. Ihr werdet staunen, wie viel ihr allein bei einem Spaziergang durch die Straße, in der ihr wohnt, findet.

Folgende Materialien leisten euch bei der Optimierung eures Gartens gute Dienste:

- Plastikfolien und Kartons,
- Handschaufel,
- Tacker mit Heftklammern,
- Schere,
- Teppichmesser,
- Gartenschere sowie
- Laub und andere Grünabfälle (Rasenschnitt, Schnittabfall, kleine Zweige usw. Wenn in eurem Garten nichts anfällt, hört euch in der Nachbarschaft um).

Wiederverwertete Behälter müssen vermutlich mit Folie oder einem Stück Plane ausgeschlagen werden, wenn man sie mit Topferde füllen und bepflanzen möchte. Habt ihr Freilandboden, leistet Karton gute Dienste (siehe Seite 20–21). Die Folien sollten etwas größer sein als die abzudeckende Fläche.

Altreifen

Schlägt man Altreifen mit Folie aus, muss diese Folie nicht festgetackert werden, denn sobald man Erde einfüllt, wird sie vom Eigengewicht des Substrats fixiert. Auf Folie oder eine ähnliche Auskleidung sollte man aber nicht verzichten, damit keine schädlichen chemischen Stoffe aus dem Gummi in den Boden gelangen.

Holz

Wenn ihr Pflanzbehälter aus Holz bastelt, etwa aus alten Paletten oder Kisten, müsst ihr sie vor dem Befüllen mit organischer Substanz nicht mit Folie ausschlagen. Allerdings senkt die Folie den Wasserverlust. So kleidet ihr Holzbehälter aus:

1. Schlagt den Behälter mit der Folie aus. Danach tackert ihr sie am Boden fest. Als Nächstes sind die Seiten an der Reihe.
2. Zum Schluss tackert ihr die Folie am oberen Rand fest.
3. Schneidet überstehende Folie mit einem Teppichmesser oder einer Schere ab.
4. Macht mit dem Teppichmesser einige Löcher in den Boden, damit sich dort kein Wasser stauen kann.
5. Bedeckt den Boden des Behälters mit Küchenabfällen oder Kaffeesatz (evtl. im Café um die Ecke nachfragen). Das versorgt die Pflanzen mit Stickstoff. Nun wird der Behälter mit Substrat gefüllt – ich verwende torffreie Pflanzerde. Außerdem füge ich organische Nährstoffe in Form von Guano und Mykorrhizapulver hinzu, um das Bodenleben zu fördern.

»Gestaltet euren Balkon oder Vorgarten selbst. Dadurch sieht er cool aus und bekommt einen individuellen Touch.«

GÄRTNERN IM HOCHBEET

Es gibt nichts Schöneres, als in seinen Stadtgarten zu schlendern, so groß oder klein er auch sein mag, sich Obst und Gemüse zu holen und spontan ein Essen für Freunde oder die Familie zu zaubern. Ich verspreche euch, dass ihr dafür kein Vermögen ausgeben müsst. Es gibt viele Möglichkeiten, einen Garten anzulegen, der Spaß macht und zugleich euer Leben verändert – bei minimalen Kosten.

Ich werde immer wieder gefragt, was mein Stadtgarten kostet. Viele glauben, dass Materialien wie Holz und hochwertige Erde ihn sündhaft teuer machen. Zum Glück gibt es etliche Tricks, wie man Geld sparen kann. Einer davon ist die Errichtung von Hochbeeten.

Hochbeete sind ein zentraler Bestandteil meines Gartens, denn sie haben zahlreiche Vorteile. Sie lassen mich Pflanzen dort anbauen, wo ansonsten niemals etwas wachsen würde. Der Wasserabzug in Hochbeeten ist hervorragend. Sie lassen sich leicht bewässern. Zugleich kann man mit ihnen sogar Wasser sparen.

Manche Gärten sind zu feucht, haben den falschen oder einen verunreinigten Boden oder sind – wie bei mir – sogar zubetoniert. Das alles ist kein Hindernis, wenn man Hochbeete einsetzt. Dank ihnen kann man das Substrat frei wählen, eine Kontamination verhindern und den Nährstoffgehalt sowie pH-Wert der Erde selbst bestimmen.

Hochbeete speichern Wärme, was die Anbausaison verlängert. Einige Gemüsesorten kann man dort deshalb früher oder später pflanzen als in normalem Boden.

Die Beete halten zwar keine Schädlinge fern, bremsen die unerwünschten Gäste aber zumindest aus. Da die Tiere einen längeren Weg nach oben haben, bleibt uns Zeit, sie abzufangen oder die größten Blattlausvertilger überhaupt, Marienkäfer, ins Feld zu schicken.

Hochbeete sind rückenschonend – beim Bepflanzen, Jäten und Bearbeiten. Die Pflanzen lassen sich leichter erreichen. Das gilt vor allem für Menschen mit Behinderung. Es ist schön zu sehen, wie manche Gemeinden öffentliche Gemeinschaftsgärten durch Hochbeete für alle zugänglich machen.

Neben ihrem praktischen Nutzen aber sehen sie auch noch gut aus! Ein Garten wirkt mit Hochbeeten gleich viel sauberer und aufgeräumter. Das Gemüse hat einen klar definierten Platz, an dem man uneingeschränkt die Kontrolle darüber hat, was wo wächst. In Freilandbeeten ist das wesentlich schwieriger.

Allerdings kann ein Hochbeet aus Holz auch das perfekte Versteck für Schnecken sein, die sich in den Lücken zwischen Erde und Seiten verkriechen. Deshalb sind ein bisschen Vorbeugung und Kontrolle erforderlich, um den Schaden durch die unerwünschten Schleimer zu begrenzen.

WELCHES MATERIAL BRAUCHE ICH?

Je nach Material kann der Bau eines größeren Hochbeets ganz schön ins Geld gehen. Aber das muss nicht sein! Ich habe ein paar Hochbeete aus alten Materialen zusammengezimmert, die ich irgendwo gefunden habe. Das ist zwar etwas zeitaufwendiger, vor allem, wenn man nicht unbedingt der größte Heimwerker ist. Deshalb habe ich abhängig vom Material und der Arbeitszeit, die ihr investieren wollt, einige schnelle, kostengünstige Lösungen zusammengestellt.

Die Auswahl der Werkstoffe wirkt sich auf die Temperatur, die Haltbarkeit des Beets, den Aufwand beim Errichten und natürlich auf das Aussehen des Gartens insgesamt aus.

Metall

Metall sieht manchmal etwas abweisend aus, sofern man nicht gerade einen Industrielook bevorzugt (was sich mit etwas Farbe allerdings beheben lässt). Trotzdem werden Hochbeete aus Metall immer beliebter. Das liegt daran, dass sie haltbar sind, wenig kosten und kaum Pflege brauchen, da sie im Gegensatz zu Holz nicht faulen, sich vollsaugen oder schrumpfen. Es gibt sie fertig montiert, doch kann man sie aus Wellblech und einem Metall- oder Holzrahmen auch selbst basteln. Das Metall muss aber verzinkt sein, damit es nicht rostet.

Holz

Holz ist traditionell das bevorzugte Material für Hochbeete und gilt als Ideallösung. Auch ich verwende stets Holz. Es ist oft preiswert, doch das billigste Holz hält nicht immer allzu lange. Es kann faulen und ist auch sonst anfällig für Abnutzung. Wer sich für Holz entscheidet, fährt mit Zeder gut, denn es ist sehr robust und verrottet nur schwer. Wenn ihr es behandeln möchtet (was bei Zeder und Co. nicht nötig ist), solltet ihr ein unbedenkliches, umweltfreundliches Mittel verwenden.

Am preiswertesten lässt sich ein Hochbeet aus Holz zimmern, indem man sich eine gebrauchte Palette besorgt – oft bekommt man sie sogar fast oder völlig umsonst. Ist so etwas nicht aufzutreiben, findet man vielleicht online jemanden, der sie gegen Abholung verschenkt.

Palettenmanschetten sind stapelbar. Je nach Einsatzzweck kann man daraus unterschiedlich große Hochbeete basteln. Ich würde mit zwei beginnen – das reicht für ein ideales Exemplar. Sie lassen sich zusammenfalten und daher leicht zu Hause lagern, bis man sie zum Einsatz bringt. Ich wende außerdem eine alte Holzfällermethode an, die mir mein Freund Jack empfohlen hat, und kohle die Holzoberfläche leicht an, da sie dadurch haltbarer wird.

Mauerziegel/Steine

Wer Herausforderungen liebt, kann sein Hochbeet auch aus Mauerziegeln errichten. Das erfordert allerdings mehr Vorbereitung, denn der Boden muss eben sein. Außerdem nimmt das Beet mehr Platz in Anspruch. Ziegelbeete können je nach Material teuer sein, was sich aber durch die lange Lebensdauer amortisiert. Verwendet nur unbedenkliche Materialien, denn Erde absorbiert alles.

WIE GROSS SOLL ES SEIN?

Das hängt davon ab, was ihr anbauen wollt. Wenn ihr genug Platz habt, könnt ihr bei Bedarf weitere Beete anlegen. Sollte Platz knapp sein, muss es von Anfang an stimmen. Was wollt ihr in jedem Hochbeet anbauen, und wie viel Platz braucht jede Pflanze, damit sie gesund bleibt? Ich rechne als Faustregel mit etwa 40 cm. Außerdem muss man bequem in die Beetmitte gelangen. Ist das Beet zu breit, könnt ihr nicht alles darin gut pflegen und macht euch das Leben unnötig schwer.

WAS KANN ICH ANBAUEN?

Hochbeete sind vor allem nützlich, wenn man etwas anbaut, das eine Dränage und wenig Wasser braucht, oder wenn der Gartenboden staunass ist. Hier ein paar Einsteigerpflanzen: Zucchini, Grünkohl, Gurken, Blattsalat, Radieschen, Spinat, Tomaten, Erbsen, Zwiebeln, Paprika und Kräuter.

DIE STANDORTWAHL

Der entscheidende Faktor bei der Standortwahl ist die Sonneneinstrahlung, denn später hat man nicht mehr die Möglichkeit, das Beet umzusetzen. Findet heraus, wo, wann und wie lange die Sonne in eurem Garten scheint. Lasst euch ein paar Wochen Zeit. Das kann nervig sein, wenn man gleich loslegen möchte, aber langfristig lohnt es sich. Manche Gemüsearten brauchen mehr Sonne als andere. Ebenfalls überlegen sollte man sich, wie »vorbelastet« manche Gartenbereiche sind. Wird eine Ecke ständig von Unkraut geplagt, sollte man es noch vor dem Bau des Hochbeets ausmerzen oder eine Lage Karton auf dem Boden auslegen, damit die unerwünschten Pflanzen an Lichtmangel eingehen (siehe Seite 20).

DER BAU DES HOCHBEETS

Bereitet als Erstes den Grund vor, auf dem das Hochbeet stehen soll. Entfernt werden sollten Gras, Steine, Unkräuter und sonstiger Unrat. Anschließend wird die Erde mit Karton abgedeckt, damit sich kein Unkraut mehr durchsetzen kann.

Bei Hochbeeten aus Holz misst man den Standort aus und markiert ihn, indem man in jede Ecke einen Holzpfosten schlägt. Zwischen die Ecken setzt man auf den kurzen Seiten einen und auf den langen Seiten zwei weitere Pfosten. Daran werden die Seitenwände festgeschraubt, sofern man nicht mit Palettenmanschetten arbeitet.

Bei Hochbeeten aus Stein oder Mauerziegeln ebnet man den Untergrund vorher gut ein und verlegt idealerweise ein unterirdisches Fundament aus Ziegeln, auf dem später das Beet steht. Die Ziegel werden mit Mörtel zusammengefügt.

Sobald die äußere Hülle errichtet ist, könnt ihr anfangen, das Innere mit Schutzfolie auszuschlagen.

Ich habe dafür eine Plastikplane verwendet, die mir ein Freund kostenlos überlassen hat. Oft findet man auf Baustellen auch weggeworfene Folienreste. Plastik ist zwar nicht gerade die nachhaltigste Wahl, hält aber sehr lange, und wenn man die Plane umsonst bekommt, haben alle etwas davon. Wer nackte Erde unter dem Hochbeet hat, kann auch auf die Plane verzichten.

Am Holzrahmen sollte die Plane mit Heftklammern fixiert werden. Anschließend schneidet man Löcher in den Boden, damit Wasser abfließen kann.

WIE LÄSST SICH EIN HOCHBEET GÜNSTIG FÜLLEN?

Bevor ihr in die Welt hinauseilt und viel Geld ausgebt, findet zuerst heraus, wie gut die Erde auf eurem Grundstück ist. Vielleicht könnt ihr sie ja in eurem Beet zum Einsatz bringen.

Zunächst solltet ihr prüfen, ob sich der Boden für den Anbau von Pflanzen eignet. Dabei ist vor allem die Durchlässigkeit wichtig. Anders gesagt: Wie schnell kann Wasser durch ihn hindurchsickern? Er sollte nicht zu schwer bzw. tonig, aber auch nicht zu sandig sein.

Falls sich der Boden als Substrat eignet, untersucht ihn auf Unrat. Enthält er Fremdstoffe, sollte er gut gesiebt werden. Eine Rolle spielt außerdem der pH-Wert des Erdreichs. Es heißt, Gemüse wächst bei einem Boden-pH von 5,8 bis 6,5 am besten. Es gibt für wenige Euro Testkits oder Teststifte zu kaufen, mit denen sich der pH-Wert ermitteln lässt.

Ich habe in meinem Garten keine natürliche Erde, sieht man einmal von einem etwa 2 m breiten Abschnitt ab.

Also muss ich mir etwas einfallen lassen, um meine Beete zu füllen. Eine ausgezeichnete und zugleich erschwingliche Anbaumethode ist die Hügelkultur, vor allem bei kühleren Temperaturen.

Bei der Hügelkultur wird mit Hügelbeeten gearbeitet. Dabei kommt reichlich verrottende Pflanzenmasse in eine Grube, etwa Astschnitt oder Holzreste. Ideal sind Zweige von Apfelbäumen. Je dicker die Stücke, desto länger halten sie. Darauf wirft man Grasschnitt, Herbstlaub und alle Pflanzenreste, die man auftreiben kann und die sich in den Ritzen zwischen dem Holz zersetzen. Ganz obenauf kommt eine Schicht Erde. Im Prinzip wird mit Hügelbeeten nachempfunden, was in und auf Waldböden jedes Jahr abläuft.

In normalen Hochbeeten durchdringen die Wurzeln 40–50 Prozent des Erdreichs darin. Das heißt, dass 50–60 Prozent ungenutzt bleiben. Hier kommt die Hügelkultur ins Spiel, mit der sich viel Geld sparen lässt. Der untere Teil des Beets wird also mit Holz und sich zersetzenden Pflanzenabfällen gefüllt.

Hügelbeete enthalten viele Nährstoffe, organische Substanzen und Lufteinschlüsse, was den Wurzeln der Pflanzen, die darauf wachsen, sehr behagt. Zugleich hat die Methode noch weitere Vorteile, die im Verlauf der Saison zum Tragen kommen: Die unterste Lage entwickelt sich zu einem fruchtbaren Milieu mit viel Bodenleben, während die Lufteinschlüsse allmählich mit Kompost gefüllt werden.

In den ersten Jahren erwärmt der Zersetzungsvorgang den Boden und verlängert so die Anbausaison. Wenn man ein Loch gräbt und Pflanzenreste hineinwirft, werden Nährstoffe frei, vor allem Stickstoff, und stehen den darauf wachsenden Pflanzen zur Verfügung. Der Kohlenstoff aus dem Material wird teils im Boden gespeichert, teils wieder als CO_2 an die Atmosphäre abgegeben.

Weil Hügelbeete viel Wasser speichern, bieten sie sich auch für trockene Regionen an. Nicht verwenden sollte man allerdings Zedernholz, denn es enthält natürliche Pestizide und Fungizide. Das gilt ebenso für Robinien- und Schwarznussholz, das zum Teil erst nach hundert Jahren verrottet, für manche Pflanzen sogar toxisch ist und besser für Zaunpfosten verwendet wird.

Ich nehme unterschiedlich dicke Holzreste und fülle meine Hochbeete damit, doch kann man auch mit Grasschnitt, unreifem Kompost und sonstigen Pflanzenresten arbeiten.

Nachdem ich den Boden meines Hochbeets mit Holzresten bedeckt habe, fülle ich die Zwischenräume mit Stroh, doch kann man auch halb verrotteten Kompost dafür verwenden. Kompost speichert bereits Wasser, aber wenn sich das Holz zersetzt, wird es zu riesigen Schwämmen und saugt viel mehr Wasser auf als der Kompost. Das bedeutet, dass man seine Hochbeete nicht mehr so oft wässern muss. Ein klarer Vorteil!

Nach dem Einfüllen von Stroh oder Kompost trampelt man auf dem Hochbeet herum, um den Inhalt zu verdichten. Wer Kinder hat, kann sie mit einspannen und über das Beet laufen lassen. So bekommen sie das Gefühl, auch etwas beigetragen zu haben! Zum Schluss sollten keine großen Hohlräume mehr bleiben.

Nun streut man gut verrotteten, nährstoffreichen Kompost und als oberste Schicht hochwertige Erde darauf. Das kann gekaufte Erde sein oder ein eigener Mix. Wer sich Erde aus dem Handel besorgt, mischt 2–3 cm hoch Perlit in jede Lage, um die Durchlässigkeit zu verbessern. Die Erde darf ruhig günstig sein, sollte sich aber aus organischer Substanz zusammensetzen und keinen Torf enthalten. Lasst bis zum oberen Rand des Hochbeets ein paar Zentimeter Abstand, damit nach dem Bepflanzen noch eine Lage Mulch hineinpasst.

Im ersten Jahr wird sich die Erde etwas setzen, weil das Holz verrottet. Mikroorganismen ernähren sich von der organischen Substanz und verwandeln sie in Nährstoffe. Man muss also nur ein-, zweimal im Jahr mit etwas Kompost mulchen, um die perfekte Bodenstruktur aufzubauen. Mit einem eigenen Komposter recycelt ihr Pflanzenreste und setzt kostenloses Futter für eure künftigen Nutzpflanzen an.

Kompost ist immer gut, aber nicht unbedingt schnell fertig. Wer langfristig Hochbeete plant, sollte sofort mit dem Anlegen eines Komposters beginnen (siehe Seite 126). So habt ihr stets einen kostenlosen und umweltfreundlichen Vorrat zum Mulchen der Hochbeete da.

Wie so ziemlich alles ist Erde in großen Mengen billiger als in kleinen. Wer viele Beete füllen muss und Zeit sparen möchte, besorgt sich einen größeren Posten. Vielleicht könnt ihr euch ja mit Freunden oder Nachbarn zusammentun.

Hügelkultur, simpel veranschaulicht

JÄHRLICHE PFLEGE

Unkräuter sind immer ein Problem, auch in Hochbeeten. Selbst wenn ihr bei null anfangt, werden ihre Samen irgendwann eingeschleppt, etwa von Vögeln. Behaltet daher immer die Oberhand. Je früher ihr jätet, desto leichter werdet ihr das Zeug wieder los – manchmal auch, indem ihr es verspeist, denn Löwenzahn und Brennnesseln sind leckeres Wildgemüse.

Hochbeete aus Holz halten nicht ewig. Wenn ihr bemerkt, dass das Material verrottet oder brüchig wird, könnt ihr es ohne großen Aufwand ersetzen. Die Chancen stehen aber gut, dass das sogar nie der Fall sein wird.

Versionen aus Backstein können im Winter durch häufiges Gefrieren und Auftauen Frostschäden davontragen. Prüft daher im Frühjahr, wenn die Temperaturen wieder steigen, ob die Wände Risse oder andere Schäden bekommen haben, die repariert werden müssen.

ABDECKUNGEN

Ein Abdecken von Hochbeeten ist nicht unbedingt nötig, kann sich aber lohnen. Denn wenn man den ganzen Sommer über akribisch dafür sorgt, dass sie im Bestzustand bleiben, sie im Winter aber den Elementen ausgesetzt lässt, obwohl man sie ohne großen Aufwand schützen kann, dann ist das nicht unbedingt klug.

Außerdem verlängert man die Anbausaison durch Abdeckungen sogar etwas und sichert sich dadurch frisches Gemüse für den Winter. Eine Abdeckung selbst zu basteln erfordert kein zusätzliches Know-how und auch keine besonderen handwerklichen Fertigkeiten. Es ist sogar kinderleicht.

Viel Gemüse kann abhängig vom Klima in eurer Region noch um den Herbstanfang herum gesät werden, angefangen von Möhren bis hin zu Spinat für den Winteranbau. Man muss nur wissen, was sich dafür eignet, und es mit den entsprechenden Vorkehrungen kombinieren, also kälteverträgliche Sorten geschützt in Frühbeeten, Folientunneln oder Gewächshäusern (siehe Seite 35) kultivieren. Folientunnel kann man kaufen oder aus gebrauchten Materialien selbst bauen, wie ich es mache.

Bedenken sollte man aber, dass Gemüse langsamer wächst, wenn es weniger als zehn Stunden am Tag hell ist. Bei mir in London ist das etwa ab November der Fall. Ich muss also zusehen, dass das meiste Gemüse bis dahin groß genug ist. Deshalb stecke ich meine kälteunempfindlichen Sorten in »Saisonverlängerer«, wo sie darauf warten, von mir geerntet zu werden.

Diese Saisonverlängerer müssen keine aufwendigen Konstruktionen sein.

Es genügt irgendetwas, was den Boden vor harschen Winterwinden schützt. So können die Mikroorganismen weiter ihre Arbeit tun. Das Erdreich braucht auch gar keine Winterpause. Es ist ein lebender Organismus und verträgt es, dass ständig Pflanzen in ihm wachsen. So ist es gar nicht verkehrt, Erde nie nackt und ungeschützt zu lassen, sondern immer dicht begrünt zu halten, etwa mit Senf oder anderem Blattgrün. Das trägt zur Kohlenstoffbindung bei, reichert die Erde mit nährstoffhaltiger organischer Substanz an und verbessert die Bodenstruktur.

BEETE FÜR DIE ABDECKUNG VORBEREITEN

Bevor ihr damit anfangt, etwas abzudecken, müsst ihr ein paar Vorkehrungen treffen, um unnötigen Abfall zu vermeiden und für die Pflanzen optimale Wuchsbedingungen zu schaffen.

Kappt zunächst alle Pflanzen aus der Vorsaison am Ansatz. Die Wurzeln bleiben in der Erde, denn sie zersetzen sich und werden zur Nahrung für die Mikroorganismen in der Hochbeeterde – und letztlich auch für die nächsten Pflanzen.

Im Boden existiert ein Mikrokosmos. Immer wenn man ihn wendet, stört man die Mikro- und Makroorganismen darin. Pflanzen interagieren mit Myzelen (Pilzgeflechten) und gehen Symbiosen ein (siehe Seite 92). Dadurch entsteht in der Erde ein Ökosystem, das dazu beiträgt, das Leben auf unserem Planeten zu erhalten. Durch Umgraben verletzt man es. Es ist erstaunlich, was in unserem Boden alles abläuft.

Werft Pflanzenreste aber keinesfalls weg. Sie lassen sich vielseitig nutzen: Man kann sie auf den Kompost bringen, wo sie sich in neue Nährstoffe für Pflanzen verwandeln, oder sie als Wurmnahrung in einen Wurmkomposter werfen (siehe Seite 135). Man kann sogar Dünger daraus machen, indem man sie in einen Eimer gibt und mit Regenwasser als Jauche ansetzt oder Laub von einer dicht bewachsenen Grünfläche in der Nähe sammelt und daraus Laubhumus macht (siehe Seite 154).

Bevor ich kälteresistentes Gemüse pflanze, mulche ich meine Hochbeete mit einer 3–5 cm dicken Schicht gekauftem oder selbst angesetztem Kompost. Er ist ein nährstoff- und mikrobenreiches Geschenk für meine Pflanzen. Um nicht zu sagen: herzerwärmend!

ABDECKUNGEN FÜR HOCHBEETE BAUEN

Nun geht es daran, die Hochbeete zu schützen. Wie ich festgestellt habe, geht das am einfachsten und kostengünstigsten mit selbst zusammengebastelten Folientunneln. Das unten aufgelistete Material könnt ihr euch bei Nachbarn und Freunden besorgen, wenn sie etwas wegwerfen, oder auf Baustellen fragen, ob ihr nicht mehr benötigtes Material haben könnt. Auch ein Besuch des örtlichen Wertstoffhofs kann sich lohnen. Was des einen Müll, ist des anderen Schatz.

Ihr braucht:

- 1,5 cm dicke PVC-Rohre – sie lassen sich gut zu einem Rahmen biegen
- lange Holzlatten zum Stabilisieren des Rohrgerüsts
- einige nicht rostende Rohrschellen aus Metall, mit denen die PVC-Rohre an den Seiten der Hochbeete befestigt werden
- durchsichtige Plastikfolie, die über die Hochbeete gespannt werden kann; sie muss völlig transparent sein, damit die Pflanzen möglichst viel Licht bekommen
- Kabelbinder oder Metalldrähte, um die Folie am Rahmen zu befestigen
- Maßband
- Permanentmarker
- evtl. Tacker und passende Heftklammern

Hochbeetabdeckung, selbst gebaut

DEN GARTEN STRUKTURIEREN

1. Als Erstes müsst ihr entscheiden, mit welchem Gemüse ihr euer Hochbeet bepflanzt, denn davon hängt ab, wie hoch die Abdeckung werden muss. Es wäre doch schade, wenn es den Pflanzen zu eng würde, weil ihr falsch geplant habt!
2. Messt an einer Längsseite ab, wie lang das Hochbeet ist, und markiert die Stellen, an denen ihr Bögen befestigen wollt, mit einem Marker. An jedes Beetende sollte ein Bogen kommen. Ich habe insgesamt vier Bögen gebaut und deshalb vier Stellen mit Marker eingezeichnet.
3. Wiederholt das Ganze auf der anderen Längsseite. Prüft mit einem Maßband, ob sich die Befestigungspunkte exakt gegenüberliegen.
4. Befestigt die Rohrschellen an jeder Markierung, aber vorerst nur lose, denn ihr müsst noch die Rohre hineinstecken können. Ich habe sie an der Innenwand befestigt, weil das Hochbeet sehr nah am Zaun steht, aber sie können natürlich genauso gut an der Außenwand des Beets sitzen.
5. Schneidet die Rohre so zurecht, dass alle die gleiche Länge haben. Steckt die Rohrenden in die Schellen und schraubt die Schellen endgültig fest. Fixiert alle Rohrbögen auf diese Weise.
6. Befestigt an jedem Ende des Hochbeets je eine Latte senkrecht, sodass das Gerüst für die Folie stabiler ist. Die Latten werden am besten an die Hochbeetwände geschraubt.
7. Legt eine weitere Latte waagrecht über das obere Ende der Rohrbögen und befestigt sie mit Kabelbindern oder Draht an den Rohren.
8. Legt die Folie über das Gerüst aus Rohren und Latten. Das geht ganz einfach. Beachten sollte man dabei nur, dass die Folie befestigt werden muss. Man kann sie an den Hochbeetseiten festtackern oder mit Ziegelsteinen fixieren. Eine Seite muss aber offen bleiben, damit ihr zu den Pflanzen im Inneren gelangen könnt, um sie zu pflegen, zu wässern und zu ernten.

Ich habe auf meinem YouTube-Kanal ein Video dazu online gestellt. Wer es sich ansehen oder mir Fragen stellen möchte, kann das gerne tun.

VERTIKALES GÄRTNERN

Nicht die Größe des Gartens zählt, sondern wie ihr ihn nutzt.

Ihr braucht keine Riesenfläche, um etwas anzubauen. Wichtig ist, dass ihr den verfügbaren Raum optimal strukturiert. Wenn man viele unterschiedliche Arten auf kleiner Fläche anbaut, muss man mit einer kleinen Ernte rechnen, denn die Wurzeln haben wegen des Konkurrenzdrucks zu wenig Platz. Das bremst das Wachstum.

Wer einen Garten neu anlegt, pflanzt in der Regel horizontal in Reihen, Hochbeeten und Töpfen. Dabei können auch Wände, Zäune und sogar Treppen genutzt werden, um auf kleinem Raum die Erntemenge zu erhöhen. Außerdem macht die Begrünung möglichst vieler Flächen einen Garten schöner, individueller und stimmungsvoller. Selbst wer nicht gerne Mauern oder Zäune anbohrt, hat noch jede Menge Möglichkeiten, vertikale Flächen mit preiswerten Materialien ohne großen Aufwand zu erschließen.

Es gibt viele Gründe, die für vertikales Gärtnern sprechen. Diese Form des Anbaus erweitert nicht nur die Anbaufläche und steigert den Ertrag, sie tut auch der Umwelt und dem Rücken gut. Außerdem sieht sie cool aus. Da die Pflanzen weg vom Boden sind, kommen sie in den Genuss einer besseren Luftzirkulation und sind weniger anfällig für Krankheiten, Fäule und Pilze. Die Luft wiederum wird von den Pflanzen gereinigt, was gesund ist, vor allem in Städten. Außerdem spart man Wasser, denn wässert man die oberste Lage, tropft Wasser in die unteren, sodass nichts vergeudet wird.

Gartenerbsen

EINEN VERTIKALEN GARTEN ANLEGEN

Sobald ihr die Hacks und Tricks des vertikalen Gärtnerns kennt, öffnet sich für euch eine völlig neue Welt des Anbaus von Nutzpflanzen und der Raumnutzung. Schon mit ein paar Pflanzen lockt ihr mehr Bestäuber in den Garten und versorgt Nachbarn und Freunde mit leckerem Obst und Gemüse.

Pflanztöpfe können zwar direkt an Wänden und Außenbegrenzungen befestigt werden, doch ist es ratsam, eine Rankhilfe oder ein Gerüst zu errichten, an denen man sie aufhängen und zugleich die Pflanzen stützen kann, sodass zwei Fliegen mit einer Klappe geschlagen werden. So etwas selbst zu basteln ist ein Kinderspiel und bietet zudem die Gelegenheit, alte Materialien zu recyceln und neu einzusetzen.

Ich bin ein begeisterter Heimwerker und habe mir daher selbst ein 120 × 100 cm großes Rankgitter als Stütze für die Pflanzen in meinem Hochbeet gezimmert. Zunächst habe ich es auf Papier gezeichnet, damit ich es mir gut vorstellen und entscheiden konnte, was für ein Material ich verwenden wollte. Dann habe ich alles im Baumarkt besorgt. Aber ihr könnt auch versuchen, Gebrauchtes günstiger oder sogar kostenlos aufzutreiben. Wer allerdings einen vertikalen Garten anlegen möchte, der viele Jahre lang Bestand haben soll, ist gut beraten, in hochwertiges Material zu investieren.

Euer Hochbeet mag größer oder kleiner sein als meines, aber die Konstruktionsmethode für die Kletterhilfe ist dieselbe. Passt die Größe einfach an die Gegebenheiten bei euch an. Ich habe ein 180 × 86 cm großes Gerüst aus 180 cm langen Holzlatten mit einem Querschnitt von 2 × 3,8 cm gezimmert.

1. Konstruiert zunächst den Rahmen. Als Erstes sind die beiden Längsseiten an der Reihe. Legt dazu die Latten auf eine ebene Fläche und messt den Abstand zwischen ihnen ab, schneidet alle auf die passende Länge und bildet ein Rechteck. Ich habe eine Handsäge verwendet, aber ihr dürft gern eine Maschine einsetzen.
2. Die Schraubenlöcher werden vorgebohrt, damit das Holz nicht splittert. Legt beim Bohren einen Holzrest unter die Latten. Ich arbeite mit 6 cm langen und 3,5 mm dicken Holzschrauben.
3. Sobald alles zusammengeschraubt ist, bringt ihr an jeder Ecke eine diagonale Querlatte an, damit das Gerüst stabil steht.
4. Wiederholt die Schritte 1–3 auch für die andere Seite.

5. Hämmert auf der gesamten Außenseite des Gerüsts in je 12 cm Abstand Nägel in die Latten. Schlagt sie nicht ganz hinein, da die Schnüre daran befestigt werden müssen (ich verwende deshalb Nägel mit etwas größeren Köpfen).
6. Als Nächstes werden zwischen die Nägel Schnüre gespannt – zuerst senkrecht, dann waagrecht. Am Schluss sollte ein Gittermuster entstanden sein. Verwendet keine Kunststoffschnüre, sondern Baumwoll- oder Jutegarn, das biologisch abbaubar und umweltfreundlicher ist. Kupferdrähte sind auch möglich, aber die Pflanzen überwuchern sie ziemlich, und wenn man Schnüre hat, kann man sie einfach mit abschneiden und am Saisonende mitsamt den Pflanzen entsorgen.
7. Sobald die Kletterhilfen fertig sind, schraube ich sie mit einer Bohrmaschine an das Hochbeet. Ich habe zwei Längsseiten konstruiert und schraube eine an jede Seite, aber ihr könnt das so handhaben, wie ihr wollt. Sie lassen sich zum Beispiel auch direkt in den Boden schlagen. Aber ich finde, wenn man sie am Hochbeet befestigt, ist alles stabiler und tragfähiger.
8. Um alles noch stabiler zu machen, habe ich den Abstand zwischen beiden Seiten ausgemessen und sie oben mit zwei passend zugeschnittenen Querstreben verbunden. Man kann auch oben noch Schnüre spannen oder sich mit den beiden Seiten begnügen.
9. Zum Schluss setzt ihr Kletterpflanzen an den Rand und wickelt sie um die gespannten Schnüre. So haben sie viel Platz zum Wachsen.

Als unterste Schicht für meine Hochbeete habe ich abgefallene Zweige verwendet, die ich gesammelt habe. Wenn sie zu verrotten beginnen oder von Pilzen besiedelt sind, ist das ein gutes Zeichen, denn es bedeutet, dass der Zersetzungsprozess bereits in Gang gekommen ist und ihr damit einige heimische Mikroben in euren Garten bringt (siehe Seite 85).

ARBEITET VIEL DRAUSSEN

Unter dem beruhigenden Einfluss der Natur lässt es sich besser heimwerkern. An der frischen Luft arbeitet man genauer und erzielt bessere Ergebnisse.

BALKONGÄRTNERN

Selbst in einem Hochhaus kann man noch sinnvoll gärtnern. Auf jedem Balkon, und sei er auch noch so klein, findet etwas Biogemüse Platz. Eure Nachbarn werden staunen, was ihr auf kleinstem Raum unterbringen und heranziehen könnt. Vielleicht lassen sie sich ja sogar von euch inspirieren und wagen sich selbst an das Balkongärtnern.

SONNE

Wenn ihr einen Balkon begrünen wollt, müsst ihr ein paar Dinge beachten. Erstens: In welche Richtung zeigt der Balkon? Geht er nach Norden, dann liegt er ständig im Schatten. Geht er dagegen nach Süden, bekommt er den ganzen Tag Sonne. Ost- und Westbalkone haben einige Stunden Sonne am Tag.

Wenn es darum geht, was man anbauen soll, spielt die Sonne eine entscheidende Rolle. Außerdem sollte man berücksichtigen, dass es in höheren Etagen etwas kühler und windiger sein kann als in Bodennähe. Das sollte kein großes Problem sein, kann aber die Anbausaison geringfügig verkürzen. Falls es hoch droben besonders zugig ist, muss man sich vielleicht auch auf niedriges Gemüse beschränken, beispielsweise Radieschen anstelle von Tomaten.

BESTÄUBER

Auch Bestäuber sind auf Balkonen ein Thema. Wer im zehnten Stock lebt, muss damit rechnen, dass Bienen und andere Nützlinge nicht in solchen Höhen unterwegs sind. Deshalb sollte man dort auf Nummer sicher gehen und seine Pflanzen bei Bedarf manuell bestäuben. Dazu braucht man nur einen Pinsel, mit dem man über eine Blüte nach der anderen fährt. Zu beachten ist dabei lediglich, dass man unterschiedliche Sorten nicht vermischen sollte.

PLATZ

Als Nächstes solltet ihr euch über den verfügbaren Platz Gedanken machen. Vergesst nicht, dass ihr eure Pflanzen auf dem Balkon pflegen, wässern und ernten müsst und dafür ein bisschen Platz braucht. Allerdings müsst ihr euch nicht auf die verfügbare horizontale Fläche beschränken: Die Mauern und das Geländer lassen sich ebenfalls nutzen (siehe Seite 52). Sogar mit Blumenampeln und selbst gebastelten Hängetöpfen kann man Platz gewinnen (siehe Seite 64). In Gartencentern sind sie teuer, aber beschädigte Exemplare mit löchriger Auskleidung oder kaputter Aufhängung findet man immer wieder. Man kann sie fast umsonst mit Plastikbeuteln und Schnüren reparieren. So macht ihr das Beste aus eurem Mini-Balkongarten und verwertet auch noch alte Materialien.

Selbst wenn euer Balkon nach Süden geht und reichlich Sonne abbekommt, lohnt es sich, dort mit Pflanzgefäßen zu arbeiten. Denn zum einen kann man sie flexibel dorthin stellen, wo die Sonne scheint, zum anderen lassen sie sich im Winter nach drinnen bringen. Selbst Fensterkästen, Stangenzelte und Rankgitter sind auf Balkonen gut einsetzbar. Arrangiert die Töpfe so, dass die kleinsten und niedrigsten vorn stehen, sie nehmen denen dahinter kein Licht weg.

GEFÄSSE

Ausgewachsene, mit Früchten behängte Pflanzen sind ganz schön schwer. Deshalb sollten die Töpfe aus eher leichten Materialien bestehen, etwa aus recyceltem oder wiederverwertetem Plastik. Nicht ratsam sind schwere Tongefäße.

WAS ANBAUEN?

Bei der Frage, was ihr auf eurem Balkon anbauen sollt, denkt nicht nur an das, was euch schmeckt, sondern was dort überhaupt wächst. Arten wie Tomaten, Erbsen und Bohnen eignen sich bestens für die vertikale Erziehung an Balustraden und Rankgittern. Größere Töpfe kann man mit buschigem Gemüse wie Chilis und Paprika oder kleinen Obstgehölzen wie Stachelbeeren und Roten Johannisbeeren bepflanzen.

Erdbeeren und ähnliche Gewächse kommen gut mit Blumenampeln und Balkonkästen zurecht. Das gilt auch für viele Kräuter und Blattgemüse wie Kopfsalat oder Spinat. Selbst Mangold, Möhren und sogar Kartoffeln eignen sich für die Topfkultur. Man kann sie zum Beispiel in

Kompostsäcken auf dem Balkon ziehen. Fragt eure Nachbarn, womit sie Erfolg hatten, aber experimentiert ruhig selbst ein bisschen.

Eine letzte Sache: Arbeitet mit Mischkultur, sowohl bei Obst als auch bei Gemüse (siehe Seite 12), denn bei Bienen und Schmetterlingen spricht es sich nicht sonderlich schnell herum, dass hoch droben etwas für sie bereitsteht. Deshalb ist gutes Marketing notwendig. Blütenpflanzen wie Kapuzinerkresse und Ringelblumen sehen nicht nur gut aus, sondern lenken auch Schädlinge von euren Nutzpflanzen ab. Der Kracher ist eine Bepflanzung, die Essbares bietet und gleichzeitig so gut aussieht, dass ihr jeden Morgen mit Freude auf den Balkon eilt, um sie zu genießen.

Pflanzen für Balkone

Bei der Auswahl von Pflanzen für den Balkon solltet ihr nicht nur nehmen, was euch schmeckt, sondern was aller Wahrscheinlichkeit dort überhaupt wächst.

DACHGÄRTEN

Wer ein ungenutztes Flachdach hat, kann es in einen regelrechten Sonnengarten umwandeln, in dem so gut wie alles wächst. Es ist durchaus möglich, ein Flachdach komplett mit Erde zu bedecken und zu begrünen, doch kann das ganz schön ins Geld gehen und viel Planung erfordern.

Fragt euch deshalb:

- Trägt das Gebäude das zusätzliche Gewicht?
- Habe ich die Erlaubnis des Hausbesitzers?
- Wie bekomme ich die ganze Erde nach oben?

Zum Glück kann man sich auch ohne allzu aufwendige Maßnahmen einen schönen Dachgarten gönnen, der relativ kostengünstig Unmengen Obst und Gemüse liefert. Letztlich unterscheidet sich eine solche Fläche nicht groß von einem Balkon, doch hat man vermutlich etwas mehr Platz und Sonne. Trotzdem lohnt es sich auch dort, die Lichtverhältnisse zu beobachten, herauszufinden, wo sonnige und schattige Stellen im Tagesverlauf entstehen, und einen entsprechenden Pflanzplan zu erstellen, auf dem steht, was wo gepflanzt werden soll. Gibt es überhaupt keinen Schatten, kann man auch eine künstliche Beschattung errichten.

PLATZ

Ihr solltet bequem auf das Dach gelangen. Wenn ihr dafür aus dem Fenster klettern müsst, kann es schwierig werden, große Pflanztöpfe hinaufzuschaffen. Habt ihr droben einen Wasseranschluss oder müsst ihr eine Gießkanne nach der anderen durch die Wohnung schleppen? Manchmal kann es sich lohnen, eine Wassertonne aufzustellen und Regenwasser aufzufangen.

SICHTBARKEIT

Euer Dachgarten ist vielleicht von Nachbargebäuden aus einsehbar. Sollte das ein Problem sein, könnt ihr einen Sichtschutz in Form einer Holzwand aufstellen oder Bäume in Töpfen am Rand platzieren. Auch ein Rankgitter mit Kletterpflanzen bietet eine gewisse Privatsphäre.

STAURAUM

Stauraum auf Dächern einzurichten, kann ein Problem sein. Ein kompletter Geräteschuppen lässt sich wahrscheinlich kaum in luftiger Höhe aufstellen, doch eine Holzwand mit einigen Haken und Regalen kann man eventuell irgendwo anbringen – am besten mit einer Abdeckplane, die etwas Schutz vor den Elementen bietet. Wohin mit Saatgut, Substrat und Düngern? Vielleicht findet ihr online einen preiswerten alten Spind oder Aktenschrank. Auch eine Sitzbank mit Stauraum ist eine gute Idee.

HOCHBEETE

Hochbeete sind eine gute Option für Dachgärten. Das gilt auch für vertikales Gärtnern (siehe Seite 52). Wie beim Planen von Gärten auf festem Boden sollte man nicht nur überlegen, was sich anpflanzen lässt, sondern weitere Nutzungsmöglichkeiten in Betracht ziehen. Wäre es nicht toll, in luftiger Höhe zu grillen oder sich mit Freunden Cocktails zu genehmigen? Ließe sich nicht ein beschaulicher, ruhiger Rückzugsort einrichten, an dem man entspannen, Musik hören oder sogar Büroarbeit erledigen kann? All das wirkt sich auf die Gestaltung aus. Ihr werdet viel Zeit oben verbringen – also macht es euch dort gemütlich.

SEHT EUCH UM

Wenn ihr in einer Großstadt wohnt, lohnt es sich, ein paar Dachgärten zu besuchen, um zu sehen, was dort angebaut wird, und sich Anregungen für die Gestaltung zu holen. Die Möglichkeiten sind endlos. Richtet euch ein individuelles Reich ein. Auch online gibt es viele Websites mit Vorschlägen, wie man hoch droben kreativ werden kann.

Pflanzt nur, was ihr verputzen könnt!

GÄRTNERN AUF DER FENSTERBANK

Ob ihr es glaubt oder nicht: Selbst auf einer Fensterbank kann man allerlei heranziehen – nicht nur in der Küche, sondern in der ganzen Wohnung. Vielleicht habt ihr keinen Garten oder der, den ihr habt, reicht nicht aus. Es gibt nichts, was dagegen spricht, ein Fenster als Anbaufläche zu nutzen. Stellt euch vor, ihr besorgt euch mitten im Winter mit einem Griff zum Fenster eine Handvoll frische Salatblätter. Es fällt weniger Plastikmüll an, ihr müsst nicht mehr so oft einkaufen und spart auch noch Geld.

Auf der Fensterbank lässt sich alles von Microgreens (Sprossengemüse) über Kräutern bis zu essbaren Blüten ziehen. Es gibt so viel, was man drinnen das ganze Jahr über kultivieren kann. Geht einfach, sieht gut aus und reinigt sogar die Raumluft. Was hindert euch also daran?

Hier allerdings ein paar Dinge, die ihr klären solltet, bevor ihr loslegt.

LICHT

Am meisten Licht fällt in ein nach Südwesten ausgerichtetes Fenster, aber sogar vor einem Westfenster herrschen noch beste Lichtverhältnisse. Selbst wenn ihr die Wand eines Nachbargebäudes gegenüber habt, gibt es noch Möglichkeiten. Nicht schaden kann es, die Pflanzen mit etwas zusätzlichem LED- oder COB-Licht zu verwöhnen, speziell im Winter, wenn die Tage kurz sind.

WÄRME

Wenn ihr mehrfach verglaste Fenster habt, fühlen sich eure Pflanzen davor das ganze Jahr wohl. Bei alten Fenstern hingegen sollte man die Ritzen isolieren, damit es dem Grün nicht zu kalt wird. Schon Stoffstreifen, die man aus einem alten Baumwoll-T-Shirt schneidet und hineinstopft, bringen etwas. Ein bisschen Luftfeuchtigkeit tut Pflanzen an Fenstern gut. Ihr könnt sie in ihren Töpfen auf eine mit Kieseln und Wasser gefüllte Schale stellen, sodass ein bisschen feuchtere Luft entsteht.

GEFÄSSE

Die Idealbesetzung für Fensterbänke sind lange, schmale Pflanzkästen. Aber auch Gläser und gebrauchte Plastiktöpfe, ja sogar in der Mitte zerschnittene Plastikflaschen eignen sich hervorragend. Gerade aus solchen Flaschen lässt sich gut eine Gießkanne basteln (siehe Seite 166). Pflanzkästen müssen aber auf die Fensterbank passen und dürfen nicht überstehen, sonst kann es sein, dass Erde in eurem Frühstück landet.

Pflanzen in Gefäßen brauchen immer eine gute Drainage. Die Töpfe müssen also Abzugslöcher im Boden haben, damit sich im Inneren keine Nässe staut. Stellt alle Gefäße auf Untersetzer, sie fangen herauslaufendes Wasser auf.

DÜNGEN

Drinnen gezogene Pflanzen können im Gegensatz zu denen im Freiland nicht auf natürlich vorhandene Nährstoffe zurückgreifen. Also brauchen sie organischen Dünger und ein gutes Substrat.

Mein idealer Substratmix:

- 40 Prozent Kompost
- 40 Prozent torffreie Pflanzerde
- 10 Prozent Perlit oder Vermiculit
- 10 Prozent Wurmerde

Sobald das Substrat ausgelaugt ist, verabreiche ich einen organischen Pflanzendünger.

Veilchen in einer zum Pflanzgefäß umfunktionierten Wasserflasche

WAS SOLL ICH PFLANZEN?

Jetzt endlich könnt ihr anfangen zu überlegen, was ihr pflanzen möchtet. Am besten nehmt ihr selbstbestäubende Sorten, denn drinnen bekommen sie kaum Besuch von Bienen und auch der Wind taugt dort nicht als Pollentransporter. Ihr könnt aber Pollen mit einer Zahnbürste, einem Malerpinsel oder einem Wattebausch aus den Blüten holen und auf andere Blüten übertragen.

Pflanzt, was euch Spaß macht! Nur nicht alles auf einmal. Bestückt eure Fensterbänke nach und nach und experimentiert einfach herum!

Küchenkräuter

Rosmarin, Oregano und Thymian eignen sich ausgezeichnet für die Fensterbank. Sie geben einem Abendessen und einem Cocktail auf jeden Fall mehr Schwung.

Grünkohl und anderes Gemüse

Ich empfehle Zwergsorten wie ‘Dwarf Blue’. Überhaupt lohnt es sich, auszuprobieren, was an kleinen Sorten verfügbar ist. Dadurch erschließt sich euch eine völlig neue Gemüsewelt, da diese nicht im Supermarkt erhältlich sind. Auch Spinat ist für Fenstergärten empfehlenswert. Selbstversorgung macht einen Heidenspaß!

Essbare Blüten

Sie sind doppelt nützlich, denn sie werten eure Wohnung nicht nur optisch auf, sie schmecken auch. Erstaunlich viele Blüten sind essbar. Wusstet ihr zum Beispiel, dass Pelargonien, fälschlicherweise auch »Geranien« genannt, verspeist werden können? Und unterschiedliche Sorten sogar einen unterschiedlichen Geschmack haben? Erkundigt euch aber vorher, ob das, was auf eurer Fensterbank blüht, wirklich gegessen werden kann.

Pflücksalate

In manchen Supermärkten kann man schon Blattsalate mit Ballen kaufen, die länger frisch bleiben. Aber wie wäre es mit Salaten, die nach dem Abernten immer wieder neu austreiben? Dank solcher Dauerlieferanten müsst ihr nie mehr Salat kaufen. Meine Wohnung füllt sich immer mehr mit solchen Köstlichkeiten. Ich bekomme nicht genug davon.

Tomaten

Sie wachsen drinnen das ganze Jahr. Ja, ihr habt richtig gelesen: Tomaten versorgen euch lückenlos. Man kann sie in kleinen Töpfen kultivieren, allerdings schaffen sie es kaum je in die Küche, weil sie viel zu gut schmecken. Selbst gezogene Tomaten sind immer besser als gekaufte. Ich empfehle Mikro-Cherrytomaten. Weil sie viel Licht brauchen, sollte man aber gerade im Winter eine zusätzliche Lichtquelle installieren.

Chilis

Sie gehören zu meinen persönlichen Favoriten, deshalb empfehle ich sie. Außerdem sehen sie gut aus, denn sie bereichern das Interieur mit Farbtupfern. Nicht zuletzt bringen sie Pfiff in euer Essen. Ich rate euch, zunächst mit weniger scharfen Sorten wie Jalapeño, 'Sugar Rush Peach' oder – wenn ihr Liebhaber dunkler Pflanzen und Früchte seid – 'Black Goat Weed' anzufangen. Sie brauchen im Winter zusätzliches Licht, sonst entwickeln sie keine Früchte.

Frühlingszwiebeln

Stellt sie einfach in Wasser und schneidet ab, was ihr braucht. Auch mit ihnen spart man Geld, denn man muss sie nicht mehr kaufen und sie treiben immer wieder frisch aus.

Möhren

Das wusstet ihr nicht, oder? Selbst Möhren kann man auf der Fensterbank ziehen. Aber auch bei ihnen rate ich zu einer kleinen Sorte. Übrigens kann man auch die Blätter essen. Peppt eure Möhren mit Nüssen, Zitronensaft, Olivenöl, veganem Käse und veganem Pesto auf.

Ingwer

Ingwer in unserem Klima draußen zu ziehen ist eine Herausforderung. Auf der Fensterbank aber sollte es gelingen, vor allem, wenn man für die nötige Luftfeuchtigkeit sorgt. Ingwer selbst anbauen? Ein Traum. Zusammen mit Chilis bildet er ein kulinarisches Dream-Team.

Erbsen

Man kann sie nach oben klettern und das ganze Fenster ausfüllen lassen. So bekommt man praktisch eine lebende Gemüsegardine. Zupft beim Blick nach draußen ein paar Erbsen ab und lasst sie direkt in den Mund wandern.

Die Liste ist alles andere als komplett, aber ich wollte eure Begeisterung für die vielfältigen Möglichkeiten des Anbaus in den eigenen vier Wänden wecken. Deshalb würde es mich auch sehr interessieren, was auf eurer Fensterbank gemüsemäßig passiert. Folgt mir auf Instagram und TikTok oder dreht ein Filmchen und zeigt mir, was ihr zuwege gebracht habt. Ihr inspiriert mit eurem Erfolg andere. Vorsicht ist jedoch angebracht, wenn ihr Katzen habt: In meiner Wohnung haben sie schon den einen oder anderen Topf von der Fensterbank geschubst!

IDEEN FÜRS TOPF-UPCYCLING

Bastelt euch eure Pflanzgefäße selbst. Hier ein paar Vorschläge:

BLUMENAMPELN

Recycelte Materialien setze ich ein, seit ich in einer urbanen Umgebung gärtnere. Nachhaltigkeit war schon immer eines meiner Hauptziele. Weil nicht jeder einen Freilandgarten hat, habe ich mir diese selbst gebastelten Blumenampeln ausgedacht. Die Plastikflaschen in verschiedenen Größen eignen sich bestens zum Anbau auf Balkon und Terrasse.

Ihr braucht:

- 2 Plastikflaschen (ich habe 5-Liter-Flaschen verwendet)
- Holzbrennstift (um Löcher in das Plastik zu brennen; wer keinen solchen Stift hat, kann auch einen Nagel mit einer Zange über offenem Feuer erhitzen)
- Pflanzerde
- Schnur aus natürlichem Material
- Saatgut oder Setzlinge

1. Den oberen Teil der Flasche etwa auf Höhe der Schulter abschneiden. Deckel vom abgeschnittenen Oberteil schrauben und Löcher in das Oberteil brennen.
2. Vier Löcher in gleichmäßigen Abständen unter den oberen Rand des großen Flaschenkörpers brennen.
3. Zwei Abzugslöcher in den unteren Teil der Flasche brennen (3–4 cm Abstand zum Boden lassen).
4. Oberteil umgedreht in den Flaschenkörper stecken und nach unten schieben.
5. Erde einfüllen und Samen hineinstreuen oder Pflanze setzen.
6. Zwei gleich lange Schnüre zuschneiden. Je eine Schnur durch zwei Löcher einer und zwei Löcher einer anderen Flasche fädeln. Auf der anderen Seite wiederholen.

TIPP: Wenn ihr durchsichtige Flaschen verwendet, lackiert den unteren Teil, damit die empfindlichen Wurzeln keine Sonne abbekommen. In einem sehr heißen Klima kann man die Flaschen auch in weißen Stoff einschlagen, damit Wärme reflektiert wird und die Wurzeln in der Mittagshitze nicht förmlich gekocht werden.

VERTIKALER GARTEN

Mit durchsichtigen Plastikflaschen könnt ihr euch drinnen oder draußen preisgünstig einen vertikalen Garten einrichten. Wer kein Wasser in Flaschen kauft, kann Freunde und Verwandte fragen, ob sie welche verschenken, oder in den sozialen Medien einen Aufruf starten. Ihr glaubt gar nicht, wie hilfsbereit Menschen sein können. Es gibt ihnen außerdem ein gutes Gefühl, weil sie Abfälle reduzieren helfen. Wer weiß, vielleicht inspiriert ihr sogar andere, es euch gleichzutun.

Durch einen vertikalen Anbau lässt sich auch gut Wasser sparen, denn es rinnt von Etage zu Etage nach unten. Man braucht nur die obersten Pflanzen zu wässern. Legt vertikale Gärten am besten zu Frühjahrsbeginn an.

Ihr braucht:

- Fräsbohrer, 25 mm
- zehn 2-Liter-Plastikflaschen mit Deckel
- Hammer und Nägel
- Cutter bzw. Teppichmesser
- Tongranulat oder Steine
- Acrylfarbe
- Maßband
- Tacker
- Heftklammern
- Permanentmarker

Erdbeeranbau in Hängeampeln

1. Mit dem Fräsbohrer je ein Loch in den Boden von fünf Plastikflaschen bohren. Dabei an der Delle in der Mitte ansetzen. Falls Plastikteile im Inneren bleiben, herausholen und Rand glätten, aber vorsichtig.
2. Den Hals einer nicht angebohrten Flasche in das gebohrte Loch einer weiteren Flasche stecken. Insgesamt fünf Flaschen auf diese Weise zusammenstecken. Deckel behalten – wir brauchen sie später noch.
3. Mit Hammer und Nagel Löcher in die Deckel schlagen – sie dienen später als Wasserabzug für den vertikalen Garten. Deckel mit einer Schraubzwinge oder etwas Ähnlichem fixieren, nur nicht mit der Hand halten – Verletzungsgefahr! Viele kleine Löcher schlagen.
4. Mit einem Permanentmarker Quadrate auf die untere Hälfte der Vorderseite der Flaschen zeichnen.
5. Mit einem Cutter bzw. Teppichmesser die Quadrate ausschneiden.
6. Die Deckel auf die Hälse schrauben, die im Inneren der Flaschen stecken. Sie halten die Flaschen zusammen und dienen zugleich als Wasserabzug.
7. Die Flaschen an eine Bretterwand, ein Holzgerüst oder eine ähnliche vertikale Fläche tackern. Ich zeichne mithilfe eines Maßbands die Punkte an, an denen die Flaschen festgetackert werden müssen, damit sie gerade sitzen. Gleichzeitig befestige ich die jeweiligen Flaschenpaare leicht versetzt zueinander, sodass das Ganze ansprechender aussieht.
8. Wenn ihr zufrieden mit der Anordnung seid, die Flaschen paarweise festtackern. Flaschen dabei mit dem unteren Ende nach oben befestigen. Die Seiten mit den ausgeschnittenen Quadraten müssen aber bei allen nach vorn zeigen, denn in sie werden die Pflanzen gesetzt.
9. In jede Flasche etwas Tongranulat oder Steinchen streuen, um die Drainage zu verbessern. Darauf etwas Erde geben, aber nicht zu viel, denn beim Einsetzen der Pflanzen kommt der Rest hinein.
10. Das untere Ende der Flaschen lackieren, um die Wurzeln vor direkter Sonne zu schützen. Ich empfehle zwei Anstriche Acrylfarbe, was auf Plastik gut funktioniert.

GRÖSSENWAHN

Ich habe das gleiche System mit 5-Liter-Flaschen umgesetzt – es hat genauso gut funktioniert wie in der 2-Liter-Klasse, wenn nicht sogar besser. Ihr müsst nur statt eines 25-mm-Fräsbohrers einen 32-mm-Bohrer verwenden.

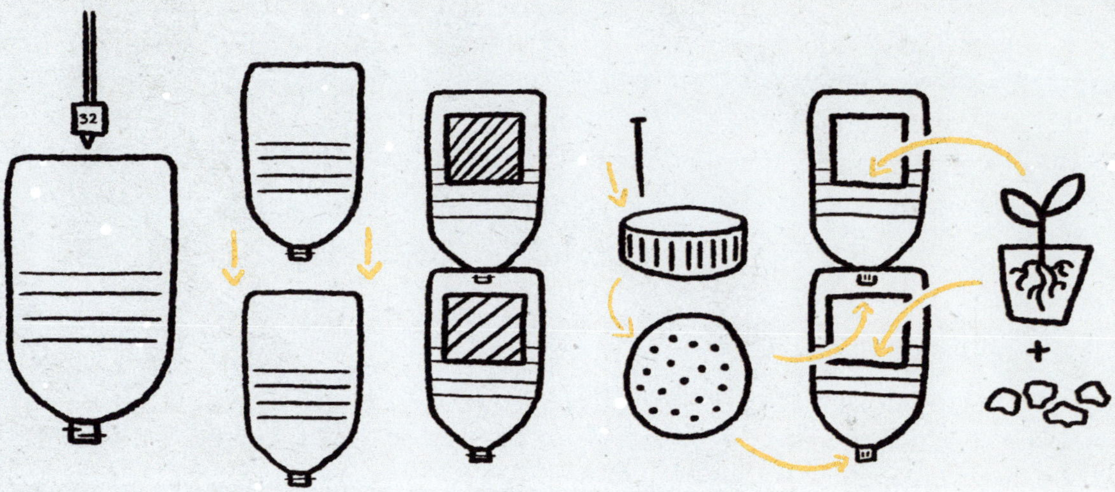

Welche Pflanzen soll ich nehmen?

Ihr könnt mit Pflanzenklonen arbeiten, etwa Erdbeerausläufern, aber auch mit Samen oder Setzlingen aus der Gärtnerei. Gepflanzt werden kann alles von Kräutern, Erdbeeren bis hin zu Blumen. Allerdings sollten sie nicht zu viel wiegen.

Drückt zunächst ein Loch in die Erde in der Flaschenmitte und steckt die Pflanzen hinein. Sie sollten nach außen zeigen, sonst wachsen sie nach oben und tragen schlechter, da sie die Energie an falscher Stelle einsetzen. Packt die Wurzeln anschließend in etwas Erde.

Ich empfehle auch etwas Mulch, um die Wasserspeicherfähigkeit zu verbessern, aber das ist kein Muss. Wässert nur die oberste Flaschenreihe – die Flüssigkeit sollte allmählich nach unten durchsickern. Falls nicht, könnt ihr die Deckel etwas mehr öffnen.

Mit Flaschenwänden optimiert man die Raumnutzung und erhöht den Ertrag auf kleinstem Raum. Es gibt noch viele weitere Strategien, aber das Wichtigste für mich ist hier der Recyclingaspekt. Viele kleine Schritte ergeben einen großen.

TEIL ZWEI

WAS PFLANZE ICH WIE?

AUSSÄEN UND UMPFLANZEN

SAMEN IST NICHT GLEICH SAMEN

Samen sind ein wichtiger Bestandteil unseres Lebens, ganz gleich, ob wir aus ihnen Getreide, Kräuter, Obst oder Gemüse ziehen. Allerdings gibt es wegen der vielen Namen und Abkürzungen zur Klassifizierung jeder im Handel erhältlichen Sorte viel Verwirrung.

Samen lassen sich nach ihrer Form, ihrer Verwendung oder der Pflanze, die aus ihnen wächst, einteilen.

Viele Pflanzen vermehren sich mithilfe von Samen. Manche allerdings produzieren auch Sporen anstelle von Samen.

Wenn ihr Samenkataloge für Gemüsesorten durchblättert, solltet ihr genau darauf achten, welche Bedingungen die jeweiligen Sorten brauchen und ob ihr ihnen diese Bedingungen bieten könnt. Eine wichtige Rolle spielt außerdem der Erntezeitpunkt: Er muss so liegen, dass die Samen vorher ideale Wuchsbedingungen haben, sonst gehen euch die Pflanzen ein, bevor sie reif werden.

Kleiner Tipp für die Beschaffung der Samen: Versucht online Tauschbörsen zu finden oder nutzt Plattformen in sozialen Medien. In fast allen Ländern gibt es entsprechende Gruppen, in denen man chatten und seltene Sorten tauschen oder kaufen kann.

Es spielt keine Rolle, nach welcher Art von Samen ihr Ausschau haltet, wichtig ist, dass ihr gesundes Material findet. Die vier wichtigsten Samenkategorien sind GVO-Samen, Hybridsamen, Biosamen und Samen alter Sorten.

GVO-SAMEN

Genetisch veränderte Organismen (GVOs) nennt man Lebewesen, deren Erbmaterial vom Menschen künstlich verändert wurde. Für die kurzfristige Nahrungsmittelproduktion haben sie unzweifelhaft Vorteile. Aber die langfristigen Auswirkungen genetischer Veränderungen sind verschiedenen Fachleuten zufolge nach wie vor unklar.

Allerdings braucht ihr nicht wirklich zu überlegen, ob ihr euch GVO-Samen anschaffen wollt, spart euch die Grübelei: Sie sind in Deutschland nicht erlaubt. Ihr bekommt sie auch gar nicht, selbst wenn ihr gern welche hättet.

Die Genetik von GVO-Samen wurde durch menschliche Eingriffe verändert. Eine Pflanze bekommt z.B. vorteilhafte artfremde Gene eingepflanzt. Man erhofft sich davon eine Vererbung der vorteilhaften Gene an die Nachkommen.

Bei GVO-Samen gibt es noch einige Unwägbarkeiten. Dazu gehören die Probleme, die sich ergeben können, wenn Kulturen von GVO sich mit Nicht-GVO-Kulturen kreuzen. Risikofaktoren sind unter anderem Wind, Insekten, Kulturpflanzen, die in die Natur gelangen, und unsachgemäßer Einsatz von GVO-Kulturen. Aber auch ethische Erwägungen spielen eine Rolle.

Verwechselt aber nicht genetisch veränderte Organismen mit durch herkömmliche Züchtung entstandenen Hybriden.

HYBRIDSAMEN

Sie entstehen zum Beispiel, wenn eine Pflanzenart, -unterart oder Sorte gezielt mit einer anderen gekreuzt wird, damit sich eine Hybride mit neuen Eigenschaften entwickelt oder damit sich gewünschte Eigenschaften manifestieren. Bei der Fremdbestäubung gelangt Pollen der männlichen Blüten einer Pflanze auf die weiblichen Blüten einer anderen. Nach der Befruchtung beginnt der Fruchtknoten der weiblichen Blüte zu wachsen und bildet eine Frucht. Wenn diese Früchte reifen, sind die darin enthaltenen Samen Hybridsamen und der Versuch, die besten Eigenschaften beider Eltern zu kombinieren.

Ich habe bei Chilis mit Kreuzungen experimentiert, indem ich Blüten mit einem Pinsel handbestäubt habe, also vorsichtig über das Innere einer Blüte und dann einer anderen gestrichen habe. Bei den Nachkommen bemerkt man eine Veränderung des Scoville-Grads, also der Schärfe, da zwei Sorten mit unterschiedlicher Schärfe kombiniert wurden. Allerdings sind viele Generationen nötig, bis eine Hybride stabil ist. Zudem kann nicht jede Chili mit irgendeiner Art hybridisieren. Eine Hybride gilt nur dann als stabil, wenn sie über Jahre hinweg nach der Bestäubung immer wieder dieselben Früchte ohne merkliche Veränderung der Form, des Geschmacks oder sonstiger Charakteristiken hervorbringt. Mir ist es gelungen, durch Tausch und Online-Kauf von Samen mehr als 500 Chilisorten zu sammeln.

Unter Hybridsamen gibt es sogenannte F1-Hybriden. Das »F« steht für »Filialgeneration«. F1 ist also die erste Generation, die auf die Elternsorten folgt. Samen der aus solchen Samen entstehenden Früchte sind aber nicht sortenecht, das heißt, die nächste Generation kann wieder ganz andere Eigenschaften haben.

Pflanzenzüchter experimentieren mit vielen Kreuzungen und halten das Ergebnis akribisch fest, bis sie eine Kombination mit erwünschten Eigenschaften bekommen, zum Beispiel mit einer größeren Widerstandsfähigkeit gegen Schädlinge. Bis dahin kann aber viel Zeit vergehen. Wer F1-Sorten kauft, ist völlig abhängig vom Saatguthersteller, denn es bringt nichts, die Samen selbst zu sammeln. Man verzichtet also auf Saatgutautonomie.

BIOSAMEN

Viele Gartenbesitzer bevorzugen Biosamen und kaufen sie anstelle von konventionellem Saatgut. Aber wenn man sie fragt, warum, hört man viele falsche Vorstellungen, die es richtigzustellen gilt.

Aus rein wissenschaftlicher Sicht bezieht sich der Begriff »biologisch« auf die Wissenschaft vom Leben. Im engeren Sinne sind damit aber ökologisch erzeugte und entsprechend zertifizierte Produkte gemeint. Die Erzeugung unterliegt speziellen Regeln.

Manche sind der Auffassung, dass Biosamen im Verlauf ihrer Entstehung nicht mit Chemikalien behandelt wurden. Das stimmt nicht ganz. Sie können durchaus mit organischen Verbindungen behandelt werden, die mitunter sogar in höherer Dosierung verwendet werden, da sie nicht so wirksam sind wie synthetische Verbindungen. Das heißt nicht, dass Biosamen schlecht sind, ich bevorzuge sie sogar. Aber man sollte nicht von falschen Vorstellungen ausgehen.

ALTE SORTEN

Eine alte Sorte wird in der Regel als etwas Wertvolles, Erhaltenswertes betrachtet. Sie ist im Verlauf vieler Generationen durch Zucht entstanden und wurde wegen ihrer Vorzüge bewahrt und immer weiter kultiviert. Die Gründe für ihren Wert sind ihr Geschmack, ihr Ertrag, ihre Winterhärte oder ihre Anpassungsfähigkeit. Es gibt mehrere Familiensorten, die seit über einem Jahrhundert von Generation zu Generation weitergereicht werden. Manche haben sogar eine 300-jährige Geschichte. Sie haben sich bewährt und wurden deshalb auch so lange bewahrt.

Alte Traditionssorten sind meine Favoriten. Ich halte seit Jahren nach immer neuen Formen Ausschau, die ich meiner wachsenden Sammlung hinzufügen kann. Sie werden in etlichen Samenbanken rund um den Globus aufbewahrt. Damit versucht man genetische Vielfalt in die Zukunft zu retten. Die Samenarchive sind in der Regel überschwemmungs-, bomben- und strahlungssicher und enthalten Gläser voller Samen von verschiedensten Pflanzenarten. Meist werden sie in einer gekühlten, trockenen Umgebung gelagert. Deshalb bleiben sie sehr lange keimfähig und können auch in vielen Jahren noch austreiben.

Inzwischen gibt es über 1000 dieser Archen Noah für Pflanzen. Jede hat eine besondere Aufgabe und widmet sich bestimmten Arten. Im Augenblick sind schätzungsweise rund 40 Prozent der Pflanzenarten weltweit vom Aussterben bedroht. Ich hatte die Gelegenheit, eine solche Samenbank zu besuchen. Sie heißt Garden Organic und befindet sich in Coventry (www.gardenorganic.org.uk). Dort habe ich erfahren, wie wichtig Samen für die Zukunft der Menschheit sind. Ich kann den Besuch eines solchen Archivs nur empfehlen.

Meine eigene Samenbank, sortiert nach Namen

Samen eines Urban Farmer

SAATGUTAUTONOMIE

Das Sammeln von Samen gehört zu den wichtigsten Gartentätigkeiten. Wir übernehmen damit wieder die Kontrolle über unsere eigenen Nahrungsmittel. Wichtig ist das jährliche Sammeln aber auch, weil die Sorten in unserem Garten sich so an die Bedingungen anpassen können.

Um Obst- und Gemüsetraditionen fortzuführen, muss Saatgut gelagert werden. Ohne die vielen Gartenbesitzer, die es eifrig sammeln und aufbewahren, gäbe es keine alten Sorten.

Zugleich ist das Sammeln wichtig für die Erhaltung der Saatgutautonomie. Anders gesagt: Saatgutautonomie ist das Recht von Landwirten, Gartenbesitzern und anderen Nahrungsmittelproduzenten, frei verfügbare Samen zu behalten, einzusetzen, zu züchten, auszutauschen und zu verkaufen. Gentechnisch verändertes, patentiertes Saatgut von Unternehmen hingegen ist nicht frei verfügbar.

Durch die aktuellen Probleme, die Covid-19 und der Klimawandel mit sich gebracht haben, wurde die Bedeutung der Saatgutautonomie als ein Schritt hin zu selbstbestimmten, nachhaltigen Gemeinschaften unterstrichen.

Die Pandemie hat Versorgungsketten unterbrochen und uns vor Augen geführt, wie sehr wir von entfernten Systemen abhängig sind, die sich unserer Kontrolle entziehen. Für eine nachhaltigere Zukunft müssen wir Saatgut sichern und unsere eigene Nahrung erzeugen. Einsatz, Lagerung und Weitergabe von Samen sichern das Überleben von Pflanzen und unsere eigene Unabhängigkeit.

WIE MAN AUSSÄT

Wenn ihr euch zum ersten Mal mit dem Gärtnern befasst, werdet ihr immer wieder auf die Begriffe Aussaat und Samen stoßen. Bei der Aussaat werden die Samen in oder auf den Boden gestreut, damit sie keimen und zu einer Pflanze werden. Die Keimung ist also die Geburtsstunde der Pflanze. Hier ein paar Tipps zur Aussaat:

DIE BESTE ERDMISCHUNG

Für Sämlinge braucht man die passende Erdmischung. Damit die Gewächse mit allen erforderlichen Nährstoffen versorgt werden und das Substrat außerdem ausreichend durchlässig sowie belüftet ist, sollte das Substrat etwas Kompost enthalten (siehe Seite 125–138).

Eine typische Mischung im konventionellen Gartenbau besteht aus 50 Prozent Topferde, 40 Prozent Kompost und 10 Prozent Wurmerde sowie ein paar Handvoll Vermiculit oder Perlit. Auch etwas Mykorrhizapulver sollte mit hinein, falls es verfügbar ist (siehe Seite 92). Pilze und Pflanzen gehen eine Symbiose ein, die sogenannte Mykorrhiza. Der Pilz besiedelt das Wurzelsystem der Pflanze und verhilft ihm zu einer verbesserten Aufnahme von Wasser und Nährstoffen. Im Gegenzug stellt die Pflanze dem Pilz Kohlenhydrate zur Verfügung, die sie aus der Fotosynthese gewinnt.

Klingt zu kompliziert? Vergesst es. Statt Samen auf herkömmliche Art und Weise auszusäen, empfehle ich euch eine Kombimethode, die aus der naturnäheren No-Dig-Strategie und der einfachen Kultur in herkömmlicher Topferde besteht.

Die meisten Pflanzen in meinem Garten wachsen und tragen ohne zusätzliche Nährstoffgaben. Weil ich weder umgrabe noch ackere, bleibt der Boden unbehelligt, sodass die Pilzmyzele unbeeinträchtigt wachsen und symbiotische Beziehungen bilden können, die einen Beitrag zur Zersetzung der organischen Substanz leisten und die Pflanzen mit den grundlegenden Nährstoffen versorgen. Mikroorganismen übernehmen die restliche Arbeit, indem sie in meinen Hochbeeten Wurzelreste und organische Substanz zersetzen und so neue Nährstoffe bilden.

Laubhumus für den Mix

AUSSAAT

Durch Aussaat drinnen bekommt man zu Beginn der Gartensaison einen Vorsprung. Pflanzen von der Aussaat bis zur Ernte zu kultivieren ist kein großes Ding, sofern man die nötige Beleuchtung und Ausrüstung hat. Haltet alles so einfach wie möglich. Wenn mich Leute um Rat fragen, ist das in der Regel das Erste, was ich ihnen sage.

Steigt mit ein paar wenigen Arten ein, denn jede hat ihre besonderen Ansprüche, wenn es um die Aussaat geht. Gänzlich unkompliziert sind Studentenblumen, Tomaten und Bohnen. Ebenfalls gute Anfängerpflanzen sind Kräuter wie Basilikum, Dicke Bohnen (Puffbohnen), Ringelblumen, Kapuzinerkresse und Blattsalate. Wenn ihr etwas Erfahrung habt, könnt ihr versuchen, es mit anspruchvolleren Zeitgenossen wie Möhren und Auberginen aufzunehmen.

Verwendet hochwertige Aussaaterde oder normale Universalerde. Ich nehme nach Möglichkeit meine eigene organische Mischung. Wer aber keine Zeit zum Mischen hat oder nicht sicher ist, ob er die richtige Qualität zustande bringt, kauft sie. Punkt.

Die beste Erde

Für die Aussaat braucht man eine Erde mit feiner Textur. Damit die Samen keimen und zum Licht hin zu wachsen beginnen, brauchen sie Substrat von feiner, gleichmäßiger Konsistenz. Samen tragen zwar bereits eine winzige Menge Nährstoffe in sich, die ihnen beim Austrieb hin zum Licht die erste Energie geben. Ist der Boden aber zu hart, gehen sie ein, bevor sie nach oben durchstoßen. Deshalb empfehle ich, die Samen ein paar Minuten in fermentierten Pflanzensaft einzuweichen. Er versorgt die Keimlinge mit allen Mineralien und Nährstoffen, sobald sie die Samenschale durchdringen (siehe Seite 150).

Siebe:

Gartensiebe bekommt man im Gartencenter für wenig Geld. Man kann sie aber aus ein paar Holzstücken selbst basteln, indem man einen Rahmen anfertigt und darin mit einem Tacker ein feinmaschiges Metallgitter befestigt. Füllt die Behälter, die ihr ansäen wollt, bis zum Rand mit Substrat, drückt es mit den Fingern fest und gebt eine letzte Schicht fein gesiebter Erde darauf. Pflanzen bevorzugen durchlässige, feste Erde, in der die Wurzeln Halt finden.

Aussaat:
Für die Aussaat von Dunkelkeimern drückt ihr mit den Fingerspitzen kleine Löcher in die Erde und streut die Samen hinein. Viele Samen haben ein spitzes und ein rundes Ende. Das ist euch vielleicht noch nie aufgefallen, aber das ändert sich ab jetzt! Das runde Ende ist »oben«, das spitze dagegen sollte nach unten zeigen. Auch Zucchini und die Samen einiger anderer Gartenpflanzen haben das spitze Ende auf einer Seite, man sollte sie also so in die Erde stecken, dass die Wurzeln nach unten wachsen können. Allerdings braucht man darum nicht zu viel Aufhebens zu machen, denn die Wurzeln finden schon den richtigen Weg nach unten, sodass die Samen austreiben, ganz egal, wie sie ausgesät werden. Lichtkeimer streut man nur auf der Oberfläche aus und drückt sie an, nicht vergraben!

Schutz:
Deckt die Samen mit einer dünnen Lage des Substrats ab, mit dem ihr auch eure Saatschalen, Töpfe oder Beete gefüllt habt. Das bietet dem Saatgut Schutz und schafft ideale Keimbedingungen. Mit den Händen könnt ihr die Oberfläche leicht einebnen und mit Erde bestreuen, damit alle Samen bedeckt sind. Bei Lichtkeimern könnt ihr mit einem Küchensieb eine ganz dünne Schicht über die Samen sieben. So erreicht ihr eine besonders gleichmäßige Verteilung, was die Keimrate erhöht und zugleich verhindert, dass grobe Erdklumpen ein Keimen der Samen vereiteln.

Beschriftung:
Beschriftet die Saatschalen und Töpfe mit dem Pflanzennamen und Aussaatdatum.

Wässern:
Die Samen wässert man am besten mit einer sehr feinen Brause, damit sie nicht weggeschwemmt werden. Um eine möglichst gleichmäßige Durchfeuchtung des Substrats zu erreichen, gießt man mehrmals, bis alles gut wassergesättigt ist. Ein regelmäßiges, ausreichendes Wässern ist sehr wichtig. Hebt die Aussaatbehälter regelmäßig hoch, um zu prüfen, ob sie genug Feuchtigkeit enthalten. Fühlen sie sich zu leicht an, muss nachgewässert werden. Ihr könnt die Saatschalen und Töpfe auch in Wasser stellen und warten, bis sich die Erde über die Abzugslöcher mit Wasser vollgesogen hat. Sobald die Oberfläche feucht wird, nimmt man sie heraus. Auch Jungpflanzen kann man auf diese Weise von unten wässern. Das verhindert, dass sich oben Pilze ansiedeln und die Sämlinge zu sehr gestresst werden.

AUSSAAT UNTER GLAS

In einem Gewächshaus, Frühbeet oder Folientunnel könnt ihr früher als normal in die Saison starten. Unter Glas treiben Samen vor kalten Winden und Schädlingen geschützt aus, während draußen das Wetter noch viel zu schlecht dafür ist. Gewächshäuser und ähnliche Konstruktionen speichern Sonnenwärme und heizen sich an sonnigen Tagen schon gut auf, was dazu führt, dass man in ihnen die Anbausaison bis zu einem Monat früher als im Freiland eröffnen kann.

Ein Gewächshaus ist nicht ganz billig, doch gibt es Alternativen zum Neukauf. Ich habe meines gebraucht erstanden, es mit einem Mietwagen abgeholt und zu mir gebracht und bin dadurch mit einigen Hundert Euro davongekommen – hätte ich es neu gekauft, hätte ich mehrere Tausend Euro ausgeben müssen. Wenn ihr wie ich begeisterter Gärtner seid, empfehle ich Online-Plattformen für Gebrauchtwaren, wo man günstige Angebote finden kann. Mit etwas handwerklichem Geschick kann man sich sogar ein Gewächshaus selbst basteln.

Eine weitere unkomplizierte und preiswerte Möglichkeit ist das Abdecken einzelner Töpfe mit Folie, die am Rand mit einem Gummiband fixiert wird. So entsteht im Inneren ein Klima mit idealer Temperatur und Feuchtigkeit. Man kann auch eine Plastikflasche in der Mitte durchschneiden, ein paar Luftlöcher hineinstechen und sie über Pflanzen im Freiland stülpen, um sie vor Kälte, Wind und Regen zu schützen.

DIREKTAUSSAAT

Direktaussaat ist eine der einfachsten Formen der Vermehrung. Man sät einfach direkt dort aus, wo die Pflanzen wachsen sollen, statt sie drinnen vorzutreiben und später nach draußen umzupflanzen. Allerdings funktioniert das nur, wenn das Wetter mitspielt und man nicht zu früh sät.

Ihr müsst auf jeden Fall den optimalen Aussaatzeitpunkt erwischen. Der ist normalerweise gekommen, wenn mit Sicherheit kein Frost mehr zu erwarten ist und die Bodentemperatur hoch genug ist, dass die Samen austreiben. Als Faustregel gilt: Ein paar hartgesottene Gemüse wie Rote Bete, Speiserüben, Radieschen, einige Blattsalate, Pastinaken und Brokkoli kann man 3–4 Wochen nach der letzten Frostwelle direkt aussäen. Wann die normalerweise zu erwarten ist, erfährt man bei örtlichen Gärtnereien oder online. Man sollte sich aber vergegenwärtigen, dass das nur eine grobe Orientierung ist, bei der das Mikroklima im eigenen Garten oder klimawandelbedingte Veränderungen noch nicht berücksichtigt sind.

Bei der Direktaussaat spielt der Abstand zwischen den Samen eine wichtige Rolle. Sät man zu dicht, konkurrieren die Keimlinge um Licht und Nährstoffe. Deshalb sollte zwischen den Samenkörnern jeweils sicherheitshalber mindestens 1 cm Abstand bleiben. Stehen die Pflänzchen zu dicht, bilden sie nur ein, zwei Blüten und setzen sofort Samen an. Das kann man mit der Horstsaat, auch Dippelsaat genannt, vermeiden (siehe rechts). Bei sehr kleinen Samen allerdings, wie sie beispielsweise Möhren haben, nimmt man einfach eine Prise aus etwa 30 Samen (ihr müsst nicht nachzählen) und streut sie mit einer raschen Handbewegung auf die Erde. Das ist wesentlich effektiver, als stundenlang jedes Körnchen einzeln in die Erde zu stecken.

Sobald die Samen austreiben und die Sämlinge 2–3 cm hoch sind, müssen die Pflänzchen ausgedünnt werden. Dabei dezimiert man sie so, dass alle 10 cm eine Pflanze übrig bleibt. Man lässt nur die kräftigsten stehen. Die ausgezupften Sämlinge kann man auf den Komposter oder in die Wurmfarm werfen. Das wird sie davon abhalten, anderen Konkurrenz zu machen und ihnen Nährstoffe wegzunehmen.

AUSSAAT IN ANZUCHTPLATTEN

Wer im großen Stil Gemüse und Blumen ansät oder sie durch Aussaat drinnen bzw. unter Glas mit einem Vorsprung in die Saison schicken möchte, sollte vielleicht die Aussaat in Anzuchtplatten wählen. Das sind Saatschalen mit vielen einzelnen Modulen, in denen jedes Samenkorn einen eigenen Minitopf ganz für sich allein hat.

Anzuchtplatten sind auch das ideale Aussaatgefäß für alle, die schon etwas ins Freiland gesät haben und auf zeitlich gestaffelten Anbau setzen. Das hat den Vorteil, dass es keine Wartezeiten zwischen den Erntezeiten mehr gibt, sondern man die ganze Saison hindurch kontinuierlich ernten und neu pflanzen kann. Böden müssen im Gegensatz zur landläufigen Meinung nie ausruhen und können das ganze Jahr Pflanzen nähren, selbst wenn es sich nur um eine Gründüngung handelt, die gesät wurde, um Stickstoff im Boden anzureichern. Beim gestaffelten Anbau muss man die Aussaaten zeitlich gut abstimmen. Ich kaufe mir dafür jedes Jahr einen Aussaatkalender.

Ein weiterer Vorteil von Anzuchtplatten: Sie schützen die Pflänzchen vor Schnecken, weil die Aussaaten weg vom Boden sind. Man kann die Platten auf Tische stellen oder mit Hauben abdecken, sodass im Inneren die Luftfeuchtigkeit und Temperatur höher ist, was ideale Bedingungen für die Keimung entstehen lässt. Ich arbeite am liebsten mit den Anzuchtplatten von Charles Dowding. Sie kosten zwar mehr als die üblichen Versionen, halten aber ein Leben lang, weil sie aus festem, dauerhaftem Kunststoff sind (man kann sich sogar daraufstellen). Außerdem haben sie größere Abzugslöcher, sodass man die Pflanzen mitsamt ihren Ballen gut herausdrücken kann, wenn die Zeit gekommen ist, sie umzupflanzen.

Auch bei Verwendung von Anzuchtplatten ist Horstsaat möglich. Ich habe diese Methode von Charles Dowding gelernt. Sie funktioniert bei vielen Nutzpflanzen, etwa Basilikum, Roter Bete, Mangold, Kerbel, Koriander, Dill, Petersilie, Fenchel, Grünkohl, Porree, Speisezwiebeln, Erbsen, Radieschen, Rucola, Spinat und Speiserüben. Und das sind ihre Vorteile:

- Man spart Zeit beim Aussäen, weil man nicht einzeln säen muss.
- Man spart Erde, weil man weniger für dieselbe Zahl von Sämlingen braucht.
- Man spart Platz, weil man mehr Pflanzen auf engem Raum unterbringt.
- Sie ist auch eine Art Mischpflanzung, da alle Gewächse lieber mit »Freunden« in Horsten wachsen, wie Charles Dowding mit seiner über 40-jährigen Erfahrung im Biogärtnern festgestellt hat.

Bei der Horstsaat werden (je nach Art) 3–8 Samen in ein einziges Modul gesät und ausgepflanzt, sobald die Zeit gekommen ist. Man setzt sie in den Abständen, die für Einzelpflanzen empfohlen werden, lässt sie aber als Horste beisammen. Allerdings sollte man nicht zu viel Wurzelgemüse in ein und derselben Zelle unterbringen, da sie sonst mehr Blätter als Wurzelmasse entwickeln.

Anzuchtplatten in der Version von Charles Dowding

Buschbohnen

SAMEN SAMMELN

Das Sammeln und Lagern von Samen gehört zu den Gartentätigkeiten, die am meisten Spaß machen und sehr befriedigend sind. Wenn man es schafft, eine Pflanze anzubauen, die Früchte zu ernten, den überflüssigen Rest zu kompostieren und die Samen zu sammeln, um sie im nächsten Jahr wieder zu Pflanzen werden zu lassen, hat man das Gefühl, einen geschlossenen Kreislauf zuwege gebracht zu haben.

Wer die Samen einer bestimmen Pflanze sammeln möchte, kann entweder ein paar Früchte oder Blüten so lange stehen lassen, bis sie Samen ansetzen, und den Rest beizeiten ernten, damit die Pflanze noch genug Energie hat, um weiterzuwachsen, oder die Pflanze insgesamt in Ruhe lassen, bis die Samen reif sind.

Am einfachsten lassen sich die Samen von Blumen sammeln. Studentenblumen sind ein gutes Beispiel dafür: Schneidet die Blüten nicht ab, sondern lasst sie an der Pflanze vertrocknen. Erst wenn sie ganz welk sind, zupft man die äußeren Blütenblätter ab und bekommt so Samen, die man im nächsten Jahr wieder säen kann.

Für Einsteiger, die Samen sammeln wollen, empfehle ich, es zunächst mit Tomaten, Paprika, Bohnen und Erbsen zu probieren. Der Grund: Sie tragen selbstbestäubende Blüten und setzen Samen an, die sich sehr leicht lagern lassen.

Bei Pflanzen mit männlichen und weiblichen Blüten (wie bei Kürbissen und Mais) lässt sich eine Fremdbestäubung und Kreuzung verschiedener Sorten nur schwer verhindern. Aber sie wirkt sich auf Geschmack, Aussehen und Samenqualität aus.

Das Sammeln der Samen von Zweijährigen wie Möhren und Roten Beten ist eine ziemlich komplizierte Angelegenheit, da es sich in kleinen Gärten oder Räumen nur schwer bewerkstelligen lässt. Man braucht für die Pflanzen einen separaten Gartenbereich, in dem man sie stehen- und blühen lassen kann.

Sammelt nur Samen von samenechten Sorten, nie von F1-Sorten. Alte Sorten sind samenecht, da ihr Saatgut seit Generationen weitergegeben wird. Ihre Nachkommen haben die gleichen Eigenschaften wie die Eltern, können sich aber trotzdem an wechselnde Klimabedingungen anpassen. Samen von F1-Sorten hingegen fallen oft ganz anders aus als die der Eltern und sind manchmal sogar unfruchtbar.

Nehmt immer Samen von der kräftigsten Gemüse- und Obstpflanze, nicht von schwachen oder seltsam aussehenden Exemplaren. Schließlich wollt ihr Obst und Gemüse mit gleichmäßiger Form und guter Farbe, festem, nicht zu weichem Fleisch sowie geringer Anfälligkeit für Schädlinge und Krankheiten. Wenn ihr auf diese Eigenschaften achtet, erhöht ihr eure Chancen, auch im nächsten Jahr wieder ertragreiche Pflanzen zu bekommen und gesundes Obst und Gemüse zu ernten.

TOMATENSAMEN SAMMELN

Normalerweise sind bei uns die Bodentemperaturen so niedrig, dass die Samen einer reifen Tomate nicht keimen und austreiben, wenn die Frucht auf den Boden fällt. Auch die gallertartige Masse um die Samen verhindert das Keimen. Erst warme Frühjahrstemperaturen wecken sie auf und bringen sie zum Austreiben. Das ist in der Regel nur der Fall, wenn die schleimige Hülle verschwunden ist. Ich sammle Tomatensamen so:

1. Samen mit einem Löffel herausholen und mit der Gallertmasse in ein Glas geben.
2. Glas mit Frischhaltefolie abdecken und je nach Temperatur 2–3 Tage stehenlassen. Zweimal täglich umrühren, um Schimmelbildung zu vermeiden (aber selbst wenn der Inhalt schimmelt, sollten die Samen nicht beeinträchtigt werden).
3. Auch wenn die meisten Samen nach 2–3 Tagen auf den Boden sinken, werden ein paar weiter in der Gallertmasse schwimmen.
4. Samen abgießen, säubern, spülen und auf einem Papierteller trocknen lassen (auf Papiertüchern kleben sie fest).
5. Wenn sie ganz trocken sind, in eine Papiertüte geben und bis zum nächsten Jahr lagern.

CHILISAMEN SAMMELN

Die Chilifrüchte müssen so lange an der Pflanze bleiben, bis sie runzlig werden und schrumpfen. Ich höre in der Regel mit dem Wässern auf, wenn die Schoten fast erntebereit sind, damit die Pflanze nun all ihre Energie in den Reifeprozess steckt.

1. Eine vertrocknete Schote öffnen und das poröse Plazentagewebe um die Samen entfernen (es ist meist weiß, kann aber auch eine andere Farbe haben).
2. Alle Samen herauskratzen und auf einem Papierteller gut verteilt auslegen, ohne dass sie sich berühren.

FUN FACT

Viele glauben, dass die Samen das meiste Capsaicin (den Stoff, der das Brennen verursacht) enthalten, doch in Wirklichkeit ist der schärfste Teil der Chilischote die Plazenta.

ERBSEN- UND BOHNENSAMEN SAMMELN

Wenn die Hülsen eintrocknen und braun werden, kann man die Samen ernten. Die Pflanzenreste von Erbsen und Bohnen sollte man nach dem Ernten der Hülsen mulchen. Diese Pflanzen leben in Symbiose mit Bakterien, die Stickstoff aus der Bodenluft aufnehmen können und für die Pflanze verfügbar machen. Lässt man die Wurzeln im Boden, vermehren sich die günstigen Bakterien dort. Der Rest der Pflanzen enthält noch viel Stickstoff, der von den Bodenlebewesen wiederum im Boden umgesetzt und den nachfolgenden Kulturen zur Verfügung gestellt wird.

1. Bevor man die Hülsen öffnet und die Samen herausnimmt, sollte man sie drinnen auf einer offenen Fläche ein, zwei Wochen lang trocknen.
2. Bis zum Aussäen lagert man die Samen in Briefumschlägen an einem kühlen, trockenen Platz. Vor dem Aussäen weicht man sie eine Nacht lang ein.

SAATGUT LAGERN

Damit Saatgut lange keimfähig bleibt, muss es richtig gelagert werden. Ich empfehle Briefumschläge aus Papier, denn sie eignen sich hervorragend dafür. Auch Plastik funktioniert, ist aber schlecht für die Umwelt. Wer es dennoch verwendet, sollte zumindest kein durchsichtiges Material nehmen, da Samen dunkel aufbewahrt werden müssen.

Ich habe mir eine Fotokiste und Sammelordner mit 16 Kästchen angeschafft. So kann ich mein Saatgut nach Kategorie und Aussaatzeitpunkt oder anderen Kriterien ordnen. Es war die beste Anschaffung für mein Saatgut. Man kann außerdem eine Excel-Tabelle anlegen und sie jährlich mit allen neuen gesammelten Sorten, Mengen und anderen Informationen, die den Einsatz im nächsten Jahr erleichtern, auf den neuesten Stand bringen. Die Saatgutkiste gehört an einen trockenen Platz bei gleichbleibender Zimmertemperatur und ohne direkte Sonne.

Meine Saatgutkiste, online gekauft (früher für Musik-Kassetten verwendet)

UMPFLANZEN

Nach dem Keimen der Saat drinnen oder draußen müssen die Sämlinge in den Garten oder an einen anderen Platz umgesiedelt werden.

Ein Problem beim Umsetzen ist der Pflanzschock. Der Ortswechsel kann dazu führen, dass die Pflanze nicht mehr oder nur noch langsam wächst und im Extremfall sogar eingeht (siehe Seite 88). Wenn ihr die folgenden Tipps beherzigt, gewöhnt sich die Pflanze aber rasch an ihren neuen Standort.

Der ideale Zeitpunkt für einen Umzug von Sämlingen nach draußen ist das zeitige Frühjahr oder der Herbst während der Winterruhe der Pflanzen. In den letzten Jahren haben die Frostperioden bei uns länger als üblich gedauert. Ich warte im Frühjahr ein paar Wochen nach dem letzten Frost, bevor ich etwas nach draußen pflanze. Ab wann in eurer Gegend keine Minustemperaturen mehr zu erwarten sind, erfahrt ihr online.

In der Regel werden große Pflanzen ebenso nach draußen umgesiedelt wie frische Sämlinge, damit die Wurzeln sich ausbreiten können und auch der oberirdische Wuchs zulegt. Manche Arten wie zum Beispiel Bart-Iris müssen geteilt und neu gepflanzt werden, um wieder gut zu wachsen und zu blühen. Die meisten in Gefäßen gezogenen Gewächse füllen mit ihren Wurzeln den gesamten Erdballen aus. Wenn sie in zu beengten Verhältnissen wachsen, wirkt sich das auf ihren Wuchs aus. Beim Umpflanzen von einem Topf in einen anderen sollte das neue Gefäß deshalb mindestens ein Drittel größer sein. Bei dieser Gelegenheit kann man gleich prüfen, ob die Wurzeln gesund sind, krankes Material entfernen und die Erde durch frische austauschen, sofern die Pflanze nicht sowieso ins Freilandbeet kommt.

Nach dem Umpflanzen sorgt die frische Erde dafür, dass die Pflanzen gesünder sind und besser wachsen. Gleichzeitig muss man dafür Sorge tragen, dass der Pflanzschock möglichst gering ausfällt. Gelingt das jedoch, ist das Umpflanzen eine einfache und kostengünstige Methode, den Garten zu erweitern und die Gesamtqualität der Pflanzen zu verbessern. Um- oder ausgepflanzt wird am besten möglichst früh oder spät am Tag, damit der Stress für die Pflanzen gering bleibt.

Damit Pflanzen sich an ihre neue Umgebung gut anpassen, müssen sie allmählich von den Bedingungen drinnen an die draußen herrschenden gewöhnt werden. Dazu stellt man sie jeden Tag ein bisschen länger ins Freie. Nach einer Woche sollten sie in der Lage sein, es ungeschützt mit den Elementen aufzunehmen. Wird eine Pflanze so aus der Wohnung nach draußen gebracht, etwa nachdem man sie drinnen unter künstlichem Licht angesät hat, nennt man das Abhärten.

Ob eine Pflanze bereit für den Umzug ist, kann man nachprüfen, indem man nachsieht, ob schon Wurzeln durch das Abzugsloch wachsen. Ist das der Fall, hat sie den verfügbaren Platz ausgefüllt und schickt ihre Wurzeln auf die Reise, damit sie neue Welten erkunden.

WIE MAN UMPFLANZT

Stellt vor dem Umpflanzen alles bereit, was ihr benötigt, damit ihr keine Zeit mit Hin- und Herlaufen verschwendet.

Ihr braucht:

- wasserfesten Permanentmarker
- Töpfe
- Topferde
- Etiketten

Um Wurzelschäden möglichst gering zu halten, gieße ich meine Pflanzen in der Regel vor dem Umpflanzen gründlich. Zieht die Pflanzen keinesfalls am Ansatz aus dem Topf – die Gefahr, etwas abzubrechen oder abzureißen, ist zu groß. Drückt stattdessen den Topf vorsichtig zusammen, bis der Ballen sich lockert und herausrutscht, oder dreht ihn um, sodass der Ballen auf Zeige- und Mittelfinger zu liegen kommt und ihr den Topf abziehen könnt. Ihr könnt den Ballen auch mit einem Küchenmesser vom Topf lösen. Die Anzuchtplatten von Charles Dowding haben besonders große Abzugslöcher, damit man den Finger hineinstecken und die Ballen damit aus dem Modul schieben kann. Wenn ihr mehrere Sämlinge in einem einzigen Gefäß habt und sie nicht gemeinsam auspflanzen wollt, müsst ihr sie vorsichtig voneinander trennen. Stellt dazu die Erdballen in eine Schüssel Wasser und lockert die einzelnen Pflänzchen anschließend behutsam.

Ihr könnt Pflanzen ganz einfach umpflanzen, indem ihr den alten Topf in den neuen stellt und die beiden oberen Ränder auf gleicher Höhe ausrichtet. Dann füllt ihr Erde um den inneren, kleineren alten Topf ein, holt ihn heraus und setzt den Pflanzenballen an seiner Stelle hinein. Anschließend müsst ihr gut wässern, damit sich die Erde um die Wurzeln schließt.

Ich empfehle, die Pflanzen nicht tiefer zu setzen, als sie im alten Topf bzw. in der Anzuchtschale standen. Ich steche normalerweise mit einem Pflanzholz oder einer Handschaufel ein Loch in die Erde, das etwas tiefer ist als der Ballen der Pflanze. Dann lasse ich die Pflanze hineingleiten und drücke sie mit den Fingern fest, denn die Wurzelmasse braucht direkten Kontakt zum Erdreich. Zusätzliche Erde einzufüllen ist nicht nötig. Es reicht, die Pflänzchen anschließend gut zu wässern, damit die Wurzeln in Erde gepackt werden und in einem feuchten, wachstumsfördernden Substrat sitzen. Die Pflanze ist nun fixiert und vor Wind und nächtlichen Temperaturstürzen geschützt. Es gibt aber Ausnahmen von der Regel, die Pflanzen so tief wie zuvor zu setzen: Tomaten etwa bilden an ihren Trieben zusätzliche Wurzeln und profitieren davon, etwas tiefer gepflanzt zu werden als im Anzuchttopf.

Wurzeln drängen unten aus dem Topf meines Pfirsichbaums.

PFLANZSCHOCK

Macht man beim Umpflanzen Fehler, können Pflanzen einen Pflanzschock erleiden. Durch den Stress wird ihr Wachstum gehemmt. Wenn sie nicht genug Wasser haben oder von Schädlingen befallen werden, können sich die Wurzeln nicht an die neue Umgebung gewöhnen. Dann tritt die Pflanze in eine Ruhephase, wächst gestaucht oder geht ganz ein.

Auch wenn man gegen den Pflanzschock selbst nicht viel tun kann, gibt es doch Mittel und Wege, die Pflanzen noch zu retten. Das Beste aber ist, es gar nicht erst so weit kommen zu lassen.

Ein Problem ist Wassermangel. Wenn ihr merkt, dass Pflanzen nach dem Umsetzen ihre Blätter hängen lassen, nehmt sie noch einmal aus der Erde. Falls die Wurzeln vor dem Einpflanzen nicht gut genug gelockert wurden, holt es jetzt nach, pflanzt sie noch einmal und weicht sie gut ein.

Ansonsten deutet das Hängenlassen der Blätter darauf hin, dass die Wurzeln in ihrer neuen Umgebung noch nicht heimisch geworden sind. Damit sich die Pflanze erholt, besprühe ich sie mit Aloe-vera-Gel und Wasser und stelle sie in den Schatten. Macht man das ein paar Tage, sollte sie sich wieder erholen.

Die Aloe-vera-Mixtur stellt man her, indem man ein paar Aloe-Blätter nimmt (sie müssen nicht gehäutet werden) und mit etwas Wasser zu einem Brei püriert. Gebt 250 ml davon in 8–10 l Wasser und gießt die Pflanze damit. Falls im Wasser noch kleine Aloe-Stückchen schwimmen, ist das kein Problem.

Ihr könnt auch 250 g Aloe-Fleisch aus ein paar Aloe-Blättern kratzen, in 8 l Wasser geben, das Ganze durch ein feines Sieb schütten und Ober- sowie Unterseite jedes Blatts damit besprühen. Das erledigt ihr am besten frühmorgens oder am späten Nachmittag und nie in der prallen Sonne.

Auch zurückschneiden hilft, da die Pflanzen dann nicht mehr so viel Energie in das Blatt- oder Triebwachstum stecken müssen, sondern sich auf das Wurzelwachstum konzentrieren können.

DER TOPFEFFEKT

Wenn ihr eine Pflanze in einer Gärtnerei oder im Gartencenter kauft, macht sie meist einen guten Eindruck. Trotzdem kann der Wurzelballen sehr stark verdichtet sein. Das bedeutet, dass die Wurzeln schon an die Seiten des Topfs drücken und kaum noch Erde zu sehen ist.

Viele meinen, eine Pflanze mit vielen dicken Wurzeln sei besser als eine mit wenigeren dünnen, aber das stimmt nicht. Setzt man einen verdichteten Ballen in die Gartenerde, wachsen die Wurzeln oft weiter spiralig und gedrängt und ersticken sich gegenseitig. Eine Pflanze mit einem lockeren Wurzelballen und reichlich loser Erde ist daher immer vorzuziehen.

Ob eine Pflanze einen stark verdichteten Ballen hat, kann man leicht überprüfen. Wenn ihr das nächste Mal ein Exemplar kauft, hebt den Topf hoch und seht nach, ob viele Wurzeln aus dem Abzugsloch wachsen. Ihr könnt die Pflanze auch aus dem Topf ziehen und prüfen, wie durchwurzelt der Ballen ist. Dazu kippt ihr die Pflanze kopfüber, haltet den Ansatz zwischen Zeige- und Mittelfinger, lockert den Topf, indem ihr ihn vorsichtig drückt, und zieht ihn nach oben. Aber bitte nicht mit Gewalt – es reicht, ein paar Zentimeter Ballen zu sehen, um einschätzen zu können, in welchem Zustand sich die Wurzeln befinden.

Doch auch wenn ihr keine andere Wahl habt, als eine Pflanze mit verdichtetem Ballen zu kaufen, oder ein Gewächs zu lange nicht umgesetzt habt, könnt ihr noch retten, was zu retten ist. Lockert entweder die Wurzelmasse mit den Fingern bzw. einem Werkzeug, etwa einem Messer oder einer Handschaufel, oder führt mehrere senkrechte Schnitte an den Seiten und der Unterseite des Ballens durch. Dadurch wird die Pflanze angeregt, neue Wurzeln zu bilden, die nicht in den Ballen hineinwachsen. Macht euch keine Gedanken, wenn ihr die Wurzeln verletzt oder zerschneidet – die Pflanze bildet rasch neue. Gesunde Wurzeln sind weiß und wirken fast wie Haare. Wenn ihr braune Wurzeln seht, tut ihr der Pflanze einen Gefallen, wenn ihr sie abzwickt.

Ein verdichteter Ballen

GEMÜSE, OBST UND KRÄUTER ZIEHEN

WAS SOLL ICH ANBAUEN?

Und jetzt zu dem Teil, der richtig Spaß macht: der Auswahl, was man pflanzen will! Wenn ihr Anregungen braucht und wissen wollt, was ich Einsteigern empfehle, geht zu Teil 4. Auf den nächsten Seiten stelle ich Gemüse-, Obst- und Kräuterpflanzen vor, bei denen es sich lohnt, etwas näher auf sie einzugehen.

Gegenüber: Die August-Ernte aus dem Hinterhof

PILZE ANBAUEN

Pilze kultivieren ist eine fantastische Art, seinen Speisezettel zu bereichern, vor allem, wenn man, wie ich in meinem Stadtgarten, wenig Platz hat. Mit einigen Pilzarten wie dem Riesen-Träuschling kann man außerdem hervorragend die Wasser- und Nährstoffaufnahme von Pflanzen verbessern. Was ich über den Anbau von Pilzen weiß, habe ich größtenteils von meinem lieben Freund Elliot von Urban Farm-It gelernt.

Ich habe mir eine große Anhängerschaft durch meine Videos im Internet gesichert. Aber wir sind beileibe nicht die einzigen Lebewesen, die das tun: Auch Pflanzen haben ihr Internet! Sie kommunizieren über dieses Netz miteinander, manchmal sogar über weite Entfernungen hinweg. Das verdanken sie einem »Web« namens Mykorrhiza (siehe unten). Die meisten Pflanzen leben in einer Art Symbiose damit, denn die Mykorrhiza fungiert fast als Verlängerung ihres Wurzelsystems.

Für mich gehören Pilze zu den faszinierendsten Lebewesen. Sie gelten als »Fleisch der veganen Welt«, weil sie viel Eiweiß, Vitamine und Mineralien enthalten.

Versucht nach Möglichkeit, einmal eine Besichtigungstour durch eine Pilzfarm in eurer Nähe zu organisieren. Vielleicht bekommt ihr dort ein paar Pilzblöcke, die man direkt im Beutel fruchten lassen kann. Oder man kann sie zerdrücken und ein paar Pilze im Eimer kultivieren!

WAS IST EIN MYZEL?

Ich habe oben die Mykorrhiza erwähnt. Wahrscheinlich habt ihr euch gefragt, was das ist und was es mit einem Garten zu tun hat. Im Waldboden befindet sich ein mit Baumwurzeln verflochtenes Pilznetz. Wenn wir von Pilzen reden, meinen wir normalerweise die Dinger, die aus dem Boden sprießen. Das sind aber nur die Fruchtkörper. Viele Pilze bilden sie, doch Pilze bestehen zum größten Teil aus einem riesigen unterirdischen Netzwerk aus Myzelien, winzigen Fäden. Sie wickeln sich um Baumwurzeln oder dringen in sie ein. So entsteht die Mykorrhiza, eine Pilz-Pflanzen-Symbiose, in der die Partner Wasser, Nährstoffe und Mineralien austauschen. So wie ein Netz aus Verbindungen das Internet bildet, ist das Myzel ein Waldnetz, das die Lebewesen verknüpft.

Dank der Mykorrhiza können Bäume in einem gesunden Wald Wasser und Nährstoffe miteinander austauschen. Auf dem dunklen Waldboden bekommen Sämlinge oft nicht genug Licht, um Fotosynthese zu betreiben, aber die Mykorrhiza versorgt sie mit Zucker und anderen Nährstoffen, die ältere, höhere Pflanzen zur Verfügung stellen. Studien der Universität von Reading in England zufolge erkennen Pflanzen die

Wurzelspitzen von Verwandten und schicken gezielt Zucker und Nährstoffe über das Pilznetzwerk zu ihnen.

Die Mykorrhiza ist ein Verteilersystem und beeinflusst die Gesundheit der durch Myzelien verbundenen Bäume. Rund 30 Prozent des Zuckers, den die Bäume durch Fotosynthese produzieren, bekommt die Mykorrhiza als Gegenleistung für ihre Dienste, dazu essentielle Fette. Der Pilz speichert Phosphor und andere Mineralien, die die Bäume wiederum für sich nutzen können.

Baum-Pilz-Netzwerke funktionieren nicht ohne sogenannte Mutterbäume. Dabei handelt es sich um ältere Bäume. In der Regel unterhalten sie die meisten Verbindungen zu den Pilzen. Die Sämlinge haben über sie Zugang zu tieferen Wasserschichten, denn deren Wurzeln sind weiter ins Erdreich vorgestoßen. Die Mykorrhiza wird von den Mutterbäumen genutzt, um die Gesundheit der Nachbarbäume zu überwachen und ihnen die benötigten Nährstoffe zukommen zu lassen.

Die Mykorrhiza spielt eine wichtige Rolle für die Gesundheit aller Pflanzen und den Ertrag. Nach dem Motto »Mach es wie die Natur« versuchen wir diese Pilzverbindungen im Boden zu fördern und zu schützen, weil sie gut für unsere Gärten sind und gefühlt unsere Beziehung zur Erde unter unseren Füßen stärken.

Es gibt viele Möglichkeiten, Pilze zu züchten – billige und teure, leichte und schwere, schnelle und langsame und solche mit viel und wenig Ertrag.

PILZE ZÜCHTEN IN WOHNUNGEN

Startet am besten damit, in der Wohnung einen Zuchtraum einzurichten. Das dauert etwas und ist nicht unbedingt preiswert, liefert aber rasch hervorragende Ergebnisse. Dafür braucht ihr beileibe kein ganzes Zimmer. Der Zuchtraum kann zimmer- oder schrankgroß sein und hängt ganz davon ab, wie viel Platz ihr habt. Allerdings sollte er hoch sein, damit ihr die Temperatur gut regeln könnt.

Sobald ihr wisst, wo der Raum sein soll, müsst ihr ihn mit reflektierender Folie auskleiden. Das verhindert, dass das Pflanzenlicht nach draußen dringt und umgekehrt zu viel direktes Sonnenlicht nach drinnen fällt, was die Kultur beeinträchtigen würde. Gute Dienste leistet auch ein Anzuchtzelt, das man relativ preiswert online bekommt.

Ich arbeite mit der Pflanzenlampe Spider Farmer SF1000. Man kann sie im Netz bestellen. Sie ist zwar recht teuer, doch lohnt sich die Anschaffung. Sie hat ein großes Farbspektrum und verbraucht wenig Energie, ist also gut für die Umwelt und liefert zufriedenstellende Ergebnisse. Als Halterung für meine Lampen habe ich ein spezielles Ratschensystem eingebaut, mit dem ich die Lampenhöhe exakt justieren kann.

Man kann die Lampen auf eine Mindesthöhe von 30–50 cm über den Pilzen einstellen. Für die Luftzirkulation verwende ich einen Kohlefilter, der mit einem Luftabzug verbunden ist. Ideal dafür sind ein RVK-Rohrventilator und ein Rhino-Pro-Aktivkohlefilter.

Ist der Zuchtraum fertig, müsst ihr die Pilze vorbereiten. Ich habe mehrere Arten, empfehle aber als Einstieg Austernpilze, da sie am leichtesten zu züchten sind und am schnellsten fruchten. Sie wachsen flott, sind anspruchslos und leicht zu pflegen.

Wer Zuchtsets online bestellt, hat zwei Möglichkeiten. Die erste besteht aus einem vorgeimpften Sägemehlblock, den ich bei Marvellous Mushrooms bestelle (www.marvellous-mushrooms.co.uk), in Deutschland gibt es etwas Ähnliches unter www.pilzbrut.de. Eine Anleitung ist inbegriffen. Das Myzel ist bereits im Block gewachsen, sodass man sofort nach dem Eintreffen mit der Zucht beginnen kann. Nehmt den Beutel und schneidet das obere Ende ab. Sieht man auf der Oberfläche einen korallenartigen Wuchs, wischt man ihn einfach mit der Hand weg und wirft ihn später auf den Komposter. Das Zuchtset enthält vier Spieße, die man in die vier Ecken stellen kann, damit sie den äußeren Beutel halten, der als Abdeckung dient.

Dieser äußere Beutel gehört zum Zuchtset. Man schneidet acht 2–3 cm große Löcher hinein und besprüht die Innenseite mit Wasser. Der Beutel muss täglich abgenommen werden, damit das Kohlendioxid entweicht und man sprühen kann.

Die zweite Zuchtsetvariante bietet Urban Farm-It (www.urban-farm-it.com) an. Man muss sie vor dem ersten Einsatz zusammenbauen. Zum Set gehören ein Substrat, eine Pilzbrut und Anleitungen. Man braucht nur kochendes Wasser in den Beutel mit dem Substrat zu schütten, es abkühlen zu lassen, das Wasser abzugießen und die frische Brut hineinzugeben. Dann lässt man alles noch einmal abkühlen, wartet, bis die Myzelien das Substrat durchdringen, bringt es unters Licht und hält es durch Besprühen feucht. Ein ähnliches Set gibt es in Deutschland bei www.pilzmaennchen.de.

Danach stellt man den Pilzblock in den Anzuchtraum und schafft herbstähnliche Bedingungen, also 17–19 °C bei 70 Prozent Luftfeuchtigkeit. Allzu genau muss man es bei Temperatur und Luftfeuchtigkeit aber nicht nehmen, denn die Pilze wachsen so oder so. Es handelt sich lediglich um Werte für optimale Wuchsbedingungen. Jetzt müsst ihr nur noch warten – es dauert nicht mehr lang, bis ihr die Pilze im Eiltempo wachsen seht!

Pilzzucht im Eimer

PILZE ZÜCHTEN IM HOCHBEET

Pilze im Hochbeet zu züchten ist nicht nur kinderleicht, sondern kann sogar sehr viel bringen, wenn man es richtig macht. Ihr braucht lediglich ein feuchtes Milieu, ein paar Hackschnitzel und Pilzbrut. Als Einsteigerpilz empfehle ich wärmstens den Riesen-Träuschling.

Als Erstes müsst ihr einen Platz finden, an dem ihr euer Hochbeet aufstellen oder bauen könnt. Solange ihr es gut mit Hackschnitzeln füllt und nicht austrocknen lasst, ist jeder Standort recht. Idealerweise sollte es die meiste Zeit im Schatten stehen, aber ich habe es schon mit Hochbeeten in der vollen Sonne probiert und es hat ebenfalls funktioniert. Man muss dann nur ständig wässern.

Sobald das Beet aufgestellt ist, legt den Boden mit Karton aus. Es geht auch ohne, aber wenn ihr viel Unkraut im Garten habt, lege ich es euch dringend ans Herz, vor allem, wenn das Beet noch eine Weile unbepflanzt bleibt. Der Karton speichert Feuchtigkeit und verhindert, dass Unkräuter Fuß fassen.

Auf den Karton kommt eine Lage Hackschnitzel oder Stroh. Ich ziehe Stroh vor, da Hackschnitzel den Pflanzen mehr Stickstoff entziehen, vor allem, wenn sie kurz vorher frisch gehäckselt wurden. Stickstoffmangel verlangsamt das Wachstum und lässt die Pflanzen gelb werden. Auf das Stroh kommt eine Handvoll Pilzbrut, dann wird eine weitere Lage Stroh darauf gelegt. So fährt man fort, bis man insgesamt 2–4 Lagen Stroh hat. Pro Quadratmeter Beet empfehle ich rund 0,8 kg Pilzbrut. Die Brut ernährt sich einige Monate lang vom Stroh und fängt dann an, Pilze zu bilden. Beim Aufschichten der einzelnen Lagen müssen die Schnitzel bzw. das Stroh und die Pilzbrut gleichmäßig auf der Fläche verteilt werden.

Das Stroh hat mehrere Vorteile. Ich setze es aber nur als Mulch ein, wenn ich Pilze züchte, oder bei Kartoffeln und Erdbeeren. Ansonsten mulche ich mit Kompost, denn er enthält mehr Nährstoffe und eine größere Biodiversität an Mikroorganismen. Das Stroh hält alles feucht und verhindert ein Austrocknen. Wenn Wasser auf das Beet fällt, wird es vom Stroh aufgenommen und gespeichert. In den Wintermonaten sorgt es für ein bisschen Wärme und schützt die Pilzbrut vor der Kälte. Danach muss es gut gegossen werden, denn um die Pilzkultur in Gang zu bringen, ist reichlich Feuchtigkeit nötig. Wässert einige Monate so weiter, denn wenn das Beet austrocknet, kommt das Pilzwachstum zum Stillstand!

Wenn ihr eure Pilzkultur nicht in einer schattigen Ecke oder im Schutz eines Baums anlegen könnt, spannt am besten ein Beschattungsvlies darüber. Das verhindert, dass die Sonne den Boden austrocknet. Aber eigentlich muss man sich in unserem feuchten mitteleuropäischen Klima um solche Dinge kaum Sorgen machen. Die laufende Pflege eines Pilzbeets ist nicht allzu schwierig, sofern ein Wasserhahn oder eine andere Wasserquelle in der Nähe ist und man ein gutes Gedächtnis hat. Das Beet muss in den kühleren Monaten einmal in der Woche ordentlich gegossen werden – natürlich nur, falls der Regen das nicht erledigt. Bei Hitze allerdings kann es sein, dass man ein- oder sogar zweimal am Tag wässern muss. Nach 4–6 Wochen sollten die ersten weißen Pilzfäden zu sehen sein und nach 2–3 Monaten tauchen normalerweise Pilze auf der Oberfläche auf.

PILZKULTUR IN EIMERN

Bei der Pilzkultur in Eimern hat man natürlich einen wesentlich geringeren Ertrag, dafür lässt sich das Ganze leichter bewältigen, kostet weniger und kann auch ohne Garten oder den für ein Hochbeet nötigen Platz umgesetzt werden.

In Eimern zieht man allerdings andere Pilze als in Beeten. Das liegt an ihrer Wuchsform. Bei der Eimerkultur braucht man Konsolenpilze, also solche, die in freier Natur an Baumstämmen wachsen. Ein guter Einstieg sind Austernpilze, denn sie reifen rasch und stellen keine großen Ansprüche an die Wuchsbedingungen.

Ihr könnt mit verschiedenen Behältern experimentieren, aber ich empfehle einen 20-Liter-Eimer, denn er bietet reichlich Platz für das Substrat und später die Pilze.

Pilzsubstrat ist dazu da, das Myzel zu nähren. Es versorgt die Pilze außerdem mit Feuchtigkeit. Unterschiedliche Pilzarten brauchen unterschiedliche Substrate, recherchiert daher ein bisschen, bevor ihr euch an die Arbeit macht. Ein gutes Substrat enthält viel faseriges Material wie Zellulose, Lignin und Hemizellulose. Es kann allerdings aus vielen weiteren Stoffen bestehen. Solange man sich das jeweils beste für die Pilzart aussucht, die man kultivieren will, macht man nichts falsch.

Sobald das Substrat bereit liegt, muss es sterilisiert werden. Dann bildet es eine saubere Umgebung, in der sich das Myzel ausbreiten kann. Um es zu sterilisieren, gibt man es einfach ein, zwei Stunden lang in kochendes Wasser oder in den Backofen.

Rund 10 Prozent des Eimers müssen mit Pilzbrut gefüllt werden. Für einen 20-Liter-Eimer braucht ihr also rund 2 kg Brut.

Ihr müsst den Eimer vorbereiten, indem ihr Löcher mit 1 cm Durchmesser in rund 12 cm Abstand überall in die Wände und den Boden bohrt. Zum Schluss klebt ihr die Löcher von außen mit einem Micropore-Vliespflaster oder -band ab. Ich schaffe es, meine Pilzkulturen ohne dieses Band zu kultivieren, aber wenn ihr auf Nummer sicher gehen wollt, setzt es ein. Nun füllt ihr den Eimer mit einer Lage Substrat, dann einer

Lage Pilzbrut und so weiter, bis er voll ist. Die oberste, letzte Lage muss Substrat sein. Wascht euch die Hände mit einer desinfizierenden Seife und mischt das Substrat mit den Händen, um es noch gleichmäßiger zu verteilen.

Zum Schluss stellt ihr den Eimer an einen warmen, dunklen Platz. Es sollte dort etwa 20°C haben. Nach rund drei Wochen sieht man idealerweise, wie die ersten Fruchtkörper an der Eimerwand entstehen. Sobald das der Fall ist, bringt ihr den Eimer an einen hellen Platz ohne direkte Sonne, mit guter Durchlüftung und einer Temperatur von mindestens 10°C.

Geerntet wird am besten, wenn die Pilzkappen flacher werden und sich die Ränder beginnen nach oben zu rollen. Denn das ist ein Zeichen, dass der Zerfallsprozess einsetzt und die Pilze ab jetzt nicht mehr besser werden.

PILZE AUF HOLZ ZIEHEN

Die Kultur von Pilzen auf Holz ist eine sehr preisgünstige Methode mit allerlei Variationsmöglichkeiten. Wieder sind Austernpilze ideal für Einsteiger.

Ihr müsst allerdings das passende Holz dafür auftreiben. Es muss von gesunden Bäumen stammen, die nicht schon von Pilzen befallen sind, da ihr sonst unerwünschte und möglicherweise gesundheitsschädliche Kulturen mitheranzieht. Falsche Pilze isst man nur einmal, wie es heißt!

Wichtig ist auch, dass das Holz mindestens 10–14 Tage gelagert wurde, da es sonst fungizide Eigenschaften haben kann, die eine Entwicklung des Myzels verhindern. Ganz wichtig ist die Größe: Kleinere Stämme bzw. Blöcke liefern rascher Pilze, dafür aber über einen kürzeren Zeitraum. Ideal ist ein Durchmesser von höchstens 30cm und eine Länge von nicht mehr als 1,5m pro Stammabschnitt. Denkt aber daran, dass ihr die Dinger auch herbeischaffen müsst! In einer Großstadt ist das gar nicht so einfach. Wenn ihr mit einem solchen Prügel in der U-Bahn auftaucht oder ihn auf eurem Fahrrad balanciert, kann es durchaus passieren, dass ihr mehr als einmal etwas schief angesehen werdet.

Sobald ihr die idealen Holzstücke habt, bohrt ihr Löcher für die Pilzbrut hinein. Für einen 1,5m langen Stamm reichen 50 Löcher. Sie sollten etwa 1,5cm tief sein und sich gleichmäßig auf der ganzen Länge verteilen. Bei dieser Tiefe bleibt drinnen genug Platz für das Myzelwachstum, wenn ihr Pilzdübel hineinsteckt. Pilzdübel sind aus Holzspänen gepresste Stäbchen, die mit Pilzbrut geimpft sind. Sie sind online erhältlich. Setzt die zweite Lochreihe 5cm neben der ersten an. Bohrt aber in der zweiten Reihe die Löcher nicht auf gleicher Höhe wie in der Reihe darüber, sondern versetzt.

Sind alle Löcher gebohrt, sollten sie insgesamt gesehen in einer Art Rautenmuster auf der Holzoberfläche angeordnet sein.

Hämmert nun die Pilzdübel in die Löcher. Sie sollten etwas versenkt im Loch sitzen, sodass oben noch Platz für ein Wachssiegel bleibt. Dieses Versiegeln ist sehr wichtig, denn es verhindert Schäden und Infektionen am Myzel. Welches Wachs ihr verwendet, ist egal, solange es klebenbleibt und ungiftig ist.

Nachdem alle Löcher versiegelt sind, kann das Holz inkubiert werden. Man lagert es am besten an einem schattigen, feuchten Platz mit guter Luftzirkulation. Falls ihr so einen nicht habt, könnt ihr es auch mit einem Tuch abdecken. Wird es im Winter bei euch sehr kalt, bringt das Holz in eine Garage oder einen Schuppen.

Die Stämme müssen ein- bis zweimal die Woche gut gewässert werden. Das ist sehr wichtig, denn wenn sie austrocknen, wachsen keine Pilze.

Pilzkulturen auf Holz fruchten etwa vier Jahre lang ein- bis zweimal im Jahr, meist im Frühjahr und Herbst. Erntet die Pilze sobald wie möglich, denn sonst schmecken sie nicht mehr so gut und bekommen eine komische Konsistenz.

Austernpilze

Riesen-Träuschling

TOMATEN ANBAUEN

Tomaten gehören zu den unkompliziertesten Gemüsepflanzen und sind sehr leicht anzubauen und zu pflegen, ganz gleich, ob man Anfänger oder Gartenprofi ist. Hinzu kommt, dass sie paradiesisch schmecken. Selbst gezogene Tomaten sind ungleich besser als gekaufte. Zur Auswahl steht zudem eine Unmenge von Sorten. Nicht umsonst gehören Tomaten zu den am häufigsten angebauten Gemüsepflanzen. Allerdings brauchen sie eine gute Stütze, um hohe Erträge zu liefern.

Das, was wir von der Tomate essen, sind ihre Früchte. Sie bilden sich aus der befruchteten Blüte und enthalten Samen. Man kann sie vielseitig verwenden und entweder roh oder gekocht servieren, ob als köstlichen Tomatensalat oder Bestandteil von Spaghetti bolognese. Gibt es etwas Schöneres, als in den eigenen Garten zu schlendern und sich eigene Tomaten zu holen, um in der Küche etwas damit zu zaubern?

Tomaten werden nach vielen Kriterien klassifiziert. Eines der gängigsten, das man auch auf Samenpäckchen immer wieder sieht, ist die Einteilung in determinierte und indeterminierte Sorten. Sie unterscheiden sich in ihrem Wuchs.

DETERMINIERTE SORTEN

Determinierte Tomatensorten erreichen eine bestimmte Höhe und alle Früchte reifen mehr oder weniger innerhalb einer kurzen Zeitspanne aus, die in der Regel etwa vier Wochen dauert. Sobald alle Früchte reif sind, lässt die Pflanze merklich nach und wächst kaum mehr.

Determinierte Sorten werden auch als Buschtomaten bezeichnet. Sie erreichen keine große Höhe, sondern bleiben sehr kompakt, sind also kleiner als indeterminierte Sorten, die mehrere Meter lang werden können.

Bei determinierten Sorten sind ein Schnitt und Ausgeizen in der Regel nicht nötig, weil sie von selbst aufhören zu wachsen. Obwohl sie relativ kompakt bleiben, sollte man sie aber stützen, denn sie müssen viele Früchte auf einmal tragen, da sie alle gleichzeitig wachsen und reifen. Das belastet die Triebe ordentlich und kann tatsächlich dazu führen, dass sie brechen.

Herztomate, determinierte Sorte

INDETERMINIERTE SORTEN

Chocolate lightning

Indeterminierte Tomaten wachsen immer weiter, solange es die Witterung zulässt. Sie werden auch als Stabtomaten bezeichnet. Indeterminierte Sorten setzen immer neue Früchte an, bis der Frost ihnen den Garaus macht. Statt alle Tomaten auf einmal reif werden zu lassen, liefern sie weniger Früchte, diese aber beständig über einen langen Zeitraum hinweg. Allerdings reifen sie manchmal später in der Saison, weil sie sich zunächst auf ihr Wachstum konzentrieren.

Bei indeterminierten Tomaten müssen die Seitentriebe abgezwickt werden – man nennt das Ausgeizen. Damit regelt man den Wuchs der Pflanze, da sie sonst zu viele Triebe bilden würde. Die meisten Tomatensorten sind indeterminiert, auch alte Sorten und Kirschtomaten.

Indeterminierte Tomaten brauchen eine hohe Stütze oder andere Kletterhilfe. Sie können 2–3 m hoch oder noch höher und ziemlich schwer werden.

TOMATEN ERZIEHEN

Ein Punkt, den ich gern vorausplane, sind die Stützen für meine Pflanzen. Man kann das beste Saatgut auf dem Markt einsetzen, aber wenn man seine Pflanzen nicht angemessen pflegt und gut stützt, wachsen sie unzureichend und liefern eine unbefriedigend schwache Ernte.

Auch Tomatentriebe müssen gestützt werden, da sie besser tragen, wenn sie Abstand vom Boden haben. Der Grund: Sie sind in größerer Höhe weniger anfällig für Schädlinge und Fäule, bleiben also gesünder und liefern mehr Früchte. Außerdem lassen sie sich leichter abernten, wenn man sich nicht bücken muss.

Letztes Jahr habe ich die meisten Tomatenpflanzen im Gewächshaus gezogen. Als Stütze habe ich Metalldrähte mit Bambusstäben verwendet, die ich am Gewächshausrahmen angebracht habe. Diese Methode ist allerdings zeitaufwendig und frustrierend, wenn man die Pflanzen am Saisonende ausreißen muss.

Ihr habt mehrere Möglichkeiten, Tomaten zu erziehen. Die Triebe lassen sich beispielsweise an einem hohen Stab mit Schnur anbinden. Der Nachteil: Die Schnur kann nach unten rutschen und die Triebe abwürgen. Außerdem kann sie reißen, wenn zu viel Gewicht daran hängt.

Viele verwenden auch Käfige aus Zaunpaneelgerüsten oder Baustahlgewebe als Kletterhilfen. Ich bin davon nicht begeistert, weil daran ein fast undurchdringlicher Dschungel entsteht, in dem die reifsten und oft schmackhaftesten Früchte manchmal fast unerreichbar in der Mitte hängen. Man kann auch sogenannte Tomatenkäfige kaufen, die aber oft recht wackelige Konstruktionen und keine große Hilfe sind.

TOMATENGERÜST BAUEN

Meine A-förmige Kletterhilfe habe ich aus gekauften Latten gezimmert. Wenn ihr aber gebrauchtes Material auftreibt, das ihr wiederverwenden könnt, umso besser. Falls ihr Holzschutzmittel auftragen möchtet, rate ich, das vor dem Bau der Kletterhilfe zu tun. Ihr müsst euch nicht an meine Maße halten, sondern könnt die Konstruktion ganz nach eurem Gusto größer oder kleiner bauen.

Ich habe Latten mit einem Querschnitt von 2,5×4cm verwendet und auf eine Länge von 1,8m zugeschnitten, denn ich wollte eine relativ hohe Kletterhilfe für indeterminierte Sorten bauen.

1. Ich habe zunächst die beiden Seitenteile konstruiert und dafür mit einer Handsäge zwei Stützen zugeschnitten.
2. Anschließend habe ich die beiden Querstreben zugeschnitten. Die erste ist 24cm lang und kommt 10cm unterhalb des oberen Endes zwischen die beiden seitlichen Stützen. Die zweite ist 88cm lang und kommt 15cm über dem unteren Ende zwischen die beiden Stützen. Setzt die Schrauben beim Befestigen der Streben an den Stützen am besten etwas neben der Mitte an, damit das Holz nicht reißt.
3. Ich habe die Latten mit 6-cm-Schrauben und einem Akkuschrauber zusammengeschraubt. Wenn ihr eine Seite fertig habt, könnt ihr die zweite genauso bauen.
4. Die beiden A-förmigen Enden konnte ich dann zusammenfügen. Dazu braucht man Hilfe, um die Teile aufrecht zu halten. Ich habe eine lange Holzlatte als Längsstrebe daraufgelegt und sie an beide A-förmigen Enden geschraubt. Fertig war das Grundgerüst.
5. Damit es stabiler steht, habe ich die beiden A-förmigen Enden auch noch am unteren Ende mit einer zweiten Längsstrebe verbunden. Man kann sie weglassen, aber ich gehe auf Nummer sicher, damit die Konstruktion sicherer steht. Zwischen den beiden Querstreben, die eine unten, die andere oben, habe ich in der Mitte eine dritte Querstrebe befestigt.

6. Als Letztes habe ich eine feste Baumwoll- oder Gartenschnur zwischen die obere und untere Längslatte gespannt. An ihr sollen die Tomaten hochwachsen. Ihr könnt so viele Schnüre spannen, wie ihr Tomatensetzlinge habt. Zur Sicherheit kann man die Schnüre außerdem – statt direkt an die Latten – an daran befestigte Schrauben spannen.
7. Der Bau der Kletterhilfe ist kinderleicht und erfordert keine großartige Ausrüstung (sieht man von einem Akkubohrer ab, den man aber nicht zwingend braucht). Man muss kein Schreiner sein, um sie zu bauen, sondern nur die Anleitung hier lesen und auf Details achten.
8. Wird die Kletterhilfe stabil konstruiert, hält sie viele Jahre lang. Nur die Schnüre müssen gelegentlich ausgetauscht werden. Wer biologisch abbaubare Schnüre verwendet, kann sie sogar kompostieren. Und wenn man die Konstruktion nicht mehr braucht, lässt sie sich einfach zerlegen – und bei Bedarf wieder aufbauen.

KLETTERHILFEN KANN MAN AUS FAST ALLEM BAUEN!

Einmal habe ich für Erbsen eine Rankhilfe aus einem alten Fahrradlaufrad gebaut. Ich habe einfach ein altes Halbfass aus Eiche genommen, es mit Erde gefüllt und ein paar Löcher in den Rand gebohrt, durch die ich Schnüre fädeln konnte. Dann habe ich einen alten Besenstiel in das Abzugsloch unten gesteckt (etwas anderes ist auch okay) und das Rad am oberen Ende daran befestigt. Zwischen die Löcher und das Rad habe ich ein paar Juteschnüre gespannt. Direkt neben die Schnüre kamen einige Erbsensetzlinge, die ich fleißig gewässert und nach und nach an den Schnüren aufgeleitet habe. Es ist erstaunlich, was man alles als Pflanzenstütze im Garten verwerten kann.

Links: Dattel-Tomaten

Rechts: Kletterhilfe für Tomaten

EIN STANGENZELT BAUEN

Wer Gemüse wie z. B. Tomaten, Erbsen, Kürbisse, Gurken und Zucchini an Rankhilfen ziehen will, kann ein Stangenzelt für sie aufstellen. Es sieht im Garten gut aus, lässt sich leicht konstruieren und ist schnell umgestellt, falls man es einmal an einem anderen Ort platzieren möchte. Außerdem kann man die Pflanzen daran exakt so hoch ziehen, wie man sie braucht, um sie bequem abernten zu können.

Stangenzelte lassen sich kinderleicht bauen. Als Material eignen sich Bambusstäbe, Äste, alte Rohre oder sogar ausgemusterte Rechen- und Besenstiele. Wichtig ist lediglich, dass man mindestens vier gleich lange Stäbe mit einer Länge zwischen 1,8 und 2,4 m zusammenbekommt.

Außerdem sollte man überlegen, wie lange das Stangengerüst halten soll. Wenn man nur einjähriges Gemüse wie Tomaten daran zieht und kein Problem damit hat, es jedes Jahr neu zu errichten, braucht man sich um die Haltbarkeit keine Gedanken zu machen. Soll es aber eine dauerhafte Lösung sein, muss man robusteres Material einsetzen. Sechs ordentliche Äste, aus eurem oder einem Nachbargarten von einem Haselnussstrauch geschnitten, wären ideal.

Aber ganz gleich, für welches Material ihr euch entscheidet, das Zusammenbauen ist ein Klacks. Als Erstes macht ihr ein Bündel aus den Stützen und bindet die oberen Enden mit einer guten, kräftigen Gartenschnur oder Kupferdraht zusammen. Dann fächert ihr die unteren Enden auf und drückt sie etwa 10 cm tief ins Erdreich – wenn es bei euch sehr windig ist gern auch etwas tiefer.

Wer Erbsen oder Gurken kultiviert, sollte außerdem als letzten Schritt Gartenschnüre in Abständen von jeweils 15 cm um die Stangen winden. So haben die Triebe etwas, an dem sie sich festhalten können, wenn sie nach oben streben. Pflanzt die Setzlinge immer außen, nicht innen an die Stangen. So drängen sich die Triebe nicht innerhalb der Stangen und ihr erreicht die Früchte beim Ernten leichter.

MICROGREENS ANBAUEN

Als ich einmal in meinen Social-Media-Accounts wissen wollte, wer Microgreens anbaut, sind gleich so viele Fragen eingegangen, dass ich dem Sprossengemüse nun einen eigenen Abschnitt in diesem Buch widme.

Microgreens (oder Mikrogrün) bestehen je nach Art aus 2,5–7,5 cm hohen Gemüsekeimlingen. Sie enthalten viele Nährstoffe und sind in unterschiedlichsten Varianten zu haben. Wenn man Schwung in Gerichte bringen will, gibt es nichts Besseres als sie. Außerdem lassen sich daraus köstliche Mikrosalate mischen.

Ich habe mit dem Anbau von Microgreens begonnen, als ich das erste Mal nach London gekommen bin, denn immer wenn ich in einem Restaurant aufschlug, hat man mir Gerichte mit allerlei Microgreens darauf serviert. Ich habe mich sofort in die winzigen Geschmacksbeigaben verliebt.

Seither habe ich in London schon in vielen Apartments ohne Balkon oder Freifläche gewohnt und musste mir jedes Mal überlegen, wie ich etwas ohne viel Platz und Licht anbauen kann. Microgreens eignen sich dafür hervorragend, ganz egal, wo man wohnt. Man braucht nur eine simple Grundausrüstung und schon kann es losgehen.

Nach dem Ernten der Microgreens kann man das Substrat auf den Kompost werfen, denn es enthält noch reichlich Nährstoffe und Wurzeln. Es zersetzt sich und wird zu wertvoller organischer Substanz, die man im Garten wiederverwenden kann.

Bei der Kultur von Microgreens werden viele Samen auf kleinstem Raum zum Keimen gebracht. Deshalb entwickeln sie sich nicht zu ausgewachsenen Pflanzen, sondern müssen im Keimlingsstadium geerntet werden. Kauft das Saatgut nicht von irgendwem (ich besorge es mir von www.verdantrepublic.com, aber es gibt auch in deutschsprachigen Ländern renommierte Anbieter wie www.sprossensamen.de oder www.microgreen-shop.com). Mein Substrat ist von Biobizz. Es ist eine Art Hydrokultursubstrat, bietet den Wurzeln Halt, belüftet sie und hält sie feucht. Außerdem ist es ein gutes Beispiel für Abfallverwertung, denn normalerweise würde es weggeworfen werden. Doch kann man z. B. auch Kokoserde verwenden. Kokoserde ist pilzfrei, aber reich an Nährstoffen, sodass die Samen darin gut keimen können.

MICROGREENS DRINNEN ZIEHEN

Microgreens sind überraschend einfach zu kultivieren. Wenn ihr einmal angefangen habt, werdet ihr euch fragen, warum ihr das nicht schon längst getan habt. Ihr braucht nur eine Stellfläche, etwa auf einem Regal, ein paar Pflanzenlampen und eine Schale. Das liefert genug Stoff, um wochenlang Gerichte mit Microgreens zu garnieren.

Ihr braucht:

- 250–500 ml (1–2 Tassen) Wasser
- 2 Pflanzschalen
- Leichtes Substrat oder Kokoserde
- Microgreens-Samen
- Pflanzenlampen (oder Sonnenlicht)

1. Das Wasser in eine Pflanzschale gießen. Dadurch muss die Schale später nicht so stark gewässert werden. Die Pflanzen nehmen das Wasser von unten auf, sodass das Risiko eines Pilz- oder Bakterienbefalls geringer ist.
2. Schale mit Substrat oder Kokoserde füllen. Zwischen Substrat und Rand sollten 2–3 cm Abstand bleiben, damit man beim Abschneiden der Microgreens nicht Erde mitnimmt.
3. Die Substratoberfläche glätten, damit die Samen gleichmäßig wachsen können.
4. Samen möglichst gleichmäßig auf das Substrat säen. Bleiben Lücken, sollte man sie schließen, sodass alles gut bedeckt ist.
5. Samen mit etwas Wasser besprühen, um die Keimung in Gang zu bringen. Dicke Samen wie Erbsen sind eine Ausnahme, sie sollte man in Wasser einweichen, bevor man sie aussät. Ob ein Einweichen nötig ist, steht normalerweise auf dem Samenpäckchen. Wenn nicht, hilft eine Online-Suche.
6. Die zweite, leere Pflanzschale auf die besäte Erde in der ersten Schale drücken und dort lassen. So presst man alle Samen etwas in die Erde und ebnet das Substrat ein. Nach dem Keimen werdet ihr merken, dass sich die obere Schale hebt. Keimlinge sind stark!
7. Samen 2–3 Tage in Ruhe lassen und warten, bis sie keimen. Dann Pflanzenlampen einschalten – ihr werdet den Unterschied sofort erkennen (siehe Hinweis unten). Beleuchtungszeit am besten mit einem Timer regulieren. Ich stelle ihn normalerweise auf 16 Stunden täglich ein, aber ihr könnt ausprobieren, was für euch am

besten passt. Nach weiteren zwei Tagen sollten die Keimlinge sichtbar wachsen und gedeihen.

8. Etwa 2–3 Wochen nach der Keimung kann man in der Regel ernten. Ob die Microgreens so weit sind, erkennt man daran, dass sich die ersten echten Blätter bilden. Nehmt nun eine Schere und schneidet alle Keimlinge knapp über dem Boden ab und – zack! – schon habt ihr Microgreens!

Hinweis: Ich habe über meinen Microgreens Pflanzenlampen angebracht, aber für den Keimvorgang und wenn man seine Kulturen nachher in die Sonne stellt, braucht man eine solche zusätzliche Lichtquelle nicht zwingend.

Ich arbeite mit LED-Panels, doch gibt es Pflanzenlampen in vielen weiteren Ausführungen. Die Hauptunterschiede zwischen ihnen sind Helligkeit, Leistung und Abdeckung (also der Raum, der vom Licht erfasst wird und von dem abhängt, wie viele Pflanzen gleichzeitig bestrahlt werden können). Bei Microgreens muss man sich nicht allzu viele Gedanken über die Abdeckung machen, sondern eher über die Entfernung zu den Kulturen. Denn wenn man die Lampen zu hoch anbringt, kann es sein, dass die Keimlinge zu langtriebig und staksig werden. Wir aber wollen kompakte, kleine Pflänzchen, um gesunde Microgreens ernten zu können.

BRAUCHE ICH FÜR DIE KULTUR VON MICROGREENS VIEL ERFAHRUNG?

Microgreens sind für Einsteiger wie erfahrene Hobbygärtner gleichermaßen eine gute Sache. Man kann sogar Handel damit treiben! Warum nicht bei ein paar Restaurants oder Köchen nachfragen, ob sie Bedarf haben? Viele verwenden Microgreens regelmäßig als Gewürz oder Dekoration.

EINEN KRÄUTERGARTEN ANLEGEN

Den Anbau eigener Kräuter kann ich nur empfehlen. Im Supermarkt gehören sie zum teuersten Grünzeug, dabei lässt sich kaum etwas einfacher selbst zu Hause ziehen. Ich habe eigene Hochbeete für Rosmarin, Oregano, zwei Schnittlauchsorten und Thymian in meinem kleinen Garten, doch wachsen sie auch gut in Töpfen. Die meisten Kräuter überstehen den Winter und treiben im Frühjahr neu aus. Sie prägen euren Garten ebenso wie eure Küche; zudem gewinnt man mit ihnen viel Geschmack auf kleinem Raum. Man kann außerdem etliche Besonderheiten anbauen, die man im Supermarkt nicht findet, angefangen bei violettem Basilikum, das ein ganz erstaunliches Pesto ergibt, bis hin zu Ananasminze, eine vorzügliche Cocktailzutat.

Beim Kräuteranbau habe ich schon viele Fehler gemacht, vor allem bei Minze. Ich bin sehr froh darüber, denn so kann ich euch diese Fehler ersparen! Aber natürlich lernt man auch durch Fehler. Grämt euch also nicht, wenn ihr eine falsche Entscheidung getroffen habt, denn langfristig profitiert ihr davon.

DIE WAHL DES STANDORTS

Das Großartige an Kräutern ist, dass man sie auch dort anbauen kann, wo Platz wirklich Mangelware ist: entweder im Hochbeet wie bei mir, in einem großen Pflanzgefäß, einer Blumenampel oder auch nur im Topf auf dem Fensterbrett in der Küche. Solange die Kräuter Sonne bekommen, ist alles im grünen Bereich. Die meisten Kräuter fühlen sich an geschützten, sonnigen Plätzen am wohlsten – das sollte man bei der Planung bedenken. Welcher Teil des Balkons oder Gartens bietet am meisten Licht? Aber selbst wenn ihr ihnen nur ein schattiges Plätzchen zu bieten habt, braucht ihr euch nicht zu grämen, denn sogar dort kommen sie zurecht.

WELCHE KRÄUTER SOLL ICH NEHMEN?

Wenn ihr die Kräuter für eure Pflanzung aussucht, überlegt, was die jeweiligen Arten und Sorten für Ansprüche haben:

- Wie viel Sonne brauchen sie?
- Wie viel Feuchtigkeit verlangen sie?
- In welchem Bodentyp fühlen sie sich am wohlsten?

Kräuter können natürlich auch einzeln in Töpfe gesetzt werden. Bei Minze ist das sogar äußerst ratsam. Minze hat als unterirdische Organe Rhizome. Aus ihnen wachsen neue Triebe und Wurzeln. Pflanzt man Minze im Freiland, überwuchert sie in Kürze die ganze Anbaufläche und verdrängt andere Pflanzen.

Überlegen solltet ihr auch, welche Kräuter ihr am liebsten mögt. Es hat keinen Sinn, Koriander zu pflanzen, wenn man findet, dass er wie Seife schmeckt! Experimentiert mit neuen Kräutern und ihren Sorten. Sie nehmen nicht viel Platz in Anspruch und geben euren Speisen Geschmack. Man kann sie auch trocknen und anderweitig haltbar machen, damit sie das ganze Jahr über zur Verfügung stehen.

Mittelmeerkräuter

Viele mehrjährige Kräuter wie Rosmarin, Salbei, Oregano und Thymian stammen aus dem Mittelmeerraum. Sie brauchen volle Sonne und karge Böden. Deshalb muss man ihnen auch mediterrane Bedingungen einschließlich stark durchlässiger Erde bieten.

Ein- und zweijährige Kräuter

Dazu zählen Basilikum, Petersilie und Koriander. Sie brauchen mehr Feuchtigkeit und kommen mit Halbschatten zurecht. Bei Hitze schossen sie, blühen also und setzen Samen an, was normalerweise den Geschmack zum Bitteren hin verändert. Ich lasse manchmal mein Basilikum bewusst schossen bzw. blühen, um Nützlingen etwas Gutes zu tun. Ganz schlecht ist das Schossen also nicht.

Kräuter, die Schatten bevorzugen

Wer jedes Fleckchen in seinem Garten ausnutzen möchte, kann auf viele Kräuter zurückgreifen, die sich im Schatten wacker schlagen, darunter Dill und Petersilie. Glaubt bloß nicht, dass ihr an schattigen Stellen auf dem Balkon oder unter anderen Pflanzen nichts anbauen könnt. Diese lichtärmeren Bereiche lassen sich gut mit Pflanzen füllen, die mit weniger Licht zurechtkommen.

Kräuter, die sich nicht gut kombinieren lassen

Minze sollte, wie bereits erwähnt, in einen eigenen Topf kommen, da sie stark wuchert und alles verdrängt. Mir ist das einmal passiert (siehe Seite 112). Auch Zitronenmelisse breitet sich aggressiv aus und sollte daher in einem großen eigenen Topf gezogen werden. Außerdem greifen beide sogar auf Nachbartöpfe über, weshalb man aufpassen muss, wo man sie hinstellt.

WO BEKOMME ICH MEINE KRÄUTER HER?

Kräuter können ausgesät oder durch Stecklinge vermehrt werden. Mitunter kann man sogar wilden Thymian entdecken und einen Steckling davon nehmen, was später vielleicht immer wieder angenehme Erinnerungen hervorruft. Außerdem bieten Gärtnereien Kräuter in Töpfen an – und Supermärkte sowieso.

WELCHES GEFÄSS FÜR MEINE KRÄUTER?

Kräuter können gut in Hochbeete gepflanzt werden (siehe Seite 42), sind aber auch in einem Tontopf draußen und sogar auf dem Fensterbrett gut aufgehoben. Wichtig ist nur, dass man sie bequem und schnell erreicht, um sie ernten zu können. Eine gewisse Rolle spielt auch ihr Aussehen. Manche Kräuter werden höher und sind daher in der Mitte einer Pflanzung besser aufgehoben, während Schnittlauch an den Rand gehört.

KRÄUTER PFLANZEN

Bietet den Kräutern die Bedingungen, die sie brauchen. Mittelmeerarten fordern durchlässige Böden, während einjährige Kräuter eher feuchtes Erdreich bevorzugen. Ich mulche meine Kräuterbeete mit selbst angesetztem Kompost, doch tut es auch eine gute torffreie Universalerde aus dem Handel.

1. Wässert die Kräuter vor dem Einpflanzen gut und zupft Laub ab, das nicht mehr gut aussieht.
2. Lockert den Wurzelballen, falls er verdichtet ist und die Form des Topfs angenommen hat. Dann setzt ihr die Pflanze so in das neue Gefäß, dass sie euren ästhetischen Ansprüchen genügt.
3. Kennzeichnet die Pflanzen mit Etiketten, damit ihr später noch wisst, was ihr gepflanzt habt. Ich mache das bis heute so. Es kommen jährlich neue Sorten auf den Markt, da fällt es schwer, sich alle Namen zu merken.

Kräuter-Hängegarten aus recycelten Behältern

HALTET EURE KRÄUTER FIT

Solange die frisch gepflanzten Kräuter noch einwachsen, muss man sie gut wässern. Ernten und in der Küche verwenden könnt ihr sie aber trotzdem schon. Informiert euch über die Kräuter in eurem Garten, um mehr über sie herauszufinden und vielleicht neue, ungewöhnliche Sorten zu entdecken.

Ich könnte ein ganzes Buch über Kräuter schreiben. Hier möchte ich euch lediglich etwas über meine Lieblingskräuter, Basilikum und Minze, erzählen, die mir in meinem Garten schwer zu schaffen gemacht haben. Aber inzwischen sind wir Freunde.

BASILIKUM

Meiner Meinung nach ist Basilikum ein absolutes Muss. Das Kraut hält Thripse, Fliegen, Mücken und Blattläuse fern, zum Beispiel von Tomaten. Zugleich wirkt Basilikum wie ein natürliches Fungizid.

Als Begleitpflanze, die in die gleiche Erde bzw. den gleichen Topf wie Tomaten gesetzt wird, verbessert Basilikum den Geschmack dieses Gemüses. Und auch in der Küche sind die beiden meiner Meinung nach ein Traumpaar und werten sich gegenseitig auf. Ich setze Basilikum in fast jedes Hochbeet und Pflanzgefäß in meinem Garten. Umgekehrt schützen die Tomaten das Basilikum mit ihren großen Blättern wie ein natürlicher Schirm vor der Sonne.

Außerdem kombiniere ich es gern mit Studentenblumen, entweder *Tagetes tenuifolia* der Tangerine-Sorten oder mit Aufrechten Studentenblumen (*Tagetes erecta*). Ihre Wurzeln kommunizieren mit denen der Tomaten und bilden eine Art Symbiose. Sie halten Nematoden fern, die Tomaten wirklich gefährlich werden können.

Schnitt

Ganz wichtig ist, dass ihr die Basilikumtriebe immer an der Spitze abschneidet. Viele haben Hemmungen, das zu tun, aber wer eine buschige, gesunde Pflanze will, die beständig schmackhafte Blätter liefert, kommt nicht darum herum. Es lohnt sich, die Spitzen immer wieder abzuzwicken – man kann sie ja in der Küche verwenden. Wer gerade keine Verwendung dafür hat, kann sie trocknen oder einen köstlichen Basilikumessig ansetzen, der bestens zu frischem Tomatensalat passt.

Man kann die Spitzen sogar neu einpflanzen und somit die Basilikumproduktion im Garten steigern oder die Pflänzchen mit jemandem gegen ein anderes Kraut tauschen.

Auf keinen Fall solltet ihr einzelne Blätter abreißen und glauben, dass das einem Schneiden gleichkommt. Damit regt ihr die Pflanze nicht zu frischem Wuchs an. Seht euch euer Basilikum genau an und sucht den Haupttrieb. Er wird bis auf ein unteres Blattpaar zurückgeschnitten, aus dessen Blattachseln winzige Blattknospen herausspitzen. Den Haupttrieb stutzt man dabei bis 5 mm über diese Knospen zurück. Sie zu finden ist wesentlich einfacher, als ihr glaubt. Wer sich nicht sicher ist, kann sich auch mein Instagram- und TikTok-Video ansehen, wo ich euch zeige, wie man Basilikum schneidet und Stecklinge pflanzt.

Ihr habt also einen Trieb abgeschnitten und wollt ihn einpflanzen. Ich zupfe dazu einfach die unteren Blätter weg, sodass nur noch der nackte Stängel bleibt. Dann fülle ich ein Glas mit Regenwasser oder Leitungswasser, gebe den Steckling hinein und stelle ihn an einen halbschattigen Platz. In der prallen Sonne ist das Risiko zu groß, dass er versengt wird.

Nach 7–10 Tagen sollten sich am Trieb Wurzeln bilden. Sobald diese 2–3 cm lang sind, kann man den Steckling in Erde pflanzen. Nach etwa einer Woche solltet ihr wieder eine kerngesunde Pflanze mit ziemlich großen Blättern haben. Man kann sie nun schon wieder entspitzen, aber ich warte lieber, bis sie etwas größer ist. Wie ihr eure Pflanze formen möchtet, ist aber ganz allein eure Sache.

Basilikumblüten

Lässt man Basilikum blühen, kriegen sich Insekten wegen seines köstlichen Nektars nicht mehr ein. Menschen dagegen sind über die Blüten nicht begeistert, denn sie machen das ganze Basilikum bitter. Deshalb nehme ich ständig Stecklinge und verteile die Töpfe in meinem Garten, um sie blühen zu lassen. Das Opfer zugunsten der Insekten lohnt sich, vor allem, wenn man Tomaten kultiviert.

Zwickt die Blüten frühzeitig ab. Sie müssen nicht auf den Kompost wandern, sondern können in Pesto oder – mein Favorit – auf frische Pizza kommen.

Links: Genoveser Basilikum

Rechts: Thai-Basilikum (in Blüte)

MINZE

Manche Kräuter sind wirklich kinderleicht anzubauen. Setzt man sie aber in den Garten, können sie alles verdrängen und euren Traumgarten in einen Albtraum verwandeln! Zu diesen Wuchergewächsen gehört die Minze.

Minze ist ein aromatisches Kraut. Ihren Namen hat die aus dem östlichen Mittelmeerraum stammende Pflanze von der Nymphe Minthe, die der Legende zufolge von Persephone aus Rache in das bescheidene Kraut verwandelt wurde, nachdem sie sich mit Hades eingelassen hatte.

Minzen sind sehr häufige Gartenpflanzen und bei Hobbygärtnern ausgesprochen beliebt, denn sie wachsen praktisch von allein. Sie schmecken süß-aromatisch und hinterlassen ein angenehmes Gefühl auf der Zunge. Am intensivsten schmecken und duften die frischen Blätter.

Ich verwende Minze hauptsächlich für Tees und Cocktails. Man kann Minze frisch im Kühlschrank aufbewahren oder kopfüber trocknen und anschließend in einem Glas oder verschlossenen Plastikbeutel lagern. So lässt sie sich im Prinzip das ganze Jahr über genießen.

Es gibt viele verschiedene Minzearten und -sorten. Ich ziehe zurzeit eine ganze Reihe, darunter Bananenminze, Schokominze, Ingwerminze, Basilikumminze, Limettenminze, Pfefferminze und – meine absolute Favoritin – Ananasminze.

Minze kultivieren

Baut nicht mehrere Arten und Sorten zusammen in einem Topf oder im Freiland an, da ihr jeweiliger individueller Geschmack und Duft dadurch nicht mehr wahrgenommen werden kann.

Vor ein paar Jahren habe ich den Fehler gemacht, Minze in das einzige Stückchen freies Land zu setzen, das ich in meinem Garten hatte. Sie hat es sogleich erobert und sich erfolgreich allen Eindämmungsversuchen widersetzt. Ich musste alle bestehenden Pflanzen ausreißen, die Erde rund 1 m tief ausheben und komplett sieben. Der Grund für den unbändigen Ausbreitungsdrang von Minze sind ihre Rhizome: Selbst das kleinste Wurzelstückchen, das im Erdreich bleibt, treibt wieder aus. Deshalb sollte man Minze immer in Isolation bzw. Töpfen halten. Sie kommt mit Sonne und Halbschatten zurecht. Wer in einer Region mit sehr warmem, trockenen Klima lebt, lässt sie besser im Halbschatten wachsen.

Minze kann man mit organischer Substanz, etwa gut verrottetem Stallmist, düngen. Auch ein Langzeitdünger wie Insektendung oder Wurmerde (siehe Seite 133) kommt gut an. Düngt die Pflanzen am besten zum Frühjahrsanfang oder etwa einen Monat nach dem Pflanzen.

Wässert Minze regelmäßig. Der Boden muss feucht bleiben, darf aber nicht staunass sein. Ob eure Pflanze Wasser braucht, findet ihr am schnellsten dadurch heraus, indem ihr euren Finger in die Erde steckt.

Minze gedeiht in so ziemlich allen feuchten, durchlässigen, nährstoffreichen Böden. Ich empfehle fertiges Substrat aus dem Gartencenter, doch kann man sich die Erde natürlich auch selbst mischen. Ich arbeite mit einem 1:1-Mix aus guter Topferde und reifem Kompost.

Man kann Minze sogar auf der Fensterbank in durchlässiger Erde mit Langzeitdünger ziehen. Ich mulche die Erde, weil sie dadurch Feuchtigkeit nicht so schnell verliert, und bekämpfe Unkraut, damit es sich nicht dort festsetzt, wo meine Minze wächst. Eine 5–7 cm dicke Mulchschicht um jedes Minzepflänzchen reicht aus.

Schädlinge und Krankheiten

Vom Einsatz von Pestiziden kann ich nur abraten. Das gilt auch für Minze. Es ist nicht auszuschließen, dass ihr sonst eine geringe Menge davon in euren Körper bekommt. Allerdings gibt es etliche Schädlinge, die sich über eure Minze hermachen können. Milben und Blattläuse gehören zu den häufigsten.

Bei leichtem Befall kann man die Tiere mit einem kräftigen Wasserstrahl von den Pflanzen schwemmen – Blattläuse lassen sich damit gut vertreiben. Als letzten Ausweg könnt ihr zu einem für Hobbygärtner zugelassenen biologischen Insektizid greifen.

Zu Saisonbeginn könnt ihr versuchen, natürliche Schädlingsfeinde wie Florfliegen und Marienkäfer anzulocken oder auszusetzen, damit sie als Verbündete an eurer Seite kämpfen. Allerdings solltet ihr nur heimische Arten einsetzen.

Der richtige Schnitt

Minze wächst sehr dicht und mitunter in größeren Mengen, als man verwerten kann. Wenn ihr nicht alles bewältiget, könnt ihr die Minze schneiden und für später lagern. Zwickt immer Seitentriebe und ein paar Augen ab.

Minze profitiert von einem Schnitt, vor allem zum Saisonende, wenn sie in ihre Winterruhe tritt. Ich kappe sie in der Regel knapp über dem Boden, dann treibt sie im Frühjahr umso kräftiger wieder aus. Bei der Gelegenheit kann man sie auch durch Stecklinge vermehren.

Stecklingsvermehrung

Mit Stecklingen lässt sich Minze einfach klonen. Man schneidet dazu einen Trieb mit 3–5 Knoten ab, entfernt die unteren Blätter und steckt ihn in ein Wasserglas. Je nach Witterung sollten sich innerhalb von 5–8 Tagen Wurzeln bilden; anschließend kann man den Steckling einpflanzen. Allerdings ist es auch möglich, den Steckling direkt in Erde zu setzen – bis er Wurzeln bildet, vergehen etwa 10–15 Tage. Wenn ihr Minze in Töpfe pflanzt, solltet ihr sie nicht mit anderen Arten kombinieren, denn ihre Wurzeln ersticken die der Nachbarn allmählich.

Mit der Ernte von Minzeblättern kann man beginnen, wenn die Pflanzen mehrere Triebe gebildet haben und 15–20 cm hoch sind. Bei einer Aussaat vergehen rund zwei Monate bis zur Ernte; hat man Jungpflanzen gekauft, geht es auch schneller. Erntet nicht mehr als ein Drittel auf einmal, da die Pflanze sonst zu sehr geschwächt wird.

Unterschiedliche Minzearten und -sorten

Minze stammt aus dem östlichen Mittelmeerraum und ist nach der Nymphe Minthe benannt.

EIN OBSTGARTEN AUF KLEINSTEM RAUM

WAS IST EIN OBSTGARTEN?

Als Obstgarten bezeichnet man eine Fläche, auf der mehrere Obstbäume oder -sträucher wachsen. Dabei kann es sich um unterschiedlichste fruchttragende Gehölze handeln, zum Beispiel auch um Nussbäume.

Zwergobstbäume

Zwergobstbäume sind nichts weiter als Miniversionen von Obstbäumen. Sie lassen sich leichter pflegen und abernten, vor allem in Kleingärten. Man produziert sie, indem man ein Edelreis auf eine schwach wachsende Unterlage veredelt. Die meisten Zwergobstbäume werden 2,5–3m hoch und beginnen nach 3–5 Jahren Früchte zu tragen. Der Ertrag ist zwar nicht so hoch wie bei Hochstämmen, doch haben die Früchte die gleiche Größe und Qualität. Das Beste an Zwergbäumen aber ist, dass man sie in Töpfen kultivieren kann. Und genau das mache ich in meinem Garten! Ich setze meine Minigehölze in Kübel mit einem Fassungsvermögen von 30–40 Litern. Wichtig dabei ist eine ausreichende Versorgung mit Nährstoffen und sehr gute Drainage.

Mittelschwach wachsende Bäume

Mittelschwach wachsende Gehölze sind größentechnisch zwischen Zwergbäumen und Hochstämmen angesiedelt. Ein normaler Obstbaum kann über 10m hoch werden, doch veredelt man einen Reis auf eine mittelschwach wachsende Unterlage, erreicht er nur 4,5–6m Höhe. Der Ertrag ist wesentlich höher als bei Zwerggehölzen.

PFLEGE VON OBSTGEHÖLZEN

Beim Anlegen eines Obstgartens ist die Standortwahl von entscheidender Bedeutung. Steckt auf jeden Fall das Areal ab und erfasst die Bedingungen dort, bevor ihr mit dem Bepflanzen beginnt. Die meisten Obstbäume brauchen viel Sonne, durchlässige Böden, mindestens 60cm tiefe, leicht saure, etwas sandige Lehmböden (Lehm ist ein wertvoller Mix aus Schluff, Sand und Ton) und reichlich Feuchtigkeit – achtet darauf, wenn ihr sie in Töpfe setzt. So kann man sie nach Belieben im Garten platzieren.

Prüfen sollte man auch, wie tief die Bodentemperaturen sinken. Selbst in geschützten Stadtgärten wird es kritisch für nicht winterharte Pflanzen wie Zitrusbäume. Sie brauchen in der Regel einen Wintergarten oder ein beheiztes Gewächshaus. Robustere Gehölze wie Äpfel und Birnen hingegen überstehen den Winter problemlos. Lediglich ihre Blüten können durch Spätfröste im Frühjahr Schaden nehmen.

Ein geschütztes, nach Südwesten gerichtetes Fleckchen Erde ist ideal für Obstgehölze, da sie dort die meiste Sonne bekommen und vor rauer Witterung geschützt sind. Gut ist auch ein von allen Seiten begrenzter Hof, doch muss man dort aufpassen, dass die Pflanzen nicht im Regenschatten stehen, vor allem, wenn man eine Mauer als Stütze einsetzt. Im Regenschatten kann selbst bei regelmäßigen Niederschlägen zu wenig Wasser zu den Wurzeln gelangen, sodass ihr dort unbedingt zusätzlich wässern müsst.

Steht der Platz fest, wählt ihr die Pflanzen aus. Sucht euch nicht nur Obstgehölze aus, deren Früchte euch am besten schmecken, sondern vor allem solche, die in eurem Garten überhaupt gedeihen. Ihr könnt noch so sehr von einem Orangenbaum träumen, in kühlen mitteleuropäischen Gefilden werdet ihr ihn sicher nicht durchbringen.

Die Größe und Anzahl der Gehölze wird vom verfügbaren Platz bestimmt. Nie vergessen darf man, dass Bäume wachsen. Kauft euch keine älteren Exemplare, denn damit kann man sich eine ganze Menge Probleme anschaffen. Nehmt lieber gesunde, zwei oder drei Jahre alte Jungbäume. Ihr müsst dann zwar vielleicht ein paar Jahre bis zur ersten Ernte warten, aber zumindest vermeidet ihr Enttäuschungen.

Die Gehölze in Obstgärten werden normalerweise in Nord-Süd-Reihen gepflanzt, weil sie so am meisten Sonne bekommen. Das ist jedoch kein Muss; außerdem spielen Form und Größe der Fläche eine Rolle. Wichtig ist nur ein ausreichender Abstand, bei dem auch die endgültige Größe der Gehölze berücksichtigt wird. Zwergbäume brauchen mindestens 3,5 m und Gehölze auf schwach wachsenden Unterlagen 5 m Abstand.

Gehölze pflanzt man während der Vegetationsruhe im Winter oder zeitigen Frühjahr. So bekommen sie Gelegenheit, neue Wurzeln zu bilden, die durch Schneiden oder Umpflanzen verloren gegangen sind. Wenn die Gehölze zu spät gepflanzt werden, treiben sie aus und haben dann zu wenig Wurzeln, um ihre Blätter ausreichend mit Wasser zu versorgen. Besser wartet ihr dann gleich bis zum nächsten Winter mit dem Setzen.

Nach dem Einpflanzen müssen neue Bäume je nach Wetter regelmäßig gewässert werden. Das fördert das Wurzelwachstum und erleichtert das Einwachsen. Auch strohdurchsetzter Stallmist als Mulch tut ihnen gut.

Sträucher, Gräser und Unkräuter über dem Wurzelraum müssen in den ersten drei Jahren entfernt werden. Das mindert den Konkurrenzdruck, sodass die Gehölze besser gedeihen. Außerdem bietet das Jäten Gelegenheit, die Bäume im Auge zu behalten.

Nicht vergessen solltet ihr, dass Gehölze Lebewesen sind, die auf äußere Einflüsse wie Witterung, Klima und menschliche Interaktion reagieren. Durch regelmäßiges Durchchecken bekommt man ein tieferes Verständnis für ihre Bedürfnisse und Reaktionen, sodass man Probleme rasch und angemessen behandeln kann.

PROBLEME IM OBSTGARTEN

Wenn eure Obstgehölze in guter, durchlässiger Erde wachsen, viel Sonne abbekommen und ausreichend Platz haben, sich auszubreiten, sollten sie reichlich Früchte tragen und euch kaum Schwierigkeiten bereiten. Trotzdem kann selbst der aufmerksamste Hobbygärtner gelegentlich Schwierigkeiten bekommen. Geht man die Ursachen rasch an, dürften sie sich leicht beheben lassen und keine nachteiligen Folgen haben. Am häufigsten setzen den Obstgehölzen schlechte Drainage, Frost, Schädlinge und Krankheiten zu.

Schlechte Drainage kann für Obstgehölze das Aus bedeuten. Sitzen die Wurzeln im Wasser, faulen sie. Die Fäulnis kann auf die innere Rinde und den ganzen Baum übergreifen. Die Folge: Es findet kein Wasser- und Nährstofftransport mehr statt.

Das schlägt sich in schwachem Wuchs, verfärbten Blättern, Laubfall und lichter werdender Krone nieder. Verhindern lässt sich Staunässe, indem man ein Substrat wählt, das einen hohen Sandanteil hat, sodass Wasser gut ablaufen kann. Prüft nach Starkregen, ob das Wasser im Obstgarten gut versickert.

Winterharte Bäume wie Äpfel und Birnen kommen durch kurze, strenge Fröste im Winter nicht zu Schaden. Für nicht ganz winterharte Arten schafft man sich am besten Gartenvlies an, das man als Decke über die Bäume legt. Auch gegen Spätfröste im Frühjahr hilft eine Abdeckung mit Vlies. Achtet jedoch darauf, dass ihr die empfindlichen Blüten damit nicht verletzt.

Behandelt eure Gehölze nicht mit synthetischen Pestiziden, selbst wenn unerwünschte Mitesser ihnen zusetzen. Manche sagen, es gibt nicht zu viele Blattläuse, nur zu wenig Marienkäfer. Wenn ihr doch einmal eine Blattlausinvasion erlebt, rückt vermutlich kurz darauf eine Armee hungriger Marienkäfer an. Bis dahin allerdings können gerade Jungbäume leiden. Zum Glück kann man lebende Marienkäferlarven kaufen und auf die Schädlinge loslassen. Andere Schadtiere wie Raupen, Schnecken und Käfer liest man von Hand ab oder man wartet darauf, dass ihre natürlichen Fressfeinde auf den Plan treten, wodurch ein vielfältiges Ökosystem entsteht.

Krankheiten wie Obstbaumkrebs, Monilia-Fruchtfäule und Grauschimmel sind seltener, können aber dem ganzen Gehölz den Garaus machen, wenn man sie nicht behandelt. Durch Entfernen von abgefallenen Blättern und Früchten senkt ihr das Infektionsrisiko von vornherein. Falls trotzdem eine solche Krankheit auftritt, schneidet befallene Stellen weg und sorgt für gute Luftzirkulation.

OBSTGEHÖLZE UMPFLANZEN

Wenn ein Obstgehölz umgepflanzt werden soll, ist gute Planung das A und O. Schon vor dem Standortwechsel solltet ihr genau wissen, wo die Pflanze künftig wachsen soll. Den Baum ausgraben und ihn dann herumstehen lassen, weil man noch nicht weiß, wo er hinkommen soll, ist gar keine gute Idee. Ihr solltet das Substrat griffbereit halten und bereits alle Pflanzlöcher ausgehoben haben. Füllt die Löcher am Tag vor dem Einpflanzen mit Wasser, damit das Erdreich gut feucht ist (bei dieser Gelegenheit seht ihr außerdem, wie gut das Wasser abläuft).

Die beste Umpflanzzeit ist das zeitige Frühjahr nach der Hauptfrostperiode und vor dem Ende der Vegetationsruhe. Schneidet das Gehölz vorher zurück, um den Wasserverlust gering zu halten und es zum Neuaustrieb anzuregen. Durch den Schnitt bekommt es außerdem eine Größe, durch die es sich leichter handhaben lässt.

Grabt die Pflanze an ihrem alten Standort aus. Dabei solltet ihr den Wurzelballen nach Möglichkeit wenig verletzen, um den Pflanzschock gering zu halten. Allerdings lässt sich ein Gehölz umso schwerer bewegen, je größer der Ballen ist. Ist er zu schwer, muss man ihn eventuell verkleinern. Geht dabei aber vorsichtig vor.

Die großen Hauptwurzeln sind überwiegend für die Wasseraufnahme zuständig. Sie sind sozusagen die Hauptversorgungsleitung des Baums und sollten daher ausgesprochen vorsichtig gekürzt werden. Schneidet man zu viel weg, kann man den Baum irreversibel schädigen. Wenn ihr nicht sicher seid, schaut euch ein paar Online-Videos an, um zu verstehen, wie die unterschiedlichen Wurzeln aussehen, und stellt Fragen. Wir alle lernen voneinander, und viele von uns geben ihr Wissen gern weiter.

Feine Faserwurzeln wachsen überall an den Wurzelenden und erledigen vor allem die Nährstoffaufnahme. Versucht, möglichst viele zu bewahren.

Stecht den Spaten etwa 50 cm neben dem Stamm schräg unter den Ballen. Dabei sollten die Wurzeln sauber durchtrennt werden, aber das Gehölz sollte noch genug Platz haben, um wieder gut einzuwachsen. Bei dicken Wurzeln muss man eventuell ein paarmal fest stechen. Bemüht euch aber immer um einen sauberen Schnitt. Arbeitet nach und nach um den Stamm herum. Testet zum Schluss, ob das Gehölz noch fest sitzt. Ist das der Fall, neigt man es zu einer Seite und löst die noch mit dem Erdreich verbundene Stelle durch weitere Stiche mit dem Spaten.

Jetzt wird es Zeit, das Gehölz aus der Erde zu holen. Geht dabei wieder vorsichtig vor, damit keine Wurzeln verletzt werden und der Oberboden nicht zu sehr gestört wird. Am besten hebt ihr den Ballen direkt auf das Transportmittel. Das kann eine Plane sein, ein Schubkarren oder ein Lkw. Gehölze sind schwer, deshalb solltet ihr möglichst kraftsparend arbeiten. Vielleicht könnt ihr ja Freunde oder Nachbarn als Gegenleistung für einen Teil der Ernte mit einspannen. So entstehen Freundschaften.

Nachdem ihr das Gehölz an den neuen Platz transportiert habt, prüft, ob das Pflanzloch die passende Tiefe hat. Eventuell muss man noch etwas mehr ausheben oder umgekehrt ein bisschen Erde in das Loch zurückwerfen, damit der Stammansatz genauso hoch in der Erde sitzt wie zuvor. Wichtig ist auch, dass das Loch feucht, aber nicht nass ist. Beim Einsetzen dreht ihr das Gehölz in die günstigste Position.

Sobald die Pflanze im Loch sitzt, füllt ihr es mit guter Erde und tretet sie behutsam fest. Davor wässert ihr mit einer Gießkanne voll Seetanglösung, um den Schock für die Wurzeln möglichst gering zu halten. Zum Schluss bedeckt ihr den Wurzelraum mit Mulch – er unterdrückt Unkräuter und verringert die Verdunstung von Bodenfeuchtigkeit (wie man hochwertigen Mulch bekommt, erfahrt ihr ab Seite 168).

Gestützt werden müssen Gehölze in der Regel nicht – es kann sogar schaden. Mit einem Pfosten verletzt man nicht nur die Wurzeln, eine gestützte Pflanze steckt auch ihre ganze Energie in das Längen- statt das Dickenwachstum, was sich später rächen kann. Steht der Baum an einem windigen Platz oder sitzt er in flachgründigem Boden, kann es allerdings sinnvoll sein, ihn zu stützen. Dabei schlägt man zwei gegenüberliegende Pflöcke am Rand des Pflanzlochs ein und bindet den Stamm mit einer Gartenschnur dazwischen fest. So kann er nicht vom Wind umgeworfen werden, hat aber trotzdem etwas Spiel, was das Dickenwachstum fördert.

Nach dem Umpflanzen muss gut gewässert werden, damit das Gehölz optimal einwächst. Das kann man mit einem selbst gebastelten System erledigen (siehe Seite 165), was auch den Arbeitsaufwand und den Wasserverbrauch reduziert.

WIE MAN SCHNEIDET

Wer keine Erfahrung mit dem Schneiden von Bäumen und Sträuchern hat, fühlt sich damit schnell überfordert. Mit ein paar Grundkenntnissen allerdings ist das eine relativ einfache Angelegenheit – und eine, die Spaß macht. Gehölze werden geschnitten, um krankes, abgestorbenes Holz herauszunehmen, konkurrierende Äste zu entfernen und Platz für frischen Wuchs zu schaffen. Außerdem sollte man die Mitte von Bäumen etwas auslichten, damit Luft zirkulieren kann und Licht in die Krone gelangt. Das Licht regt das Wachstum an und lässt die Früchte ausreifen, während die Luftzirkulation Krankheiten verhindert.

Bevor ihr euch ans Werk macht, müsst ihr jedoch entsprechende Vorkehrungen treffen. Legt eine Astschere und eine Ast- oder Bogensäge bereit. Stumpfe Klingen und Sägeblätter hinterlassen nicht nur zerfaserte, unschöne Schnittwunden, sondern sind auch gefährlich. Köche wissen: Stumpfe Messer gleiten leichter ab, sodass die Verletzungsgefahr größer ist. Zudem verursachen sie Wunden, die langsamer heilen. Das gilt entsprechend beim Werkzeug für den Gehölzschnitt.

Für große Gehölze braucht ihr vielleicht eine Leiter. Ich empfehle eine stabil und frei stehende Obstbaumleiter, denn wenn man nur eine einfache Leiter hat, die man an den Baum lehnen muss, spielt man mit seinem Leben. Ich habe schon gesehen, was da passieren kann, geht deshalb auf Nummer sicher!

Schneidet Gehölze werden während der Vegetationsruhe, wenn sie kahl sind und noch nicht austreiben, also in der Regel von Dezember bis März.

Als Faustregel gilt: Entfernt 10–20 Prozent des Wuchses gleichmäßig über die Krone verteilt. Auf keinen Fall sollte man den Baum wie bei einem Haarschnitt nur oben stutzen, denn das führt lediglich dazu, dass frischer Wuchs in die Höhe wächst. Es bringt keineswegs mehr Früchte, sondern nötigt euch nur dazu, jedes Jahr zu schneiden. Der Baum setzt dann gerade in den beengten Verhältnissen eines Stadtgartens zu viel Volumen an, ohne jedoch mehr zu tragen.

Als Erstes müssen Wild- und Wassertriebe weg. Wildtriebe bilden sich direkt am Stamm oder treiben aus den Wurzeln aus. Sie entziehen dem Gehölz Energie, die es besser in den Fruchtansatz stecken sollte. Wassertriebe in der Krone sind ähnlich unproduktiv, bilden sich jedoch an verletzten oder gestressten Ästen. Beide Triebarten schneidet man am Ansatz ab.

Hat sich im Gehölz eine Krankheit festgesetzt, entfernt man die befallenen Stellen bis ins gesunde Holz. Das verhindert, dass sie sich ausbreitet, und fördert den Austrieb von gesundem Wuchs. Auch tote, absterbende und gebrochene Äste werden bis auf gesundes Holz zurückgeschnitten, am besten bis vor einen Zapfen bzw. Fruchtholz (das ist ein knotiges Stück Holz, aus dem Blätter, Früchte oder Zweige wachsen).

Als Nächstes nimmt man überkreuzte und nach innen zeigende Äste heraus, damit alle Triebe in die richtige Richtung wachsen und der Baum viel Licht und Luft bekommt. Auch sie werden bis zum Stamm oder einem Hauptast zurückgeschnitten.

Ist der Zweig für die Astschere zu dick, nehmt die Säge. Setzt zuerst einen Unterschnitt an, bei dem ihr ungefähr ein Drittel weit von unten in den Ast hineinsägt. Als Nächstes macht ihr einen zweiten Schnitt von oben kurz vor dem Unterschnitt leicht schräg zum Unterschnitt hin. Irgendwann sollte der Ast durch sein Eigengewicht von selbst abfallen.

Den vorjährigen Wuchs kürzt ihr, indem ihr die Hauptäste bis vor Fruchttriebe zurückschneidet, die in die gewünschte Richtung zeigen. So dünnt man die Krone aus und fördert die Bildung erwünschter Triebe.

Seitenzweige sind Triebe, die aus Hauptästen entspringen. Hier bilden sich die meisten Früchte. Sie lässt man nach Möglichkeit unbehelligt, sofern sie nicht zu dicht oder zu lang wachsen (länger als 15 cm). Rückt ihnen mit der Astschere zu Leibe und lasst die stehen, die nach außen zeigen.

Ganz zum Schluss tritt man ein paar Schritte zurück, begutachtet den Baum aus einiger Entfernung und fragt sich:

- Wirkt die Krone gleichmäßig?
- Zeigen die Zweige in die gewünschte Richtung?
- Erreichen alle Teile des Baums genügend Licht und Luft?

Ist das nicht der Fall, müsst ihr weiterschneiden. Ansonsten könnt ihr den Schnittabfall für eure Hochbeete zusammensammeln (siehe Seite 46).

Nun müsst ihr nur noch warten, bis der Baum Früchte trägt. Ihr könnt sie frisch essen oder einmachen – und natürlich mit anderen teilen. Zaubert einen Kuchen daraus und friert ihn ein, damit er euch an kalten Wintertagen nach ein paar Stunden Gartenarbeit wärmt.

Links: Schneidearbeiten im Hinterhof

Rechts: ein Pfirsich an einem kompakten Baum

GESTAFFELTER ANBAU

Ich versuche immer, meinem Garten möglichst viel Ertrag zu entlocken und nichts zu verschwenden. Obwohl ich alles in der Küche verwerte, einmache oder mit anderen teile, bemühe ich mich doch auch um gleichmäßige Verteilung im Lauf der Saison. So vermeide ich eine Obst- und Gemüseschwemme, was die Erntezeit wesentlich entspannter macht.

Dank sorgfältiger Planung säe ich immer wieder kleine Portionen in zeitlichen Abständen aus, sodass mir während der Saison ständig frisches Gemüse zur Verfügung steht. Das ist viel besser, als alles auf einmal zu bekommen und nicht zu wissen, wohin damit.

Bei der Planung gilt es zu berücksichtigen, welche Art Nutzpflanze ihr kultiviert, wie lange sie braucht, bis sie Ertrag liefert, und über welchen Zeitraum sie geerntet werden kann. Fragen sollte man sich außerdem, wie haltbar das Obst oder Gemüse ist und ob ihr es lieber frisch verzehrt oder einmacht.

Für den gestaffelten Anbau eignet sich vor allem schnell reifendes Gemüse wie Möhren und Spinat. Wenn ihr es immer wieder zeitlich versetzt aussät, versorgt es euch kontinuierlich mit leicht zu verwertenden Mengen.

Ideal ist ein Mix aus schnell reifenden Arten und solchen, die etwas länger brauchen. Das verhindert nicht nur, dass euch das immer gleiche Gemüse irgendwann zum Hals heraushängt, sondern stellt auch sicher, dass es kontinuierlich etwas zu ernten gibt.

Bei rasch reifenden Pflanzen und solchen, die zum Schossen neigen, wie etwa Koriander, ist der gestaffelte Anbau ideal, um Versorgungslücken zu verhindern.

Arten, die wie Tomaten über einen langen Zeitraum hinweg tragen, die sich wie Speisezwiebeln gut lagern lassen und die wie z.B. Porree lange brauchen, bis sie erntefähig sind, müssen nicht gestaffelt angebaut werden.

Ich fange mit der Freilandaussaat im April und mit der Aussaat drinnen etwas früher an. Dann kommt alle zwei Wochen eine weitere Portion in die Erde – im Frühjahr je nach Art auch im Abstand von drei, vier Wochen, während man im Sommer sogar auf einen wöchentlichen Takt umstellen kann. Wichtig ist ein tragfähiger Plan, aber auch eine gewisse Flexibilität, die sich am Wetter und an der Entwicklung der Kulturen orientiert.

Es gibt immer Unwägbarkeiten, denn das Wetter und Klima haben einen großen Einfluss auf die Wachstumsgeschwindigkeit. Scheint einmal länger die Sonne, kann es sein, dass zwei zu verschiedenen Zeiten gesäte Sätze zur gleichen Zeit reifen und man zu viel auf einmal erntet. Das muss aber kein großer Nachteil sein – verschenkt einfach Überschüsse an Freunde und Verwandte.

Schwefelporlinge mit frischem Gartensalat

»Macht euren Garten zum Nachbarschaftstreffpunkt und ladet Freunde und Verwandte zum gemeinsamen Schmausen dorthin ein.«

Crunchy Rolls mit Steckrüben

KOMPOSTIER-METHODEN

WAS IST KOMPOST?

Als ich angefangen habe zu gärtnern, hat mir vor allem das Kompostieren geholfen, meinen CO_2-Fußabdruck zu verringern und meine Leidenschaft für den Anbau von Nutzpflanzen zu entfachen.

Methan ist ein sehr klimaschädliches Gas. Es entsteht unter anderem, wenn organische Abfälle in Deponien landen. Kompostiert man Küchenabfälle und andere organische Reste, senkt man den Methanausstoß damit beträchtlich. Kompost entsteht aus organischer Substanz, die von Würmern, Pilzen und anderen Mikroorganismen zersetzt wird.

Man kann Komposter direkt auf nackter Erde anlegen oder erhöht auf versiegelten Flächen, wie ich es in meinem Garten gemacht habe. Würmer finden hinein, ganz gleich, wo sie stehen! Mein erster Komposter war ein recycelter Behälter. In seinen Boden habe ich Abzugslöcher und in die Seiten Belüftungslöcher gebohrt. Nach einigen Jahren bin ich auf einen Bioreaktor umgestiegen (siehe Seite 128).

Kompostbelüfter

KOMPOST SELBST ANSETZEN

Beim Ansetzen von Kompost gibt es kein Richtig oder Falsch. Man wirft einfach stickstoffreiches (grünes) und kohlenstoffreiches (braunes) Material zusammen – und hat Kompost! Was mit grünem und braunem Material gemeint ist und was nicht auf den Kompost darf, erfahrt ihr auf der nächsten Seite. In einem voluminöseren Komposter entsteht Wärme, aber ein kleiner wie der meine heizt sich nicht so stark auf. Trotzdem erfüllt jeder seinen Zweck im Garten!

Meine Faustregel: Immer wenn ich genug braunes Material beisammen habe, gebe ich eine 5-cm-Schicht mit etwas grünem Material hinein. Eine solche Schichtung bewahrt die Struktur des Komposts. Wenn ihr ihn auf diese Weise neu ansetzt, habt ihr schon nach 6–10 Monaten fertigen Kompost. Das ideale Verhältnis von Kohlenstoff (braunem Material) zu Stickstoff (grünem Material) wäre 30:1. Gibt man zu viel Kohlenstoff hinein, heizt sich der Inhalt nicht genug auf, was den Zersetzungsprozess stark verlangsamt. Zu viel grünes, stickstoffhaltiges Material enthält viel Wasser, was dazu führt, dass der Kompost sehr feucht wird und anfängt zu stinken.

Es geht also nicht nur um das optimale Materialverhältnis. Der Haufen muss auch genug Feuchtigkeit und Sauerstoff enthalten, damit die thermophilen Bakterien und Pilze sich vermehren und die Substanz zersetzen. Ob das Material genug Feuchtigkeit enthält, prüft man, indem man eine Handvoll nimmt und drückt. Treten ein paar Tropfen heraus, ist alles in Ordnung. Sauerstoff bekommt man in den Komposter, indem man ihn wendet oder Belüftungsrohre hinzufügt. Ich arbeite mit einem Kompostbelüfter, der sehr gut funktioniert und gar nicht viel kostet (siehe Bild auf Seite 124).

Das Schöne am Kompostieren ist, dass man damit Abfall in etwas Wertvolles verwandelt, das als Bodenverbesserer, Mulch und Substrat eingesetzt werden kann. Früher dachte ich, dass Material, das an Fäule oder Echtem Mehltau erkrankt ist, und sogar Unkräuter nicht auf den Komposter dürfen, wie man es immer hört. Aber nachdem ich mit Charles Dowding (siehe Seite 20) gesprochen und etwas über seine höchst effiziente Kompostiermethode erfahren habe, ist auch dieses Material auf meinen Komposter gewandert. Das geht tatsächlich, denn Krankheiten wie Fäule brauchen lebendes Material, was sie im Komposter nicht haben, während Unkräuter nicht sonderlich viel Energie haben: Holt man sie aus der Erde, gehen sie rasch ein, vor allem in einem Heißkomposter.

Ich habe in meinem Garten sogar mit Kaltkompostern gearbeitet. Man muss sie nicht einmal wenden, sondern lässt sie einfach in Ruhe, bis alles zersetzt ist. Allerdings fällt das Ergebnis ein bisschen anders aus, weshalb das Kaltkompostieren meiner Meinung nach nicht an das Heißkompostieren heranreicht.

WANN MAN IHN BRAUCHT

Wer einen No-Dig-Garten neu anlegt, kann Kompost gut gebrauchen. Er ist eine hervorragende Investition, denn er bleibt viele Jahre lang fruchtbar. Ich verwende Kompost vor allem zum Auffüllen meiner Hochbeete und Töpfe, indem ich sie zum Saisonende mit einer 2–3 cm dicken Schicht mulche. Damit Kompost aber wirklich wertvoll ist, muss man ihn aus den passenden Materialien erzeugen.

BEISPIELE FÜR GRÜNES UND BRAUNES MATERIAL

Es gibt viel Verwirrung darüber, was grünes und braunes Material ist. Kaffeesatz etwa ist braun, gilt für Kompostierzwecke jedoch wie Grasschnitt oder Gemüseabfälle als grünes Material, weil er sehr viel Stickstoff enthält. Deshalb ist es vielleicht sinnvoller, beim Kompostieren von Stickstoff- und Kohlenstoffmaterial zu sprechen. Stickstoffreiches Material ist immer frisch und feucht, weil es viel Wasser enthält (z. B. Küchenabfälle). Kohlenstoffreiches Material dagegen ist trocken, absorbiert Feuchtigkeit und tariert den pH-Wert im Komposter aus, bietet zugleich aber Pilzen Nahrung und enthält Lufteinschlüsse, weshalb es für das Heißkompostieren wichtig ist.

Grünes Material:
frischer Stallmist
Unkräuter
Blätter und Wurzeln
Kaffeesatz
Teebeutel
Grasschnitt
Küchenabfälle
Gartenabfälle
Heu

Braunes Material:
trockenes Laub
geschreddertes Papier
Karton
Stroh
Hackschnitzel
Küchentücher
Holzasche
Obstabfälle

Nicht auf den Komposter werfen:
Milchprodukte
Fette
Öle
Fleisch
Knochen
Hunde- und Katzenkot
Schwarznuss
mit Pestiziden behandelte Pflanzen

LEGT EUREN EIGENEN BIOREAKTOR AN

Anfang 2022 habe ich den äußerst sachkundigen Michael Kennard kennengelernt, Gründer des Compost Club. Er hat ein fantastisches Projekt gestartet und will einen Kompostierverein gründen, um den Kohlendioxidausstoß von Nahrungsmittelabfällen zu reduzieren und sie vor Deponien und Müllverbrennungsanlagen zu bewahren. Michael ist seit seiner Jugend begeisterter Gärtner und hat begonnen, sich für das Kompostieren zu interessieren, als er 2016 einen Schrebergarten in Brighton übernahm. Seit dem Lockdown im März 2020 befasst er sich intensiv mit Bodenmikrobiologie und hat ein Unternehmen gegründet, das Essensreste dem konventionellen Entsorgungsprozess entnimmt, um daraus Kompost anzusetzen.

Er hat mir geholfen, ein unglaubliches Kompostiersystem in meinem Garten einzurichten: einen Bioreaktor, den man fast überall aufstellen kann. Das System liefert relativ rasch biologisch vielfältigen Kompost. Wer selbst einen Bioreaktor bauen will, muss sich ein paar Materialien dafür anschaffen, die aber relativ preiswert sind.

Ihr braucht:

- Paletten
- Drahtgitter
- Kabelbinder
- Tacker
- Hackschnitzel (siehe Seite 129)
- Plane
- Seil oder Spanngurt
- ein Stück Rohr oder etwas Ähnliches, das man als Belüfter in den Kompost steckt

Bioreaktor-Kompostier-system von Michael Kennard

1. Legt die Palette auf den Boden und befestigt das Drahtgitter daran. Die Löcher sollten nicht größer als 1 cm sein, damit nicht zu viel Kompost durchrutscht.
2. Formt das Drahtgitter zu einem Zylinder, stellt ihn auf die Palette und bindet beide Enden mit Draht oder Clips zusammen.
3. Füllt in den Gitterzylinder eine 2–3 cm dicke Lage aus Hackschnitzeln oder einer anderen kohlenstoffreichen Substanz.
4. Auf diese unterste Schicht kommt Kompostiermaterial. Manche empfehlen eine lasagneartige Schichtung der einzelnen Zutaten, aber Michael zufolge liefert das Durchmischen sämtlicher Ingredienzen rascher bessere Ergebnisse.

WO MAN HACKSCHNITZEL AUFTREIBT

Hackschnitzel sind nicht immer leicht zu finden, vor allem, wenn man wie ich in einer Großstadt lebt. Allerdings gibt es ein paar Tricks, an den Stoff zu kommen. Überall müssen Bäume geschnitten werden, insbesondere in Großstädten. Die Arbeit erledigen Baumpfleger und Landschaftsbaubetriebe. Früher wurde der Abfall verbrannt, heute kommt er in Kompostieranlagen.

Fragt bei einem Baumpflege- oder Gartenbauunternehmen in eurer Nähe nach. Die Adressen bekommt ihr unter anderem von der Gemeindeverwaltung, die die Firmen mit dem Baumschnitt an Straßen und in Grünflächen beauftragt. Normalerweise macht es den Unternehmen nichts aus, wenn ihr euch ein paar Säcke Schnittabfall direkt abholt. Falls das nicht funktioniert, fragt in der Nachbarschaft herum, ob jemand Hackschnitzel braucht, und bestellt gemeinsam eine größere Menge.

BOKASHI – KOMPOSTIEREN OHNE GARTEN

Selbst ohne Freifläche kann man eigenen Kompost erzeugen, etwa um die Abfallmenge durch Verwertung der Küchenreste zu verringern. Der fertige Kompost lässt sich zum Beispiel an Bekannte mit Garten verteilen.

Nichts falsch machen kann man mit Bokashi. Das ist Japanisch und bedeutet so viel wie »vergorene organische Substanz«. Erfunden wurde die Methode 1982 von Dr. Teruo Higa, einem Professor im japanischen Okinawa. Bereits seit Langem pflegen und kultivieren Bauern in Asien Boden-Mikroorganismen. Sie glauben, dass durch sie die Menge an anorganischen Bestandteilen im Boden sinkt.

Im Grunde kann jedes Getreide als Bokashi-Ausgangsmaterial genutzt werden. Man braucht dafür eine Flüssigkeit oder Materialmischung, in der sich die richtigen Bakterienstämme wohlfühlen. Sie wird mit Mikroorganismen geimpft, die in einer anaeroben (also sauerstofffreien), sauren Umgebung gedeihen. Das Gros der Mikroorganismen besteht aus Hefen, Milchsäurebakterien und bestimmten Purpurbakterien.

Das Getreide wird in die Mischung getaucht und gärt dort zusammen mit Melasse oder braunem Zucker, der den Mikroorganismen die nötige Energie liefert. Die so präparierte, geimpfte Masse wird getrocknet und lagerfähig verpackt, nachdem der Gärprozess abgeschlossen ist. Kommen die Bakterien wieder mit Wasser in Kontakt, werden sie aktiv und beginnen erneut zu arbeiten. Bokashi-Ausgangsmaterial kann mit verschiedenen Methoden hergestellt werden, das hier ist das grundlegende Verfahren.

SO WIRD BOKASHI GEMACHT

Bokashi ist eine ausgesprochen nützliche Kompostiermethode, denn trotz aller Bemühungen, pflanzliche Abfälle zu vermeiden, fällt in der Küche immer etwas an. Das zu verwerten und in Kompost umzuwandeln, ist eine gute Idee.

Wer Angst hat, dass bei der Kompostierung in den eigenen vier Wänden üble Gerüche entstehen, kann aufatmen: Meiner Erfahrung nach ist das nicht der Fall. Ich habe meinen Bokashi-Eimer in der Küche stehen und er ist völlig geruchsfrei. Nach dem Kochen Abfälle hineinzuwerfen, ist eine bequeme Art der Entsorgung.

Ich empfehle einen speziellen Bokashi-Eimer zu kaufen. Meiner hat ein Fassungsvermögen von 2,2 kg, lässt sich gut verschließen und ist unten mit einem Zapfhahn versehen. Hin und wieder muss man Flüssigkeit ablassen, was mit dem Hahn leicht geht.

Im Gegensatz zu traditionellen Kompostierverfahren kann man mit Bokashi alle Küchenabfälle verwerten, also auch Fleisch, Milchprodukte und Fette; lediglich große Knochen und schimmelige Reste dürfen nicht hinein. Für den Zersetzungsprozess sind Bakterien zuständig. Deshalb sollte auch nichts in den Bokashi-Eimer, das bereits zersetzt oder von Schimmel befallen ist, da die dabei gebildeten Bakterien mit denen im Bokashi in Konkurrenz treten.

Für die unterste Schicht nimmt man eine Lage Getreideferment, dann kommen Küchenabfälle darauf. Um eine Belüftung zu vermeiden, kann eine zweite Lage Ferment darübergelegt werden. Ihr solltet immer etwas Fermentmaterial auf die Küchenabfälle streuen, die ihr einfüllt, und alles anschließend zusammenpressen, damit sich mit dem Einfüllen weiterer Lagen keine Lufteinschlüsse bilden. So könnt ihr immer weiter Küchenabfälle einfüllen.

Nach ein paar Tagen sollte sich etwas Flüssigkeit am Boden des Eimers bilden. Man kann sie in einer Verdünnung von 500:1 im Garten als Flüssigdünger verwenden, doch muss sie innerhalb weniger Tage verbraucht werden. Ich habe dafür ansonsten wenig Verwendung und gieße sie daher in den Abfluss, um dort Algen- und Geruchsbildung zu vermeiden.

Ist der Eimer voll, verschließt ihr ihn und lasst den Inhalt noch mindestens drei Wochen fermentieren.

Im ersten Monat ist dieser Bokashi-Vorkompost wie der anaerobe Kompost in Faulbehältern recht sauer. Wenn man den Vorkompost zum Düngen frisch gepflanzter Gewächse verwenden möchte, muss man ihn daher noch ein, zwei Wochen im Boden lassen, bevor Wurzeln ihn berühren. Manche füttern auch ihre Kompostwürmer in Wurmkompostern damit, was anscheinend kein Problem ist, aber ich habe es noch nicht ausprobiert.

Der Vorkompost aus dem Bokashi-Eimer kann auf den normalen Komposthaufen geworfen werden – er beschleunigt den Zersetzungsprozess. Wer die fermentierte Masse direkt dem Boden hinzufügen möchte, sollte in den ersten Wochen danach dort nichts pflanzen. Wirft man die Masse hingegen auf den Komposthaufen, wird die Zersetzung dort abgeschlossen. Mit Bokashi schlagt ihr gleich zwei Fliegen mit einer Klappe: Ihr müsst in einem kleinen Garten keinen Platz für einen Komposter reservieren, aber wenn ihr doch einen Komposthaufen habt, beschleunigt ihr damit die Zersetzung.

Wer keine Verwendung für den Bokashi-Dünger hat, kann ihn an Bekannte und Verwandte verschenken. Auf jeden Fall lässt sich mit ihm die Verschwendung wertvoller Küchenabfälle hervorragend verringern.

SO ERZEUGT IHR BOKASHI-FERMENT

Ihr könnt euer Bokashi-Getreideferment selbst herstellen, indem ihr eine EM1-Lösung (»EM« steht für Effektive Mikroorganismen), Melasse und ein Getreide oder grasartiges Substrat mischt. Nachdem das Ferment fertig ist, kann man es entweder direkt im Bokashi-Eimer verwenden oder auf einer Schale verteilen, an einem schattigen Platz trocknen lassen und in einem Beutel an einem kühlen, trockenen Ort lagern.

Ihr braucht:

- 15 ml (1 EL) Melasse
- 250 ml (1 Tasse) warmes Wasser
- 1 EL EM1 (bekommt man online bei vielen Bokashi-Anbietern)
- 500 g Weizenkleie

1. Mischt die Melasse mit dem warmen Wasser und gebt das EM1 hinein.
2. Werft die Kleie hinein und mischt alles gut durch, bis die Kleie feucht, aber nicht tropfnass ist.
3. Leert die Mischung in ein luftdicht verschließbares Gefäß (ein weißer Eimer eignet sich sehr gut), verschließt es und lasst es an einem warmen, dunklen Platz 2–3 Wochen stehen. In dieser Zeit dürft ihr den Eimer keinesfalls öffnen, sonst funktioniert das Ganze nicht mehr!
4. Nach 2–3 Wochen sollte die Kleie gut vergoren sein und nicht mehr riechen. Weißer schimmelähnlicher Belag auf der Oberfläche ist ein Anzeichen dafür, dass der Vorgang erfolgreich abgelaufen ist.
5. Das Ferment ist ungefähr ein Jahr lang haltbar.

WURMKOMPOST

Wurmkompost ist ein organischer Dünger, der von Würmern stammt und als Bodenverbesserer eingesetzt wird. Damit soll eine optimale Umgebung für Pflanzenwurzeln entstehen. Bodenverbesserer verbessern, wie der Name schon sagt, die physikalischen Eigenschaften von Böden, also ihre Wasserspeicherfähigkeit und Durchlässigkeit, den Wasserabzug, aber auch die Belüftung und Struktur. Wurmkompost ist im Prinzip Wurmkot.

Am häufigsten in Wurmkompostern eingesetzt wird *Eisenia fetida*, der auch tatsächlich Kompostwurm heißt.

Küchen- und Gartenabfälle, also praktisch alle Pflanzenreste, ergeben nach ihrer Verarbeitung durch die Würmer ideale Bodenverbesserer. Ich persönlich finde, es gibt für Gärten nichts Besseres.

Die Nährstoffe sind in Wurmkompost in konzentrierter, leicht verfügbarer Form enthalten. Im Gegensatz zu anderen tierischen Ausscheidungen ist Wurmkompost mild und »versengt« Pflanzen trotz der hohen Nährstoffkonzentration nicht.

Auf dem Weg durch den Verdauungstrakt bildet sich auf den Wurmausscheidungen eine schleimige Membran, was sie in ideale Langzeitdünger verwandelt. Außerdem werden die Wurmhinterlassenschaften dabei mit nützlichen Mikroorganismen und Bakterien angereichert.

Gelangt Wurmkompost in Gartenerde, verbessert er die Bodenbelüftung, den Wasserabzug und zugleich die Wasserspeicherfähigkeit des Erdreichs. Er erhöht den Nährstoffgehalt und unterstützt die Keimung von Saatgut.

Überhaupt leisten Würmer einen erstaunlichen Beitrag zur Bioremediation bzw. Regeneration von belasteten Böden, beispielsweise mit Schwermetallen. Die Bioremediation ist ein beeindruckendes Verfahren, bei dem man sich die Fotosynthese von Pflanzen zunutze macht, um Kohlenstoff zu binden, die Bodenstruktur zu verbessern, den Anteil von organischer Substanz zu erhöhen und die Aktivität von Mikroorganismen zu fördern.

EINEN WURMKOMPOSTER ANLEGEN

Küchenabfälle lassen sich kaum effizienter in Dünger verwandeln als mit einem Wurmkomposter. Man kann ihn in der kleinsten Ecke aufstellen, auf einem Balkon oder einer Terrasse. Der Zeit- und Arbeitsaufwand für die Pflege ist denkbar gering.

Wurmkomposter, auch Wurmkisten oder Wurmfarmen genannt, sind Kompostiersysteme, die ganz auf den Kompostwurm (*Eisenia fetida*) setzen, eine Wurmart, die zu den fleißigsten Kompostierspezialisten gehört. Nicht verwenden darf man die normalen Regenwürmer aus dem Garten, denn sie können die Küchenabfälle nicht schnell genug verdauen.

Oben links: *Eisenia fetida*, der Kompostwurm

Unten rechts: eine auf der Straße gefundene Wurmfarm. Funktioniert!

WURMKOMPOSTER, SELBST GEMACHT

Wie ich meinen eigenen Wurmkomposter baue, habe ich von @Deannacat auf Instagram gelernt. Deannas Website (www.homesteadandchill.com) bietet ein ausgezeichnetes Tutorial, das einen Schritt für Schritt durch den Herstellungsprozess führt. Als Komposter hat mir ein Aufbewahrungsgefäß mit Deckel gedient, bis ich vor Kurzem begonnen habe, mit einem Wurmturm zu arbeiten, den mir ein Freund gegeben hat.

Wichtig:

- Bei Verwendung eines Kunststoffbehälters sollte das Material nicht lichtdurchlässig sein. Ich habe eine durchsichtige Kiste gekauft und sie außen lackiert, damit kein Licht hineinfällt. Der Deckel sollte keine Löcher haben.
- Welche Behälter ihr zu Wurmkompostern umfunktioniert, ist eigentlich egal, solange sie keine Löcher haben.
- Luftlöcher können mit einem 6-mm-Bohrer unter den oberen Rand in die Kistenwände gebohrt werden. Das untere Ende muss komplett wasserdicht sein.

ABZIEHEN VON WURMTEE

Beim Anlegen eines Wurmkomposters wollen viele Einsteiger wissen, wie sie den Wurmtee abziehen sollen, denn wenn man Löcher in den Boden der Kiste bohrt, kommen die Würmer heraus. Aber ein Abziehen ist gar nicht unbedingt nötig, solange ihr dafür sorgt, dass der Inhalt nicht zu nass wird und eine homogene Masse bleibt.

Manche vorgefertigten Wurmkomposter haben unten eine Art Kammer, in der sich die Flüssigkeit sammeln kann. Dazu gehört auch die Wurmfarm, die ich kürzlich von einem Nachbarn bekommen habe. Komposttee und Wurmtee sind zwei unterschiedliche Dinge. Was unten aus dem Wurmkomposter herauskommt, ist aber nochmal etwas ganz anderes, nämlich Sickerwasser. Es bildet sich, wenn der Inhalt sehr feucht ist und sich unten niederschlägt. Abgesehen davon, dass es übel riecht, findet man darin auch nicht die biologische Aktivität wie in echtem Komposttee.

Ich prüfe meinen Wurmkomposter, indem ich einen Finger in das Substrat stecke. So spüre ich, ob es feucht genug ist. Nass darf es nicht sein. Ich hebe den Komposter auch, um zu sehen, wie schwer er ist. Das macht man einmal am Anfang, dann hat man einen Anhaltspunkt, an dem man sich orientieren kann. Nach einiger Zeit bekommt ihr ein Gefühl dafür, wie feucht der Inhalt ist.

WELCHE »EINSTREU«?

Bevor ihr beginnt, Küchenabfälle in den Wurmkomposter zu werfen, müsst ihr etwas Einstreu einfüllen. Dafür eignet sich angefeuchtete Kokoserde und geschreddertes Zeitungspapier. Ebenfalls empfehlenswert sind geschredderter oder zerschnipselter Karton, alte Telefonbücher, Stroh und Ähnliches. Nicht hinein darf gebleichtes Papier.

Die Würmer brauchen für ihre Verdauung außerdem einen Anteil Erde. Deshalb ist Topferde, die nützliche Mikroorganismen enthält, ebenfalls eine ausgezeichnete Ingredienz für Wurmkomposter.

Die Einstreu ist vergleichbar mit dem braunen Material in Kompostern (Kohlenstoff, siehe Seite 127). Sie kommt als Erstes hinein. Wenn sie sich zersetzt hat und von den Würmern verwertet wurde, muss sie nachgefüllt werden.

Würmer bevorzugen Reste von braunem Material, wenn sie mit Essensresten aus normalen Kompostern gefüttert werden. Der Kohlenstoffgehalt wird vom höheren Stickstoff- und Feuchtigkeitsgehalt von Gemüse- und Gartenabfällen ausgeglichen.

Haltet euren Wurmkompost gut in Schuss, damit er nicht stinkt oder unappetitlich aussieht. Schuld an üblen Gerüchen und einem schlechten Lebensraum für die Würmer sind meist zu viele Küchenabfälle, zu wenig braune Substanz und zu viel Nässe.

WELCHE WÜRMER?

Als Nächstes braucht ihr Würmer – ohne sie geht es nicht. Am häufigsten zum Einsatz kommt der Kompostwurm (*Eisenia fetida*). Ich bestelle meine Würmer in Großbritannien bei Yorkshire Worms (www.yorkshire-worms.co.uk), doch gibt es sicher auch in eurem Land seriöse Wurmlieferanten.

Stimmt die Zahl der Würmer auf die Größe des Wurmkomposters ab. Für einen Behälter mit einem Fassungsvermögen von ungefähr 50–75 Litern empfehle ich zum Einstieg 500–1000 Würmer. Größere Komposter könnt ihr auch mit 1000–2000 Exemplaren besetzen.

Die Wurmpopulation wird mit der Zeit zunehmen, denn die Tiere vermehren sich fleißig. In einem günstigen Milieu kann sie sich in 90 Tagen verdoppeln. Ihr braucht keine Angst zu haben, dass es zu viele werden, denn das regelt sich von selbst.

WURM-FACTS

- Würmer sind Zwitter, haben fünf Herzen und werden bis zu 13 Jahre alt.
- Jeder Wurm kann täglich sein Eigengewicht an Abfällen verputzen!
- Eine weitere interessante Entdeckung, die man in einem gesunden, aktiven Garten machen kann, sind Wurmeier! Die kleinen gelben Bällchen können bis zu 25 Würmer enthalten, die die Bodenpopulation bereichern.

WO SOLL DER WURMKOMPOSTER HIN?

Hier ein paar Tipps und Empfehlungen, die euch helfen, den optimalen Standort für eure Wurmfarm zu finden:

- Am wohlsten fühlt sich der Kompostwurm bei 12–23 °C. Ist es kälter oder wärmer, verwertet er weniger Abfälle und vermehrt sich langsamer. Temperaturextreme können ihm sogar den Garaus machen.
- Stellt den Komposter nicht in die pralle Sonne. Dass es den Würmern zu kalt ist, erkennt ihr daran, dass sie eine wimmelnde Masse bilden. Ist es zu warm, versuchen sie, aus dem Komposter zu fliehen.
- Würmer können nur atmen, wenn ihre Haut feucht ist. Auch das Wurmkompostsubstrat sollte leicht feucht sein, vergleichbar mit einem ausgewrungenen Schwamm. Die Kompostkiste darf nicht auslaufen, keine völlig trockenen Bereiche enthalten, aber auch kein stehendes Wasser. Stellt die Wurmkiste also auch nicht direkt in den Regen.
- Ideal ist ein zwar gut belüfteter, aber nicht direkt starken Winden ausgesetzter Standort, damit der Komposter nicht austrocknet.

Der passende Standort ist für die Gesundheit und Stabilität von Wurmkompost von entscheidender Bedeutung. Wenn ihr nur selten in euren Keller oder die Garage geht, solltet ihr den Komposter dort auch nicht aufstellen, sonst geht die Wurmpopulation bald ein. Bei optimaler Pflege fängt der Behälter normalerweise auch nicht an zu stinken. Gibt es Probleme, erkennt ihr es als Erstes am Geruch. Stellt eure Wurmfarm deshalb dort auf, wo ihr häufig vorbeikommt.

WURMTEE

Wer einen Garten oder ein Stück Land übernimmt, das zuvor intensiv mit konventionellen Methoden bewirtschaftet wurde, aber versucht, dort auf Bioanbau umzusteigen, kann nichts Besseres tun, als mit Wurm- bzw. Komposttee zu arbeiten (und IMO, aber dazu mehr auf Seite 142–143).

Diese nährstoffreiche Brühe enthält jede Menge Mikroorganismen, die die Qualität des Nahrungsnetzes im Boden verbessern. Das erreicht man jedoch nicht nur mit Wurmkomposttee, sondern auch jeder anderen Form von Komposttee. Macht euch keine Gedanken, wenn noch ein paar Würmer (oder deren Eier) mit dabei sind – sie überleben das Bad in der Brühe. Um den Tee anzusetzen, müsst ihr aerobe Bedingungen schaffen, indem ihr Luft in den Eimer lasst. Würmer atmen über ihre Haut, brauchen zum Überleben also den Sauerstoff, der in den Eimer gelassen wird.

Der Einsatz von Komposttee im Garten hat viele Vorteile. Er verbessert die Wasserspeicherfähigkeit des Bodens, man muss nicht mehr so viel anderen Dünger einsetzen, die Pflanzen werden widerstandsfähiger gegen Schädlinge und Krankheiten usw. Die meisten allerdings verwechseln die Flüssigkeit, die sich am Boden des Wurmkomposters sammelt, mit Komposttee, dabei ist es nur Sickerwasser, eine anaerobe Flüssigkeit, in der sich potenziell schädliche Bakterien befinden. Also genau das Gegenteil dessen, was man eigentlich bekommen will.

Komposttee muss nicht verdünnt werden – man kann ihn so einsetzen, wie er ist. Er lässt sich im ganzen Garten verwenden, sogar zum Wässern von Bäumen oder für alle anderen Pflanzen. Ausgebracht wird er am besten nach dem Gießen, damit weniger Nährstoffe weggeschwemmt werden und die Mikroorganismen ideale Bedingungen vorfinden, unter denen sie gedeihen und sich vermehren können.

Ihr braucht:

- 0,5–1,25 l (2–5 Tassen) Wurmkompost
- einen Stoffbeutel (ein Maischesack, ein Seihtuch, eine Gemüsetasche und sogar ein sauberer Socken tun es!)
- 85 g Nährlösung – Melasse, Seetang oder Huminsäure (gibt's online)
- Luftpumpe (siehe Hinweis auf der nächsten Seite)
- Eimer
- 22 l Wasser

1. Gebt den Wurmkompost und 80 ml Nährstofflösung in den Beutel.
2. Steckt die Luftpumpe in einen Eimer Wasser und pumpt kräftig, um das Wasser gut mit Sauerstoff zu sättigen.
3. Taucht den Beutel mit dem Wurmkompost in das Wasser und lasst alles 12–48 Stunden lang ziehen. Der Eimer darf weder zu heiß noch zu kalt noch in der Sonne stehen. Ich stelle ihn in die Küche, denn dort ist er geschützt.
4. Nachdem alles durchgezogen ist, nehmt den Beutel heraus und verteilt die Feststoffe darin im Garten oder werft sie auf den Komposter.
5. Der Komposttee muss rasch, am besten in den ersten ein, zwei Stunden nach dem Herausholen, ausgebracht werden, da er schnell verdirbt und dann nicht mehr so wertvoll ist.

Hinweis:
Luftpumpen bekommt ihr in allen möglichen Ausführungen. Ich habe eine elektrische Luftpumpe mit Ausströmerstein für Aquarien in einem Geschäft in meiner Nähe gekauft. Sie hat ein paar Jahre lang gehalten. Den Sprudelstein muss man jedes Mal nach dem Ansetzen von Komposttee austauschen oder gründlich reinigen. Ich bevorzuge flache Steine, da sie die Luft gleichmäßiger verteilen.

Wurmtee und ein paar Würmer!

KOREAN NATURAL FARMING

WARUM MIKROORGANISMEN EUREM GARTEN GUTTUN

Mikroorganismen sind fleißige Gartenhelfer. Sie versorgen Pflanzen mit lebenswichtigen Nährstoffen. Entscheidend ist, bei der Bodenpflege nicht zwischen guten und schlechten Bakterien zu unterscheiden. Gelingt das, werden Gartenpflanzen widerstandsfähiger gegen Krankheiten und Schädlinge als ihre Verwandten in freier Natur.

Das Konzept ist vergleichbar mit Yin und Yang, den beiden gegensätzlichen Kräften der alten chinesischen Philosophie. Nach dieser dualistischen Vorstellung ergänzen sich eigentlich im Widerstreit liegende Kräfte in der Natur. Man kann es auch anders ausdrücken: Positive und negative Kräfte müssen vorhanden sein, um sich gegenseitig zu verstärken.

Man kann diese gegensätzlichen und doch voneinander abhängigen Mikroorganismen, kurz Indigene Mikroorganismen (IMO), auf unterschiedlichste Weise und an unterschiedlichsten Stellen in und um die Flächen, auf denen ihr eure Nutzpflanzen anbaut, gewinnen.

Der Einsatz von Mikroorganismen, die in eurer Region entstanden sind, ist deshalb ideal, weil sie sich bereits an die Wachstumsbedingungen dort angepasst haben. Sie sind wesentlich leistungsfähiger und effektiver als Organismen, die sich in einer fremden Umgebung entwickelt haben und dort kultiviert wurden.

Die Gewinnung und der Einsatz von IMOs ist ein wichtiger Bestandteil des Korean Natural Farming, denn sie nähren den Boden, der wiederum eure Pflanzen versorgt. Das ist wesentlich besser, als unnatürliche, industriell gefertigte Dünger einzusetzen, die aus jeder Menge Chemikalien bestehen.

IMO1 ERZEUGEN

Mikroorganismen sammelt man am besten dort, wo man lebt und wo sich ein dicht bewachsenes Areal mit ähnlichen Bedingungen wie in eurem Garten befindet. Das kann ein Wald in eurer Nähe sein, ein Hügelland oder, wenn ihr wie ich mitten in der Großstadt wohnt, auch ein Park. Was immer ihr euch aussucht, es sollte ein Stück Land in der näheren Umgebung sein, aber nicht euer eigener Garten, denn der soll ja gerade mit den neuen Mikroorganismen geimpft werden.

Es mag zunächst etwas seltsam klingen, aber das beste Substrat zum Sammeln von IMOs ist gekochter Reis. Und weil Mikroorganismen ebenso wählerisch sind wie wir, sollte er weder zu stark gekocht sein noch zu hart!

Ihr braucht:

- Holzkiste oder Kartonschachtel
- Küchentuch
- halbgaren braunen Reis
- Papier oder Maschendraht (alles, was als Abdeckung Luft durchlässt)

Stufe 1: die Sammelbox vorbereiten

1. Bereitet als Erstes die Sammelbox vor. Ihr könnt eine Holzkiste oder Kartonschachtel verwenden. Gebt zwei Lagen Küchentücher hinein.
2. Auf die Tücher kommt eine Lage halbgarer brauner Reis. Die Schicht sollte nicht höher als 5–7 cm sein, da sonst die Luft nicht mehr so gut zirkulieren kann. Drückt den Reis nicht zusammen, er muss locker bleiben. Ohne ausreichende Luftzufuhr bekommt ihr überwiegend anaerobe Bakterien, dabei wollt ihr einen Mix aus aeroben und anaeroben.
3. Deckt die Box mit Papier, einer anderen luftdurchlässigen Abdeckung oder Maschendraht ab. Ihr könnt auch eine zweite Box darüberstülpen.

IMO1-Sammlung

Stufe 2: IMO1 sammeln

4. Wählt das Stück Land aus, auf dem ihr eure IMOs sammeln wollt. Es sollte dicht bewachsen sein. Geeignet ist ein Areal unter einem Baum oder ein anderer Bereich, in dem sich bereits Myzel in der Erde befindet. Ob ein Myzel vorhanden ist, erkennt man manchmal an einer weißen Schicht auf dem Boden (mich erinnert es immer an Watte).
5. Räumt trockenes Laub und Zweige weg, sodass ihr nackte Erde vor euch habt.
6. Stellt eure Box auf die nackte Erde. Ein Tipp: In einem Stadtpark oder -wald ist es ratsam, die Box anschließend mit Zweigen und Blättern zu bedecken, damit man sie nicht sieht und wegnimmt. Die meisten Menschen, die so etwas entdecken, glauben, dass es sich um eine Tierfalle handelt.
7. Der Feuchtigkeitsgehalt im Reis lockt Mikroorganismen im Boden an. Wie lange es dauert, hängt vom Wetter ab. Bei etwa 20 °C müsst ihr 2–3 Tage veranschlagen. Im Winter sollte man nicht sammeln. Ich habe inzwischen vier- oder fünfmal gesammelt, meist in unserer kühlen englischen Witterung, und jedes Mal rund 10 Tage gebraucht, bis ich eine schöne Sammlung beisammen hatte.
8. Nach 3–10 Tagen sollte sich ein weißer Pilzrasen auf dem Reis gebildet haben. Wenn ihr auch andere Farbnuancen seht, macht das nichts. Wir wollen möglichst viele gute und schlechte Mikroorganismen einsammeln, also sind alle willkommen und nützlich für uns.
9. Nehmt das Küchentuch, auf dem der Reis und der weiße Belag liegen (es ist unser IMO1), und legt es in einen Beutel oder einen anderen Behälter, um es nach Hause zu transportieren, wo die nächste Phase beginnt.

Hinweise:

- Wascht den Reis gründlich, bevor ihr ihn zum Sammeln verwendet. Das Kochwasser solltet ihr aufheben – ihr könnt es anderweitig im Garten verwenden.
- Lasst eure Sammelbox nicht zu lange draußen stehen, sonst verdirbt sie und setzt schwarzen Schimmel an, der nicht verwendet werden sollte.
- Denkt dran: Ihr habt Umgang mit Bakterien. Wascht also eure Hände regelmäßig und achtet auch sonst auf gute Hygiene.

IMO2 ERZEUGEN

Wenn ihr euren Reis mit dem IMO1 (siehe vorige Seite) wieder abholt, sollte er aussehen wie ein zusammenhängender Block oder eine Ansammlung mehrerer kleiner Blöcke, zusammengehalten von Schimmel in Weiß und einigen weiteren Farben. Das zeigt, dass die Mikroorganismen aktiv sind. Jetzt müssen sie eine Zeit lang in einen Ruhezustand versetzt werden.

Mischt unraffinierten Zucker mit dem IMO1 im Verhältnis 1:1. Ich beispielsweise habe meinen Reis gewogen. Er hatte ein Gewicht von 200g, also habe ich dieselbe Menge Zucker dazugegeben. Wenn die Zuckermenge etwas zu hoch ist, macht das nichts, zu wenig aber verhindert, dass die Mikroorganismen zur Ruhe kommen – sie bleiben aktiv. Der Zucker entzieht dem Reis Flüssigkeit, was die Mikroorganismen austrocknet. Das zwingt sie in einen Ruhezustand, was die Haltbarkeit erhöht. Nachdem sie wieder mit Wasser in Kontakt kommen, wenn sie verwendet werden sollen, wachen sie auf und werden wieder aktiv.

Ihr braucht:

- IMO1 (siehe vorige Seite)
- unraffinierten Zucker (Vollrohrzucker, Demerara/brauner Zucker sind ideal, weißer Zucker ist nicht empfehlenswert)
- Glasgefäß
- Bioessig zum Auswischen
- Küchentuch und Gummiband

IMO2

1. IMO1 mit dem Zucker mischen. Wenn dabei etwas Staub aufsteigt, ist das normal – es handelt sich um Pilzsporen, die »Samen« von Pilzen.
2. Ist alles gut durchgemischt, den Brei zum Lagern in ein Glasgefäß geben. Nie bis zum Rand füllen, sondern nur zu drei Viertel füllen, damit immer etwas Luft im Glas bleibt.
3. Die oberste Lage Zucker etwas festdrücken, aber nicht zu stark. Ich habe einen weiteren Trick gelernt: eine zusätzliche Lage Zucker als Abdeckung daraufgeben.
4. Das Glas muss immer absolut sauber sein, sonst lockt es Ungeziefer an, das sich über den Inhalt hermachen will. Ich säubere den Rand immer mit Bioessig, da das den Gärprozess nicht beeinträchtigt.
5. Glas verschließen. Dazu ein durchlässiges Tuch darauf legen (Stoff oder Papier) und mit einem Gummiband befestigen. An einen kühlen, dunklen Platz stellen, etwa in einen Küchenschrank. Das Glas außen immer mal wieder mit Essig reinigen.
6. Wenn sich in der Mischung Blasen zu bilden beginnen, etwas mehr Zucker dazugeben. Aber eingerührt werden muss er nicht.
7. Die IMO2-Lösung ist nun gebrauchsfertig, eine stabile, biologisch aktive Masse. Ihr könnt sie verwenden, um euren Gartenboden mit Mikroorganismen zu impfen.

Hinweise:

- Ich beschrifte meine Sammlung mit Datum und Ort. So behalte ich den Überblick, was ich verwende und woher die IMOs stammen.
- Nicht vergessen: Ihr habt es mit Bakterien zu tun. Deshalb solltet ihr eure Hände immer gut waschen und auch sonst auf Hygiene achten.

IMOS IM GARTEN EINSETZEN

IMOs tragen zu einem gesunden Mikrobensystem auf der Oberfläche von Pflanzen und im Boden bei. Das ist wichtig für die Nährstoffzufuhr und Widerstandskraft gegen Krankheiten, kräftigt also die Pflanzen und macht sie resistenter gegen Schädlinge. Selbst wenn in eurem Garten nichts wächst, hat das Ausbringen der Mixtur Vorteile. Ich erledige es meist im Winter, damit der Garten für die kommende Saison gerüstet ist.

Es wird empfohlen, die IMO-Lösung in einer Verdünnung von 1:100 auszubringen. Wie viel, hängt von der IMO2-Menge ab, die ihr angesetzt habt. Allzu genau müsst ihr es mit den Mengen aber nicht nehmen. Da keine synthetischen Stoffe im Spiel sind, könnt ihr dem Garten damit gar nicht schaden.

Ihr braucht:

- 1 EL IMO2 (siehe vorige Seite)
- 1 l Regenwasser oder Leitungswasser
- Sieb
- 10-Liter-Eimer

1. IMO2 in einem großen Gefäß mit Wasser mischen und gut umrühren.
2. Flüssigkeit durch ein Sieb in einen 10-Liter-Eimer seihen.
3. Mit der Flüssigkeit den Boden wässern oder sie als Spray auf die Pflanzen sprühen. Wenn ihr die Lösung versprüht, benetzt die Ober- und Unterseite der Blätter gleichermaßen.
4. Das Ganze jede Woche wiederholen, um sicherzugehen, dass die Mikroorganismen tief in den Boden gelangen und sich zu vermehren beginnen, was die Bodenqualität verbessert.

WEITERE VERWENDUNGSMÖGLICHKEITEN

- Auch einen Komposter könnt ihr mit der IMO-Lösung impfen, um seinen Mikrokosmos auf Trab zu bringen. Die Lösung lässt sich außerdem als Biodünger zu weiteren Natural-Farming-Präparaten hinzufügen.
- Reichert man seinen Flüssigdünger mit IMO an, kann das dazu beitragen, dass die Nährstoffe darin in eine pflanzenverfügbare Form gebracht werden. Anders gesagt: Die Nährstoffe werden aufgespalten und in Moleküle umgewandelt, die die Pflanzen wesentlich leichter aufnehmen und verarbeiten können.

NATURDÜNGER SELBST HERSTELLEN

Meiner Meinung nach ist der biologische Landbau inzwischen etwas außer Kontrolle geraten. Viele Biobauern denken, sie müssten teure, von weither herbeitransportierte Produkte einkaufen, statt das zu nehmen, was preiswert und leicht verfügbar ist.

Wir haben den Bezug zur Natur verloren und kennen die alten Düngemethoden im Einklang mit der Natur nicht mehr. Früher nahm man, was in der direkten Umgebung vorhanden war, und produzierte damit einfach und kostengünstig. Heute will man erreichen, dass sich Landwirte und Gärtner bei »Experten« Rat holen, die ihnen weismachen, dass sie ihre Produkte brauchen, um möglichst gute Bioware zu produzieren.

Jadam (siehe Seite 22) und das Korean Natural Farming sind nicht nur preiswerte Anbaumethoden, weil man kein Geld für teures Zeug zum Fenster hinauswerfen muss, sie lassen Landwirte und Gärtner auch kreativ werden. Wegen der Makro- und Mikronährstoffe, die Unternehmen im konventionellen Landbau an den Mann bringen wollen, ist der Anbau von Nutzpflanzen viel zu kompliziert geworden. Dünger sind heute ein Produkt, für deren Einsatz man angeblich den Rat von Spezialisten braucht. Aber das stimmt nicht.

»Wir müssen den Landbau wieder in unsere eigenen Hände nehmen, ihn in Harmonie mit der Natur praktizieren und die Nahrungsmittelsouveränität zurückgewinnen!«

JADAM-FLÜSSIGDÜNGER (JFD)

Manchmal leistet mir Jadam-Flüssigdünger (JFD) wertvolle Dienste. Ich bin dafür in einen Wald in meiner Nähe gegangen und habe mir von dort etwas Pflanzenmaterial geholt, weil in meinem Garten nichts Überflüssiges angefallen war.

Ihr könnt Pflanzen nehmen, die man häufig am Wegrand findet und als lästig empfindet, etwa Brennnesseln. Sie besiedeln als Ruderalpflanzen unbewachsene rohe Böden mit viel Stickstoffgehalt, weshalb sie bevorzugt in oder nahe menschlicher Siedlungen wachsen. Ich habe herausgefunden, dass sie viele Enzyme und weitere wachstumsfördernde Stoffe enthalten. Daher war ich überzeugt, dass sie auch für meine Pflanzen während des vegetativen Wachstums gut sein würden. Zudem halten Brennnesseln sehr gut Blattläuse fern. Kurzum: Ich setze sie mit Freude in meinem Garten ein.

Ich habe so viele Brennnesseln zusammengesucht, wie ich finden konnte, und in einen Beutel gestopft (Tragt dabei immer Handschuhe oder haltet sie am Wurzelansatz). Bei der Gelegenheit könnt ihr auch gleich etwas Laub für Laubhumus sammeln (mehr dazu auf Seite 154).

Als Nächstes füllt ihr einen Eimer zur Hälfte mit Regenwasser. Wenn mir kein Regenwasser zur Verfügung steht, nehme ich Leitungswasser. Dann kommen die Brennnesseln und etwas Laubhumus hinein. Zum Schluss legt man lose einen Deckel auf den Eimer.

Lasst den Inhalt sieben Tage ziehen, bevor ihr ihn verwendet. Drinnen entsteht in dieser Zeit Jadam-Flüssigdünger. Er kann wie normaler Dünger ausgebracht werden, ist aber aus etwas entstanden, das als Unkraut gilt!

Düngen mit JFD:

Verdünnt das Konzentrat auf 1:1000 oder 1:1500. Man kann sogar noch stärker verdünnen, wenn der Eimer länger (etwa ein Jahr) steht, da die Flüssigkeit dadurch immer gehaltvoller wird. Ich nehme einen Esslöffel JFD auf 5 l Wasser, wenn ich mit einer Sprühflasche arbeite. Wenn ihr nicht alles auf einmal verbraucht, ist das kein Problem. JFD wird mit der Zeit immer besser.

Der Flüssigdünger hält praktisch ewig, wenn man immer wieder Pflanzenmaterial und Laubhumus dazugibt. Damit sich die Masse nicht am Boden des Eimers sammelt und verklumpt, schwenkt man ihn von Zeit zu Zeit. Stellt den Eimer dorthin, wo ihr eure Nutzpflanzen anbaut, denn die Mikroorganismen in der Brühe entwickeln sich und passen sich an die gleichen Bedingungen an wie eure Kulturen.

Das Schöne an dieser Methode: Man kann so ziemlich jedes Pflanzenmaterial verwenden (solange es nicht schädlich ist) und bekommt immer hochwertigen, nährstoffreichen Dünger. Eine ältere Tomatenpflanze beispielsweise enthält alle Elemente, die für das Wachstum von Tomaten wichtig sind. Wenn man sie also als JFD ansetzt, ist sie später der ideale Dünger für eine weitere Tomatenpflanze.

Oben: Beinwell, am Morgen geerntet
Mitte: Brennnesseln und Rohrzucker
Unten: Jadam-Flüssigdünger

Das Schöne an dieser Methode: Man kann so ziemlich jedes Pflanzenmaterial verwenden (solange es nicht schädlich ist) und bekommt immer hochwertigen, nährstoffreichen Dünger.

FERMENTIERTER PFLANZENSAFT

Seit ich das Korean Natural Farming entdeckt habe, weiß ich, dass Fermentations-, also Gärprozesse auch in meinem Garten sinnvoll sein können.

Fermentierter Pflanzensaft (FPS) ist eine schnell erzeugte, preiswerte und haltbare Mineralienspritze für den Garten. Durch Herstellung des Extrakts macht ihr euch Unkräuter wie Löwenzahn und Brennnesseln zunutze, die im Grunde Mineraliensammler sind. FPS enthält ebendiese Mineralien, aber auch Enzyme, Proteine, Pflanzenhormone und vieles mehr – und alles in Formen, die Pflanzen mit geringem Verarbeitungsaufwand aufnehmen können.

Um FPS anzusetzen, braucht ihr Rohr-, Demerara- oder Turbinado-Zucker. Der Gärprozess dauert rund sieben Tage. Für die Gärung ist der Zucker nötig. Er entzieht den Pflanzen Flüssigkeit und versorgt die beteiligten Bakterien mit Nahrung. Beim Prozess entsteht eine schwach alkoholische Lösung, die Chlorophyll und andere Bestandteile aus dem Pflanzengewebe extrahiert. Aber um eines klarzustellen: Kommt nicht auf die Idee, den Saft auf irgendeine Art und Weise zu trinken! Der Extrakt der vergorenen Pflanzenteile ist nur für Pflanzen gesund.

PFLANZENMATERIAL SAMMELN

Bei der Auswahl von Pflanzen für den FPS ist die Wuchsgeschwindigkeit der wichtigste Faktor. Warum? Je schneller die Triebe wachsen, aus denen man den Saft ansetzt, desto nützlichere Inhaltsstoffe enthalten sie.

Die meisten Experten empfehlen, FPS-Pflanzenmaterial im Sommer während der Blüte zu sammeln. Meiner Ansicht nach aber ist die ideale Jahreszeit dafür das Frühjahr. Die frischen Triebe sind in dieser Zeit am wenigsten anfällig für Temperaturfluktuationen und enthalten die meisten Nährstoffe für rasches Pflanzenwachstum, was sie zu perfekten FPS-Ingredienzen macht. Nicht ratsam ist es, die Flüssigkeit im Herbst oder Winter anzusetzen, weil in dieser Zeit (je nachdem, wo man lebt) Material rar ist.

Seit ich mit dem Korean Natural Farming angefangen habe, bin ich ständig auf der Suche nach heimischen Wildpflanzen, die ich in meinem Garten einsetzen kann. In der Regel mache ich mich frühmorgens auf, um Triebspitzen in den Wäldern der Umgebung zu sammeln, während noch der Morgentau auf ihnen liegt. Pflanzen verlieren tagsüber viel Feuchtigkeit und sind mit der Fotosynthese beschäftigt, wodurch sich die Energie in ihrem Inneren verlagert. Ich rate davon ab, das Material für den FPS während oder nach Regen zusammenzutragen, da die Niederschläge einen Teil der Mikroorganismen auf der Pflanze wegwaschen. Idealerweise wartet man nach Regen ein, zwei Tage mit dem Sammeln. Schneidet nur die Blätter der obersten 5–7 cm ab.

Nach dem Ernten sollte man das Laub nicht waschen, sondern höchstens Schmutz und Pflanzenreste wegwischen. Das Waschen dezimiert die Milchsäurebakterien und Hefen auf der Oberfläche, was den Gärvorgang hemmt und womöglich die gewonnene Menge an fermentiertem Pflanzensaft schmälert.

Dem Korean Natural Farming zufolge finden sich auf einem Quadratzentimeter Blattoberfläche 100 000–150 000 Mikroorganismen, die meisten davon Milchsäurebakterien und Hefen.

WO FINDET MAN MATERIAL?

Das Korean Natural Farming legt uns dringend ans Herz, das einzusetzen, was vor Ort verfügbar ist. Wenn ihr nicht sicher seid, ob eine Pflanze unbedenklich ist, fragt Experten. Ich bestimme Wildpflanzen mit verschiedenen Apps, aber sie sind nicht immer genau. Deshalb ist eine Fachkraft aus Fleisch und Blut immer vorzuziehen.

Klee, Löwenzahn, Brennnesseln und Beinwell sind in meiner Heimat Großbritannien sehr verbreitet und eignen sich ausgezeichnet für FPS. Auch Engelwurz, Beifuß und Seetang sollen sehr gute Ergebnisse liefern. Aber im Grunde kann man jede Pflanze nehmen, die schnell wächst, Temperaturwechsel verkraftet und nicht giftig oder sonst irgendwie schädlich für die Umwelt ist.

Brennnesseln enthalten viel Stickstoff und zudem nützliche Nährstoffe sowie Enzyme, die Pflanzen brauchen. Deshalb sind sie wie fast alle Gewächse eine vorzügliche Ingredienz für FPS (wenn Pflanzen wachsen, brauchen sie viel Stickstoff).

Normalerweise sammle ich auch Klee, der ebenfalls viel Stickstoff hat und rasche Wetterumschwünge locker wegsteckt. Weil er ein Luftstickstoffsammler ist, wie die bereits erwähnten Bohnen (siehe Seite 23), kann man ihn auch als Gründünger im Garten einsetzen. Gründünger sind dichte Aussaaten, die Nährstoffe sammeln und speichern, den Boden schützen und die Verdunstungsrate verringern.

Einer meiner Lieblinge im Garten ist Beinwell, weil er so tief reichende Pfahlwurzeln in die Erde schickt und ein großes Wurzelsystem bildet. Er holt sich Nährstoffe aus unteren Bodenschichten, in die die meisten anderen Pflanzen nicht gelangen. Er enthält hohe Mengen so ziemlich jedes Nährstoffs, den eine Pflanze braucht – und natürlich auch die großen drei: Stickstoff, Phosphor und Kalium, ferner etliche Spurenelemente.

Ich kultiviere Beinwell deshalb in meinem Garten ausschließlich zu dem Zweck, die in ihm enthaltenen Nährstoffe zu nutzen.

WIE MAN FPS ANSETZT

1. Schneidet das gesammelte Material in 5–7 cm lange Stücke, vor allem, wenn ihr Obstlaub oder große Blätter einsetzt, denn dadurch erhöht sich die Oberfläche, an der die Zuckermixtur ansetzen kann.
2. Material mit hohem Wassergehalt wird gewogen, dann gibt man die gleiche Menge Rohrohr- oder Demerara-Zucker dazu (also im Verhältnis 50:50). Kommt trockeneres Material zum Einsatz, gebt 3 Teile Pflanzenmasse auf 2 Teile Biorohrzucker. Raffinierter Zucker darf nicht verwendet werden, denn er wirkt sich nachteilig auf die Aktivität der Mikroben aus.
3. Mischt alles in einem großen Topf oder Eimer. Um die Osmose zu fördern und den Pflanzen Flüssigkeit zu entziehen, packe ich so viel Pflanzenmasse wie möglich in Zucker. Dafür nehme ich mir meist viel Zeit, denn alles soll gut durchmischt und mit Zucker überzogen sein.
4. Füllt ein Glasgefäß bis an den Rand mit dem Pflanzen-Zucker-Mix. Metallgefäße reagieren mit der Lösung und sollten nicht verwendet werden.
5. Reinigt die Außenseite des Gefäßes und seinen Rand mit Bioessig, bevor ihr es verschließt. Der Gärprozess soll schließlich keine unerwünschten Insekten anlocken. Deckt das Gefäß nun mit einem luftdurchlässigen Material ab. Das kann Musselin, ein dickes Seihtuch oder ein Geschirrtuch sein.
6. Das Gefäß darf nicht in der Sonne stehen. Stellt es an einen gut belüfteten, weder zu kalten noch zu warmen Ort – ideal sind 20 °C.
7. Nach 24 Stunden setzt sich der Inhalt, sodass das Gefäß nur noch zu drei Vierteln voll ist. Das ist notwendig, damit der Gärprozess starten kann. Die Bakterien können in vollständig gefüllten Behältern nicht gut arbeiten. Seht nach 24 Stunden nach, wie weit sich das Material gesetzt hat. Nehmt etwas heraus, wenn das Gefäß noch zu voll ist, oder füllt umgekehrt etwas Pflanzenmasse und Zucker nach, damit sich kein Schimmel bildet.
8. Der Gärprozess ist in Gang gekommen, wenn in der Mischung Bläschen aufsteigen. Bis er abgeschlossen ist, sollten je nach Wetter und Luftfeuchtigkeit 5–7 Tage vergehen.
9. Nach 3–7 Tagen seiht man die Flüssigkeit ab, um das Pflanzenmaterial herauszuholen. Anschließend lässt man die Mischung mehrere Stunden ruhen, ohne sie zu drücken oder zu schütteln. Die Schwerkraft erledigt den Rest. Normalerweise mache ich mir Notizen zu der Flüssigkeit, die ich aus bestimmten Pflanzen gewinne, um später darauf zurückgreifen zu können.

10. Werft das Pflanzenmaterial nicht weg. Ich stecke es normalerweise wieder in dasselbe Gefäß zurück, gieße Wasser hinein und decke es erneut mit einem luftdurchlässigen Stoff ab. Nach etwa sechs Monaten bildet sich eine Mutter, die sehr stark dem SCOBY (kurz für » Symbiotic Culture of Bacteria and Yeast«, eine Symbiosekultur aus Bakterien und Hefen in Kombucha) ähnelt. Seiht die Feststoffe wieder ab. Die Flüssigkeit könnt ihr später beispielsweise als Reinigungsessig für künftige FPS-Gefäße verwenden.
11. Bewahrt euren FPS an einem kühlen, dunklen Platz in einem Gefäß mit durchlässiger Abdeckung auf und beschriftet es mit Datum und verwendetem Pflanzenmaterial. Er hält 6–12 Monate.

WIE IHR FPS VERWENDET

Das Ausbringen von FPS im Garten ist ein Kinderspiel. Allerdings muss man danach mit einem starken Alkoholgeruch rechnen. Keine Angst, genauso soll es auch sein. Es liegt allein an der Zersetzung von Chlorophyll, einem gewünschten Prozess.

FPS ist ein phänomenales Produkt, das herzustellen großen Spaß macht. Aber auch das Experimentieren damit hat was für sich. Der Saft enthält, wie erwähnt, Nährstoffe und weitere gute Inhaltsstoffe in einer für Pflanzen verwertbaren Form. Das bedeutet, dass die Pflanze sich kaum anstrengen muss, sie zu absorbieren und zu verarbeiten.

FPS wird auf den Boden gegossen oder direkt auf die Pflanzen gesprüht, muss allerdings verdünnt werden. Deshalb kann man mit einer kleinen Menge eine große Fläche verbessern. Anfangs ist eine Verdünnung mit Regenwasser oder gefiltertem Wasser im Verhältnis von 1:1000 oder sogar 1:1500 empfehlenswert. Konkret heißt das:

- 1 EL FPS auf 16 l Wasser, entspricht einer Verdünnung von 1:1000
- 2 EL FPS auf 16 l Wasser, entspricht einer Verdünnung von 1:500

Bringt die Lösung wöchentlich aus oder wenn ihr das Gefühl habt, eure Pflanzen könnten eine Extradosis Nährstoffe brauchen, weil sie sich von Stress erholen (wie Umpflanzen, Temperaturfluktuationen usw.). Man kann die Mischung auch einsetzen, um die Keimung zu fördern. Dazu verdünnt man sie wie oben angegeben und weicht das Saatgut ein paar Minuten ein. Auf diese Weise stehen den Keimlingen alle Nährstoffe und Mineralien zur Verfügung, sobald sie die Samenschale durchbrechen.

LAUBHUMUS

FPS wird am besten im Frühjahr und Sommer angesetzt, Laubhumus setzt man dagegen im Herbst und Winter ein. Man nutzt ihn, um das Bodenleben im Garten zu schützen und zu verbessern. Er ist ein wesentlich wertvollerer Bodenverbesserer als Kompost, wenn es um Textur und die Aktivität von Mikroorganismen geht. Laubhumus verbessert die Wasserspeicherfähigkeit des Erdreichs und seine Struktur. Außerdem erhöht er die Aktivität von Mikro- und Makroorganismen wie Bakterien und Würmer. Die Nahrungskette ist in der für uns unsichtbaren Welt genauso real wie in der, in der wir leben. Mikroben sind winzige, nur unter dem Mikroskop sichtbare Organismen.

Zudem könnt ihr Laubhumus völlig kostenlos und kinderleicht bekommen! Blätter, die zu Boden gefallen sind, werden von Pilzen zersetzt und Teil des Waldbodens. Pilze lieben Laub, denn sie speichern bis zu 80 Prozent der Nährstoffe, die ein Baum im Verlauf der Fotosynthese aufnimmt. Fast alle diese Nährstoffe werden wieder in den Baum zurückgeführt, wenn das Laub zu Boden fällt. Allerdings bleibt Lignin lange in den Blättern zurück. Es dient im Boden als Puffer, wenn der Mineraliengehalt schwankt, und trägt dazu bei, dass der Boden viele Nährstoffe speichern kann. Ligninhaltige Blätter verrotten langsamer. Wer Laubhumus ansetzen möchte, sollte nach Bäumen mit stark ligninhaltigen Blättern Ausschau halten (siehe unten).

SO SAMMELT IHR LAUBHUMUS

Laubhumus lässt sich ganz leicht sammeln und lagern. Ihr könnt ihn in eurem Garten in atmungsaktiven Säcken aufbewahren, bis ihr ihn braucht. Ihr müsst nur einen Bestand von Laubbäumen in der Nähe eurer Wohnung finden. Sammelt die oberste Laubschicht und einen kleinen Teil des dunkelbraunen Substrats darunter. (Davor solltet ihr euch die Empfehlungen zu JFD auf Seite 148 ansehen.)

Seid nicht zu gierig, nehmt also nicht zu viel mit. Sammelt stattdessen immer nur ein bisschen von mehreren Orten, um so wenig wie möglich in Ökosysteme einzugreifen. Außerdem gehört jeder Wald irgendwem, eine größere Entnahme ist daher Diebstahl und gesetzlich verboten.

Blätter lassen sich in zwei Kategorien einteilen: solche, die sich rasch zersetzen, und solche, die etwas länger brauchen.

Blätter mit hohem Stickstoff-, aber geringem Ligningehalt werden nach etwa einem Jahr zu gutem Laubhumus. Dazu zählt Laub von Ulmen, Eschen, Birken, Pappeln, Linden, Weiden und Kirschen. Blätter mit hohem Ligningehalt dagegen zersetzen sich langsamer zu Laubhumus. Sie stammen zum Beispiel von Eiche, Buche, Weißdorn, Ahorn, Rosskastanien und Magnolien. Ideal ist ein ausgewogenes Verhältnis aus ligninreichen und ligninarmen Blättern.

Manche Blätter allerdings sind für Pflanzen schädlich, weil sie viel Säure enthalten; sie sollten deshalb nicht für Laubhumus verwendet werden. Keine Angst: In geringen Mengen dürfen sie durchaus mit dabei sein, aber je weniger, desto besser. Nicht laubhumustauglich sind Robinienblätter und Walnusslaub.

WIE VERWENDE ICH LAUBHUMUS?

Laubhumus lässt sich im Garten vielfältig einsetzen. Eine Rolle spielt dabei auch, wie alt er ist. Man unterscheidet zwei Kategorien:

1. Frischer Laubhumus: eine Mischung aus dunkelbraunen Blättern, Trieben und dunklem Humus; ich würde ihn in meinen Komposter geben, um die Biologie dort zu verbessern.
2. Reifer Laubhumus: Wenn Laub zerfällt, sobald man es in die Hand nimmt, es also 1–2 Jahre alt ist, kann man es als Mulch einsetzen, um nackte Erde im Winter zu schützen oder im Sommer die Verdunstung von Bodenfeuchtigkeit um Pflanzen herum zu verhindern.

Wenn ihr eine braune, krümelige Substanz seht, in der keine Blätter mehr erkennbar sind, habt ihr reifen, also gut verrotteten Laubhumus. Er ist eine ausgezeichnete Aussaaterde, also ein nährstoffarmes Substrat mit feiner Struktur, in dem Samen gut keimen können.

Reifer Laubhumus, Gartenerde und Gartenkompost ergeben, zu gleichen Teilen gemischt, eine gesunde, gut strukturierte Topferde.

Ich beim Sammeln von Laubhumus

KANN ICH LAUBHUMUS AUCH OHNE BLÄTTER AUS WÄLDERN UND PARKS ANSETZEN?

Selbst wenn ihr in eurer Nähe partout kein Laub auftreibt, könnt ihr so etwas Ähnliches wie Laubhumus ansetzen: Laubkompost. Am einfachsten geht das, indem ihr trockene Blätter zusammenharkt, sobald ihr sie in eurem Garten entdeckt, und in einen Müllsack steckt. Stecht aber Löcher in den Boden und die Seiten des Sacks, damit der Inhalt Luft bekommt. Nach ein, zwei Jahren sollten sich die Blätter in ein dunkelbraunes Substrat verwandelt haben, das man als Laubhumus nutzen kann. Ich mag diese Methode allerdings nicht so sehr, weil man dabei Kunststoffsäcke verwenden muss.

Hier meine bevorzugte Methode:

1. Zimmert aus einer hölzernen Basis (etwa einer Palette) und Maschendraht einen Käfig.
2. Deckt dazu zunächst die Palette mit Maschendraht oder einem ähnlichen Geflecht ab, damit kein Laub unten herausfallen kann.
3. Formt den Maschendraht zu einer Rolle, die ihr aufrecht auf die Palette stellt, und bindet die beiden Enden mit Kabelbindern zusammen.
4. Füllt den Maschendrahtkäfig mit feuchtem Laub. Wird es trocken, muss es angefeuchtet werden. Überprüft alle paar Monate, ob es feucht ist, und wässert es bei Bedarf.

Laub verrottet etwas langsamer als die meisten anderen organischen Substanzen, da für die Zersetzung in erster Linie Pilze zuständig sind. Man kann das Ganze etwas beschleunigen, indem man stickstoffreiche Reste wie Grasschnitt oder Kaffeesatz mit hineingibt.

Auch das Häckseln der Blätter verkürzt die Zersetzungsdauer. In einem Garten sollte man immer darauf bedacht sein, möglichst wenig Abfall zu erzeugen, und trockene Blätter sind keine Ausnahme.

Wasserlösliches Kalzium

Es gibt viele weitere natürliche Mittel, die ihr für euren Garten herstellen könnt.

Mit Reis und Milch züchte ich Milchsäurebakterien.

TEIL DREI

GARTENPFLEGE

DEN GARTEN WÄSSERN

WARUM WÄSSERN?

Wasser ist für Pflanzen ebenso lebenswichtig wie für jedes andere Leben auf der Erde einschließlich uns Menschen. Das hat viele Gründe. Wasser bringt Samen zum Keimen, gibt Pflanzen Halt und Struktur, wird für die Kohlenhydratsynthese über die Fotosynthese gebraucht, transportiert Nährstoffe und wirkt kühlend.

Wusstet ihr, dass Pflanzen ebenso schwitzen wie Menschen und Pferde? Man nennt das Transpiration. Transpiration ist die Verdunstung von Wasser über Spaltöffnungen (Stomata) oder die Außenhaut (Kutikula) der Pflanzen. Durch die Wasserverdunstung entsteht ein Sog, aufgrund dessen Pflanzen über die Wurzeln Wasser aus dem Boden aufnehmen und bis in die Blätter befördern. Hier braucht die Pflanze das Wasser für die Fotosynthese. Zusätzlich kühlt die Transpiration durch die Verdunstungskälte die Pflanze und schützt sie vor Überhitzung durch die Sonnenstrahlen. Deshalb – und weil die Bäume Schatten spenden – ist es selbst an heißen Tagen im Wald angenehm kühl.

Ist nicht genug Wasser vorhanden, schließen sich die Stomata. Sie nehmen also auch kein Kohlendioxid mehr auf und stellen die Sauerstoffabgabe ein. Die Pflanze heizt sich auf, wächst nicht mehr und geht irgendwann ein, wenn sie kein Wasser bekommt. In unseren Gärten wollen wir nicht, dass das passiert. Wie ihr ein Vertrocknen der Pflanzen verhindert, verrate ich euch gleich.

Es hat keinen Sinn, im Garten Unmengen für komplizierte Bewässerungssysteme auszugeben, vor allem nicht in kleinen Anlagen, wo man alles gut bewältigen kann. Man braucht nichts Teures, um seinen Garten in Schuss zu halten. Setzt lieber das, was euch zur Verfügung steht oder was Bekannte und Nachbarn nicht mehr brauchen, kreativ ein.

EINIGE GOLDENE BEWÄSSERUNGSREGELN

Wenn ihr ein paar goldene Bewässerungsregeln befolgt, wachsen eure Pflanzen gut ein und gedeihen langfristig besser.

1. Vor dem Einpflanzen müssen eure Gewächse nicht unbedingt gewässert werden, aber sobald sie im Boden stecken, müsst ihr sie gut angießen. Das Wasser spült die Erde an die Wurzeln, sodass sie gut einwachsen.
2. Wässert nicht in der größten Mittagshitze. Die Behauptung, dass Pflanzen versengen, wenn man sie in der prallen Sonne wässert, wurde inzwischen widerlegt, trotzdem ist es nicht sonderlich sinnvoll, denn durch die hohe Verdunstung geht viel Wasser verloren, sodass die Gewächse nicht genug Flüssigkeit aufnehmen können. Ich gieße abends oder morgens, damit das Wasser versickert und die Pflanzen die Gelegenheit bekommen, es aufzunehmen. Allerdings darf abends nicht zu viel gewässert werden, da sich sonst Staunässe bilden kann, was den Pflanzen schaden kann. Wer morgens wässert, sollte es tun, bevor die Sonne zu intensiv wird, damit nicht zu viel Wasser verdunstet.
3. Wässert den Wurzelansatz der Pflanzen und nicht die Blätter. Dadurch gelangt das Wasser direkt dorthin, wo die Pflanzen es brauchen. Blätter zu wässern ist ein bisschen wie Gesichtwaschen, wenn man durstig ist.
4. Beim Wässern von Pflanzgefäßen gießt ihr so lange, bis etwas Wasser unten aus dem Topf rinnt. Zu viel wässern ist allerdings schädlich, da damit dringend benötigte Nährstoffe ausgewaschen werden.

Ich beim Wässern des Gartens

Mit der Gießkanne im Einsatz

WOHER WEISS ICH, DASS ICH WÄSSERN MUSS?

Pflanzen sollten nicht zu stark gewässert werden. Informiert euch deshalb über den Bedarf der einzelnen Arten und wie sie auf das Wässern reagieren. Manche Gewächse beispielsweise welken in der Sonne, um Energie zu sparen, und füllen sich gegen Abend wieder mit Wasser. Es sieht also so aus, als bräuchten sie Flüssigkeit, doch sparen sie nur Wasser. Betrachtet eure Gewächse als Freunde: Wir alle wissen, dass jeder Freund auf eine Situation anders reagiert. Wenn die Blätter hängen und der Boden trocken ist, braucht eine Pflanze wirklich Wasser.

Außerdem solltet ihr auf die Farbe eurer Topf- und Gartenerde achten. Ist sie heller als normal? Dann muss sie vermutlich durchfeuchtet werden. Ist sie hingegen dunkler, droht Überwässerung. Steckt einen Finger einige Zentimeter tief in die Erde. So lässt sich gut ertasten, ob die Erde trocken ist und die Pflanzen Nachschub brauchen.

Wenn ihr danach noch immer nicht sicher seid und eure Pflanzen in Töpfen wachsen, könnt ihr auch das Gewicht prüfen. Hebt das Gefäß einfach nach dem Bepflanzen hoch. Das wiederholt ihr nach dem Wässern. Bemerkt ihr den Gewichtsunterschied? Mit ein bisschen Übung spürt ihr bald, ob der Topf leicht oder schwer ist. Das ist besonders hilfreich, wenn man Topfpflanzen hat, die man im Garten des Öfteren umstellt. Irgendwann bekommt man ein Gefühl dafür, ob sie Wasser brauchen.

BEWÄSSERUNGSSYSTEME EINRICHTEN

Manche haben das Gefühl, die Versorgung ihres Gartens mit Wasser sei der schwierigste Teil des Gärtnerns. Andere befürchten, viel zu viel Wasser zu verschwenden. Das ist ganz sicher der Fall, wenn man Sprinkler einsetzt. Sie sind nicht nur schlecht für die Umwelt, sondern auch für eure Wasserrechnung! Hier ein paar Tipps und Tricks, die euch beim Wässern eurer Pflanzen helfen.

Ein Bewässerungssystem aus Recyclingmaterialien zu basteln, ist wesentlich nachhaltiger und macht auch Spaß. Besonders sinnvoll ist es, wenn man ein paar Tage wegfahren möchte. Hier meine Bewässerungssysteme der Marke Eigenbau:

GIESSKANNE, SELBST GEMACHT

Ihr braucht:

- Plastikflasche mit Deckel (in beliebiger Größe)
- Nagel und Hammer

1. Löcher in den Deckel hämmern
2. Flasche mit Wasser füllen
3. Damit gießen

Besonders hilfreich ist diese improvisierte Gießkanne, wenn man Setzlinge oder Aussaaten wässern will, denn sie werden dabei so sanft angefeuchtet, dass der Boden nicht aufgewühlt oder weggeschwemmt wird.

Bewässerungssystem à la Vitale

TROPFBEWÄSSERUNG MIT OLLAS

Eine Olla, ausgesprochen »Oja«, ist eine preiswerte, uralte Bewässerungsmethode, bei der Pflanzen langsam mit Wasser versorgt werden. Ihr braucht lediglich einen Tontopf mit Deckel, eine Tonscherbe und etwas Fliesenkleber.

Ollas eignen sich für alle Arten von Pflanzen. Die Tontöpfe sind porös, lassen also Wasser und Luft durch. Zersplitterte Tongefäße sind uns allen ein vertrauter Anblick. Weil Ton porös ist, nimmt er im Winter Wasser auf. Wenn es friert, dehnt es sich aus und der Ton springt.

Der große Vorteil von Ollas: Sie bringen das Wasser tief ins Erdreich – also dorthin, wo die Wurzeln es brauchen. Außerdem spart man Wasser, denn man muss nicht den ganzen Boden großflächig wässern, sondern nur die Ollas füllen. Die Pflanzen in der Nähe der Töpfe spüren, dass Wasser durch die Tonwände sickert, und schicken ihre Wurzeln dorthin. Pflanzen sind nun einmal Wunderwesen. Sobald die Ollas im Boden sitzen, muss man sie nur noch auffüllen, wenn sie leer sind.

Ollas lassen sich aus simplen Tontöpfen kinderleicht basteln. Man braucht weder einen Timer noch eine andere Hightechvorrichtung. Wichtig ist lediglich, dass man die Töpfe gut abdeckt, damit das Wasser nicht verdunstet.

Ihr braucht:

- Tontopf und Deckel
- Fliesenkleber
- Tonscherbe

Meine Olla (das ganze Video auf Instagram)

1. Klebt die Tonscherbe mit dem Fliesenkleber über das Abzugsloch des Topfs, damit unten kein Wasser mehr herausrinnen kann und es allmählich über die Tonwände abgegeben wird.
2. Steckt den Topf an einem passenden Platz zwischen den Pflanzen so in die Erde, dass das obere Ende mit der Erdoberfläche abschließt.
3. Füllt den versenkten Topf mit Wasser.
4. Legt einen Deckel auf den Topf, damit das Wasser nicht verdunstet. Und schon ist euer selbst gemachtes Bewässerungssystem fertig!

SELBSTBEWÄSSERUNGSTOPF

Selbstbewässerungstöpfe versorgen Pflanzenwurzeln gleichmäßig mit Feuchtigkeit. Sie sind eine unschätzbare Hilfe, wenn man gerade sehr beschäftigt oder im Urlaub ist und nicht dazu kommt, seine Zimmerpflanzen, sein Gemüse oder seine Kräuter mit Flüssigkeit zu versorgen. Und das Beste: Sie lassen sich supergünstig bauen – und wenn man sie aus gebrauchten Materialien herstellt, sind sie sogar völlig kostenlos!

Ihr braucht:

- 2-Liter-Plastikflasche
- Docht (ich nehme einen Baumwollstreifen von einem alten T-Shirt)
- Erde
- Wasser

1. Schneidet die Flasche in der Mitte durch.
2. Schneidet aus einem alten Baumwoll-T-Shirt einen langen Streifen heraus, um einen langen Docht zu erhalten. Führt ihn durch den Flaschenhals.
3. Steckt die obere Hälfte der Flasche umgedreht in die untere Hälfte.
4. Gebt Erde in die obere Hälfte.
5. Setzt die Pflanze in die Erde.
6. Füllt den unteren Teil mit Wasser.
7. Stellt das Ganze an einen sonnigen Platz, damit die Pflanze gut wächst.
8. Nicht vergessen: Auch wenn sich der Topf nun selbst bewässert, muss gelegentlich Wasser nachgefüllt werden.

TROPFBEWÄSSERUNG

Mit einem Tropfbewässerungssystem versorgt man Pflanzen kontinuierlich mit Wasser, ohne dafür groß Zeit aufbringen zu müssen. Trotzdem sollte man die Pflanzen nicht vernachlässigen: Es ist wichtig, ein bisschen Zeit mit ihnen zu verbringen, zum Beispiel, um zu sehen, ob sie sich Krankheiten bzw. Schädlinge eingefangen haben oder einen Schnitt brauchen.

Handelsübliche Tropfbewässerungssysteme sind ziemlich teuer. Man kann sie zum Glück mit ganz wenig Geld aus Plastikflaschen basteln. Hier findet ihr eine Anleitung für den Bau eines Langzeit-Tropfbewässerungssystems. Ihr könnt es jedoch ganz nach euren Bedürfnissen verändern, damit es Wasser schneller abgibt oder sich die Bewässerungsgeschwindigkeit sogar einstellen lässt.

Ihr braucht:

- Plastikflasche mit Deckel (nehmt eine Größe, die zu eurem Garten passt)
- Nägel und einen Hammer oder eine Bohrmaschine
- Schere oder Teppichmesser

1. Hämmert oder bohrt 4–5 Löcher in den Flaschendeckel und ein paar kleinere Löcher in den Flaschenhals. Je mehr Löcher ihr bohrt, desto schneller bewässert das System.
2. Schneidet den Boden von den Plastikflaschen.
3. Grabt in 10–15 cm Entfernung vom Ansatz der zu bewässernden Pflanze ein Loch, in das die Flasche zur Hälfte hineinpasst. Dabei dürfen aber keine Wurzeln verletzt werden.
4. Steckt die Flasche mit dem festgeschraubten Deckel nach unten in das Loch und fixiert sie mit Erde.
5. Füllt die Flasche mit Wasser. Ab jetzt gibt sie langsam Wasser in die Erde ab. Allerdings darf nichts in die Flasche gelangen und die Löcher verstopfen.
6. Ihr könnt in eurem Garten beliebig viele dieser Tropfbewässerungssysteme installieren.

MULCH

MULCHEN – WAS IST DAS?

Immer wenn ich längere Zeit nicht zu Hause bin, bekomme ich Angst um meinen Garten. In den Sommermonaten Urlaub zu machen, kann für Gartenbesitzer zum zweifelhaften Vergnügen werden, weil sie sich konstant Sorgen um die Gesundheit ihrer Pflanzen, die Wasserversorgung und Ähnliches machen.

Unkraut lässt sich eindämmen, indem man den Boden mulcht. Zugleich schützt die Schicht das Erdreich vor austrocknenden Winden und sengender Sonne und versorgt es langsam mit Nährstoffen. Mulch wird von Würmern aufgenommen und in den Boden eingearbeitet. Das verbessert seine Struktur, Wasserspeicherfähigkeit, Durchlässigkeit und Fruchtbarkeit.

Es gibt verschiedenste Mulcharten – organische wie anorganische. Zu organischem Mulch zählt man Kompost, Laub, zerkleinerte Rinde und Grasschnitt. Plastikfolien, Geotextilien und Kies sind anorganische Mulchmaterialien.

Im Gegensatz zu organischem Mulch zersetzt sich anorganischer nicht mit der Zeit. Manche Materialien wie Folie können brüchig werden und die Umwelt gefährden. Außerdem verhindern einige anorganische Mulchmaterialien, dass Bodennährstoffe in das Erdreich gelangen. Organischer Mulch dagegen zersetzt sich rasch und reichert den Untergrund dadurch sogar mit zusätzlichen Nährstoffen an, weshalb er vielleicht die bessere Lösung ist.

Strohmulch für den Garten

MULCHMATERIALIEN

Ich setze in meinem Garten mehrere Mulchmaterialien ein. Sie zu beschaffen, ohne den Geldbeutel überzustrapazieren, ist nicht immer einfach, aber durchaus möglich. Und es lohnt sich, denn jedes Material hat seine Vorteile.

Kompost

Mulch aus kompostierten Speiseresten, Gartenabfällen und sogar Stallmist ist schwarzes Gold. Es zu erzeugen geht ganz einfach, wie ich euch auf Seite 125 gezeigt habe. Selbst Stallmist lässt sich unschwer auftreiben – sogar in Städten, wenn man bereit ist, sich in das Umland zu wagen und dort auf Bauern- und Reiterhöfen nachzufragen. Allerdings setze ich in meinem Garten selten Stallmist ein.

Bevor ihr eure Pflanzen mit Kompost verwöhnt, muss er gut verrottet sein. Er reichert den Boden mit natürlichem Langzeitdünger an, schützt die Wurzeln durch seine isolierenden Eigenschaften vor Temperaturextremen und erhöht die Trockenheitstoleranz der Gewächse.

Eine gute Idee ist es auch, Kompost als eine Lage zwischen anderen Schichten Mulch einzusetzen. Verteilt eine dünne Lage Kompost auf dem Erdreich und gebt eine weitere Lage eines anderen Materials darüber, etwa Rinden- oder Holzhackschnitzel. Kompost schützt die Mikro- und Makroorganismen, erhöht die Menge organischer Substanz im Garten, verbessert die Bodenstruktur und fördert die Biodiversität.

Holzhackschnitzel

Mulch aus Holz- oder Rindenschnitzeln steht bei Gärtnern hoch im Kurs, weil er billig ist und gut aussieht. Er macht Unkräutern das Leben schwer, verringert die Verdunstung von Bodenwasser und isoliert die Böden.

Laubholzschnitzel sind der beste Mulch für Blumenbeete und Rabatten, weil sie sich rascher zersetzen und die Bodenbiologie bereichern. Sie sehen in Gärten und anderen natürlichen Umgebungen gut aus. Hackschnitzel aus Kiefernholz sind saurer und verrotten langsamer. Mit Nadelholzschnitzeln mulcht man am besten Bäume und Pflanzen. Man sollte den Pflanzen jedoch immer etwas Stickstoffdünger dazu geben, denn die Mikroorganismen verbrauchen diesen beim Umsetzen der Hackschnitzel und nehmen ihn sonst den Pflanzen weg.

Hackschnitzel kann man in Großstädten sogar umsonst bekommen. Ich spreche meist Unternehmen an, die Bäume in meiner Straße schneiden. Sie geben Bescheid, bevor sie anrücken, und kündigen Parkbeschränkungen an. Fragt einfach, ob sie euch Hackschnitzel überlassen – manchmal sind sie froh, sie loszuwerden, noch dazu, wenn ihr das Material selbst wegräumt und ihnen so Arbeit und Transportwege erspart. Bringt aber ein paar Säcke mit.

Ich bedecke den gesamten Boden meines Stadtgartens mit Holzhackschnitzeln, obwohl er aus Beton ist. Zum einen sieht das viel besser aus, zum anderen hat es einige ganz konkrete Vorteile: Wischt man einen Teil der Hackschnitzel vom Beton, kommen unter der ersten Schicht meist viele Würmer und andere Insekten zum Vorschein. Der Mulch erhöht also die Biodiversität im Garten und unterstützt das Ökosystem, das man einrichten möchte. Ihr könnt die Hackschnitzel auch als Wegbelag nutzen, wenn ihr einen Freilandboden habt: Sie dienen den Mikro- und Makroorganismen als »Futter«.

Stroh

Gemüsegärten und frisch angesäte Rasenflächen profitieren von Strohmulch. In Gemüsegärten dient die Schicht Spinnen und anderen Schädlingsvertilgern als Zuflucht.

Stroh verhindert, dass die unteren Blätter von Gemüsepflanzen mit Krankheitskeimen im Boden in Kontakt kommen. Beispiel: Beim Gießen prallen Spritzer vom Erdreich ab und bringen Krankheitserreger dadurch mit den Pflanzen in Kontakt. Eine Mulchschicht aus Stroh mildert diesen Abpralleffekt und schützt die Pflanzen.

Erdbeeren und Kürbisse beispielsweise können mithilfe von Stroh vor Bodenkontakt geschützt werden. Das Stroh verhindert, dass die Früchte faulen oder anderweitig durch das Erdreich geschädigt werden.

Stroh verhindert außerdem, dass frisch ausgesäte Samen weggewaschen oder von Ratten und Vögeln verspeist werden. Samen keimen am besten bei konstanter Feuchtigkeit, die durch eine Mulchschicht aus Stroh gewährleistet wird. Später kann man das Stroh ganz leicht wegräumen. Auch in das Erdreich einarbeiten lässt es sich problemlos.

Verwechselt Stroh beim Kauf nicht mit Heu. Wenn ihr Heu im Garten verteilt, müsst ihr mit einer Unkrautinvasion rechnen, denn es enthält reichlich Samen unerwünschter Pflanzen, die austreiben, sobald man den Garten wässert.

Stroh in einer Großstadt aufzutreiben, ist nicht ganz leicht. Man kann es aber online bestellen oder auf Versteigerungs- und Tauschplattformen finden. Ich kaufe mein Stroh meistens online und verwende es überwiegend als Mulch für meine Kartoffeln und Knoblauch. Eine dicke Lage auf den Kartoffeln oder um Knoblauchpflanzen senkt die Verdunstungsrate und schafft Idealbedingungen für die Pflanzen, die so viel besser gedeihen.

Seetang

Eines der besten Mulchmaterialien kommt aus dem Meer. Seetang enthält nicht nur reichlich Nährstoffe, sondern ist auch unglaublich gut für eine Vielzahl von Mikroorganismen im Boden. In Großstädten von Binnenländern Seetang aufzutreiben, kann aber eine Herausforderung sein. Ich bringe meistens ein paar Beutel mit nach Hause, wenn ich am Meer war, sammle aber nur, was angeschwemmt wurde und sich bereits zersetzt.

Mit Seetang zu arbeiten macht Spaß. Er hält Schnecken fern, versorgt den Boden mit Mineralien und Nährstoffen und verbessert die Bodenstruktur. Erkundigt euch aber über eventuelle Beschränkungen beim Sammeln des Tangs an der Küste. Er muss nicht gewaschen werden. Man kann ihn im Garten frisch oder getrocknet ausbringen, aber auch auf den Komposter werfen, wo er sich zersetzt und die Menge an Nährstoffen und Mikroorganismen in der Masse erhöht. Ich habe Seetang schon mehrmals als Mulch eingesetzt und nie negative Folgen bemerkt, etwa eine zu hohe Salzkonzentration im Erdreich. Wenn ihr ihn trotzdem entsalzen möchtet, werft ihn in die Zufahrt und spritzt ihn mit einem Schlauch ab. Oder ihr lasst ihn ein paar Wochen liegen, damit der Regen überschüssiges Salz wegwäscht. Bei Algen aus Binnengewässern ist das natürlich nicht nötig.

Seetang, frisch gesammelt

Strohmulch mit Pilzbrut impfen

WIE MAN MULCHT

Mulch zu verteilen ist keine große Sache. Die Wurzelansätze der Pflanzen werden vom Mulchmaterial nicht in Mitleidenschaft gezogen. Allerdings spart ihr langfristig Zeit und Arbeit, wenn ihr den Boden vorbereitet. Jätet einfach alles mit der Hand oder einer Hacke. Mit einem Rechen könnt ihr die Erde einebnen und feststampfen, falls nötig.

Vor dem Mulchen sollte der Boden außerdem gut gewässert werden, damit die Mulchschicht gleich ihre Rolle als Verdunstungsbremse erfüllen kann. Material wie Stroh, das an windigen Tagen fortgeweht werden kann, wässert man kurz nach dem Verteilen, damit es sich vollsaugt und dadurch mehr Bodenhaftung hat.

Mulch unterdrückt einerseits Unkraut, weil es ihm Licht wegnimmt, und schützt andererseits Bodenmikroben. Man schlägt also zwei Fliegen mit einer Klappe.

Mulch kann je nach Material mit einem Spaten oder den Händen verteilt werden. Harkt oder hackt es anschließend zu einer gleichförmigen Schicht.

NÜTZLINGE UND SCHÄDLINGE

NÜTZLICHE INSEKTEN

Der begrenzte Raum für den Anbau in kleinen Stadtgärten lässt nicht viel Raum für Versuch und Irrtum. Deshalb ist es entscheidend zu wissen, welche Tiere nützlich und welche schädlich sind. Von Pestiziden rate ich allerdings grundsätzlich ab, denn schließlich soll euer Garten durch die Wunder der Natur ins Gleichgewicht gebracht werden.

Die meisten Gartenbesitzer bekommen es jedes Jahr mit viel zu vielen Blattläusen zu tun. Aber was ist, wenn man es einmal aus einer anderen Sicht betrachtet. Gibt es zu viele Blattläuse oder zu wenig Marienkäfer? Gibt es ein Wühlmausproblem oder zu wenig Eulen? Vielleicht sollte man Ansitzstangen anbringen, von denen aus sich die Raubvögel ihre Mahlzeit aussuchen können.

Welche Insekten für euren Garten gut sind, solltet ihr auf jeden Fall wissen. Nur so könnt ihr euch darauf verlassen, dass die Natur die Arbeit für euch erledigt und das Gleichgewicht bewahrt. Aber nicht nur Hobbygärtner zählen auf die Mithilfe von Nützlingen. Thanet Earth, ein riesiger Gewächshauskomplex in Kent mit einer Jahresproduktion von 400 Millionen Tomaten im Jahr, arbeitet ebenfalls mit einem System der biologischen Schädlingsbekämpfung. Dadurch minimiert sich der Einsatz von Pestiziden, was finanzielle Vorteile hat und die Umweltkosten niedrig hält. Mit dem Einsatz von Nützlingen im Garten, ganz gleich, wie groß er ist, überlässt man der Natur die Eindämmung von Schädlingen. Das ist eine hervorragende Strategie. Räuberische Insekten gehen gezielt gegen Schadtiere vor, während Pestizide alles vernichten, selbst Verbündete wie Marienkäfer.

Hier stelle ich sieben Insekten vor, die man als Helfer im Garten haben sollte.

SCHWEBFLIEGEN (*DIPTERA: SYRPHIDAE*)

Wenn es um Bestäuber geht, stehen meist die Bienen im Mittelpunkt. Dabei sind Schwebfliegen ebenfalls großartige Pollenüberträger und in meinem Garten stets willkommen. Manche verwechseln sie mit Bienen oder Wespen, weil sie diese mit orangefarbenen und braunen Zeichnungen imitieren und sogar ihre Flugmuster nachahmen. Ich verspreche euch aber, Schwebfliegen stechen nicht. Außerdem bestäuben sie nicht nur, die Larven der meisten Arten dezimieren auch Blattläuse.

Man kann Schwebfliegen anlocken, indem man dafür sorgt, dass im Garten das ganze Jahre etwas blüht, angefangen von Efeu im Winter bis zu Fenchel im Sommer. Die meisten Bienen und Schwebfliegen scheinen sich im Sommer auf Fetthennen (*Sedum*) zu tummeln, deshalb ziehe ich einige Arten. Schwebfliegen sind wie Mistbienen völlig harmlos. Man sieht sie fast das ganze Jahr. Sogar an milden Wintertagen sind sie unterwegs.

EINEN SCHWEBFLIEGENSEE ANLEGEN

Man kann sogar einen Schwebfliegensee anlegen, um bestimmte Schwebfliegen anzulocken. Das gefällt vor allem Kindern, die so lernen, welche Insekten ihren Garten besuchen. Stellt euch den See als Wasservergnügungspark für Schwebfliegen vor!

Manche Schwebfliegenarten, wie die Mistbienen, legen ihre Eier in Tümpel. Sie tummeln sich darin als rattenschwänzige Schwimmlarven, bevor aus ihnen erwachsene Schwebfliegen werden. Eure Schwebfliegenpfütze könnt ihr euch aus gebrauchten Materialien selbst basteln:

1. Halbiert eine Milchtüte mit einem Messer und füllt sie mit Wasser.
2. Gebt verrottende Blätter und Zweige hinein. Sie dienen Schwebfliegen, die ihre Eier ins Wasser legen wollen, als Landeplattform und den Larven als Nahrung.
3. Stellt das Minigewässer in den Schatten, da in der Sonne das Wasser zu stark verdunstet.
4. Nach ein paar Wochen sollten die Larven im Wasser zu sehen sein. Damit habt ihr euch einen brillanten Bestäuber herangezüchtet.
5. Schwebfliegen mögen den Nektar von Zitronenmelisse, Dill und Sumpfdotterblumen. Auch damit lassen sich die nützlichen Insekten anlocken.

MARIENKÄFER (*COLEOPTERA*)

Gegen Blattläuse gibt es keine besseren Verbündeten als sie. Ich habe Marienkäferlarven gekauft. In den drei Wochen bis zu ihrer Verwandlung in Marienkäfer vertilgen sie jeweils 350–400 Blattläuse.

Ein adulter Marienkäfer genehmigt sich bis zu 50 Blattläuse am Tag. Zeit seines Lebens kommt er so auf schätzungsweise 5000 Stück. Kein Wunder, dass er als Freund aller Gärtner gilt!

Um Blattläuse zu dezimieren, kann man sich Marienkäferlarven besorgen. Sie werden in einer kleinen Box mit Freilassbeutel geliefert. Leert einfach den Inhalt der Box in den Beutel. Nach 7–10 Tagen sollten die Larven herauskriechen und anfangen, die Schädlinge in eurem Garten zu fressen. Kauft aber nur heimische Marienkäferarten, wenn ihr sie in eurem Garten freilassen wollt.

MARIENKÄFER-FAKTEN

- Vielleicht wisst ihr gar nicht, dass ihr Marienkäferlarven im Garten habt. Sie sehen ein bisschen aus wie Minialligatoren.
- Wusstet ihr, dass Marienkäfer Kannibalen sein können? Sie fressen sich gegenseitig auf, wenn sie im Garten nicht genug Blattläuse finden.
- Marienkäfer legen auch unbefruchtete Eier. Sie dienen den lebenden Larven als Proteinverpflegung.
- Warum heißen die Käfer »Marienkäfer«? Nutzpflanzen wurden schon im Mittelalter von Schädlingen dezimiert. Jeder gute Bauer verließ sich damals auf Gebete, wenn man Hilfe brauchte. Bei Schädlingen wurde vor allem die Jungfrau Maria um Beistand gebeten. Weil die Käfer immer beim Vertilgen der Schädlinge gesichtet wurden, glaubten die Menschen, dass sie ein Geschenk Marias waren.

Marienkäfer

SCHLUPFWESPEN (*ICHNEUMONIDAE*)

Diese nicht stechenden Wespen sind eure Verbündeten im Kampf gegen Schädlinge. Wespen in den Garten zu locken, kommt manchen vielleicht komisch vor, aber die Tiere spielen eine wichtige Rolle und parasitieren zahlreiche Schädlinge, angefangen von kohlfressenden Raupen bis hin zu Blattläusen.

Weibliche Schlupfwespen sehen aus, als hätten sie einen Stachel. Dabei handelt es sich jedoch in Wirklichkeit um einen Legeapparat, mit dem sie in Insekten stechen und ihre Eier ablegen. Wenn die Larven schließlich schlüpfen, ernähren sie sich eine Weile von ihrem Wirt, bevor sie ihn verlassen und sich davonmachen. Wie lieblich die Natur doch ist, nicht wahr?

Die Wespen im Garten zu entdecken, ist manchmal nicht ganz einfach, aber sie verraten ihre Anwesenheit durch ihre Hinterlassenschaften. Wenn ihr Blattläuse im Garten habt, seht nach, ob dort goldbraune oder schwarze Reste herumliegen. Diese mumifizierten Lausleichen sind ein sicheres Zeichen dafür, dass Schlupfwespen zugange sind.

Schlupfwespen mögen Koriander, Studentenblumen und Fenchel, aber auch schossenden Kohl und Dillblüten. Wer sie pflanzt, lockt sie damit in den Garten und holt sich die Schädlingsvertilger zu Hilfe. Man kann sie sogar kaufen und im Garten freilassen, muss aber vorher Pflanzen setzen, die sie zum Bleiben veranlassen. Im Erwerbsanbau werden sie oft in Gewächshäusern eingesetzt.

VIOLETTER LAUFKÄFER (*COLEOPTERA: CARABIDAE*)

Diese großartigen Kreaturen arbeiten hart und verschlingen im Eiltempo Schädlinge, während diese schlafen. Wenn man das Glück hat, ein Tier zu entdecken, das unter einem Holzstück oder Stein döst oder sich unter ein Blatt flüchtet, bemerkt man seinen violetten Glanz.

Bei der Jagd nach Beute wie Schnecken sind sie nicht gerade zimperlich. Sie erbrechen sich auf das anvisierte Tier und warten, bis die Verdauungsenzyme ihm den Garaus und die Mahlzeit leichter verdaulich gemacht haben! Ihre Eier legen sie in den Boden – ein weiterer Grund, warum ich das No-Dig-Gärtnern (siehe Seite 20) praktiziere. Schließlich will ich nicht die Brut der Mitstreiter vernichten, die des Biogärtners beste Freunde sind.

FLORFLIEGEN (*CHRYSOPERLA*)

Sie machen sich besonders in Kleingärten nützlich, denn sie sind in Blumenampeln und Kräutergärten ebenso zu Hause wie in Wäldern und auf Wiesen. Ihnen zuzusehen, wie sie sich niederlassen und die Flügel schließen, macht viel Spaß. Sie haben hellgrüne Körper, metallisch glänzende Augen und zarte, durchsichtige, von grünen Adern durchzogene Flügel.

So hübsch sie aber auch aussehen, so sind sie doch wie Marienkäfer gnadenlose Blattlaus- und Blattlauslarvenjäger. Deshalb nennt man ihre Larven auch »Blattlauslöwen«. Mit ihnen holt man sich eine schlagkräftige Eingreiftruppe in den Garten. Denn sie sind es, die die Hauptarbeit leisten: Sie können in der Woche bis zu 200 Blattläuse verspeisen! Man kann sich sogar für seinen Garten einen Unterschlupf für Florfliegen basteln (siehe unten) oder Larven bzw. Eier im Gartencenter kaufen.

Wusstet ihr, dass adulte Tiere ihre Ohren am Flügelansatz haben? So können sie die Echolotsignale von Fledermäusen hören. Dann schließen sie ihre Flügel, um kleiner zu wirken und nicht als Mahlzeit zu enden.

FLORFLIEGEN-HORT

Wenn ihr Florfliegen in euren Garten locken möchtet, ladet sie in einen Unterschlupf aus gebrauchten Materialien zum Überwintern ein. Eine Plastikflasche ist ideal.

1. Schneidet den Boden von einer Plastikflasche ab. Der Rand sollte so glatt wie möglich sein, damit man sich nicht daran schneidet.
2. Rollt etwas Wellpappe zusammen und steckt sie in die Flasche.
3. Bohrt zwei gegenüberliegende Löcher in das untere Ende der Flasche, durch die ihr einen Zweig steckt. Er soll verhindern, dass die Wellpappe herausfällt, und daher gut festsitzen.
4. Schraubt den Deckel ab und hängt ein paar Schnüre hinein. Sie werden mit dem Deckel fixiert.
5. Nun müsst ihr nur noch einen Platz im Garten finden, an dem ihr die Flasche aufhängen könnt. Florfliegen mögen es warm, der Unterschlupf sollte daher an einem geschützten Platz hängen, etwa in einem Baum oder in Hausnähe, idealerweise in einer Höhe von 1,8 m über dem Boden.

BIENEN (*ANTHOPHILA*)

Wo wären wir ohne Bienen! Es gibt so viele Bienen, angefangen von unseren Honigbienen mit ihrem fantastischen Schwänzeltanz bis zu den nicht minder bekannten Hummeln. Viele Gemüsearten wie Brokkoli, Spargel und Kürbis, aber auch Obst wie Erdbeeren, Apfel und Brombeeren brauchen Bienen als Bestäuber.

Schätzungen zufolge würden sich die Kosten für eine manuelle Bestäubung von Nutzpflanzen für Landwirte allein in Großbritannien auf unglaubliche zwei Milliarden Euro pro Jahr belaufen. Leider setzen den Bienen Pestizide wie Neonikotinoide zu: Die Biene summt herbei, um Nektar zu sammeln, und bestäubt nebenbei die Pflanze. Mit dem Nektar nimmt sie aber das Gift auf, das ihr zentrales Nervensystem ernsthaft schädigen kann.

Mit Blumen lockt man Bienen ebenso in den Garten wie mit blühendem Gemüse: Einen Dienst erweist man ihnen also, wenn man manche Nutzpflanzen blühen lässt, etwa Schnittlauch. Außerdem fliegen sie auf Lavendel. Wer ihn im Garten hat, erhöht deshalb vor allem in kleinen Gärten automatisch den Ertrag.

Hummel auf einer Dahlie

EIN BIENENHOTEL BAUEN

Bienenhotels können fertig konstruiert gekauft werden, lassen sich aber auch aus gebrauchten Materialien selbst basteln. Sie eignen sich vor allem für Wildbienen, von denen viele aber Solitärbienen sind und keine Völker bilden.

Sie bauen ihre Nester meist in Erdhöhlen, hohle Stängel und Käferbauten. Fördert den Bienentourismus in eurem Garten, indem ihr den Insekten ein Hotel zur Verfügung stellt, in dem sie Zwischenstation machen und ihre Eier ablegen können.

1. Schneidet ein mindestens 10 cm breites Brett aus unbehandeltem Holz in fünf Teile. Drei sollten gleich lang sein – aus ihnen formt ihr ein nach oben offenes Rechteck. Darauf kommt ein Dach aus den beiden restlichen Stücken. Eines sollte geringfügig länger als das andere sein, damit sie sich zu einem Dach im 90°-Winkel zusammenfügen lassen.
2. Bohrt ein paar Löcher vor und schraubt die Bretter zusammen.
3. Nun schneidet ihr einige Bambusstäbe und hohle, glattwandige Pflanzenstängel so lang, wie der Rahmen tief ist. Ihr könnt eine Säge verwenden, aber normalerweise reicht auch eine Gartenschere.
4. Steckt das gesamte pflanzliche Material in den Rahmen.
5. Wenn ihr zu wenig zusammenbekommt, macht das gar nichts. Ihr könnt auch aus Stämmen eine Scheibe abschneiden, Löcher hineinbohren und ebenfalls in den Rahmen stecken. Zweige und andere Holzreste dürfen ebenfalls mit hinein.
6. Hängt das Hotel an einen sonnigen, regengeschützten Platz. Macht euch einen Kaffee und wartet, bis die ersten Gäste eintrudeln. Aber denkt dran: Doppelzimmer buchen sie nicht, schließlich sind sie Solitärbienen!

Insektenhotel, Marke Eigenbau

WEBSPINNEN (*ARANEAE*)

Wer eine Spinnenphobie hat, dürfte mit ihnen so seine Schwierigkeiten haben, dabei sind sie wichtige Verbündete im Kampf gegen Schädlinge. Einer ihrer größten Vorzüge ist, dass sie im Garten unter pflanzlichem Unrat überwintern und sich früh in der Saison zeigen. Sie stehen also bereit, sobald sich die ersten ungebetenen Gäste einfinden, konstruieren eilends ihr Netz und machen sich ohne Umschweife daran, sie zu verzehren.

Der einzige Nachteil von Spinnen: Sie unterscheiden nicht zwischen willkommenen und unwillkommenen Besuchern. Weil sie nicht wählerisch sind, kommt es schon mal vor, dass eine Biene in ihrem Netz landet.

So ladet ihr Spinnen ein

Spinnen wie die Wolfsspinne richten sich gern in Mulch häuslich ein, um ihre Beute aus dem Hinterhalt zu attackieren. Wer einen No-Dig-Garten hat, ist daher der ideale Gastgeber für sie, denn er stört sie nicht. Macht den Garten in der kalten Jahreszeit nicht allzu sauber, damit die Spinnen einen Platz zum Überwintern haben und im Frühjahr bereitstehen, um Schädlinge in Empfang zu nehmen.

Eine Spinne in ihrem Netz

SCHÄDLINGE

Es gibt viele Schädlinge, die sich in Gärten festsetzen können. Mit Nützlingen kann man sie zwar dezimieren, doch gibt es auch noch andere umweltfreundliche Strategien, um den Eindringlingen Herr zu werden. So kann man Blumen pflanzen, die die Schädlinge von den Nutzgewächsen weglocken, oder die Tiere von Hand aufsammeln. Wichtig ist nur, dass der Garten nicht von Schädlingen überrannt wird, bevor sich ein natürliches Gleichgewicht einstellt.

TRAUERMÜCKEN (*SCIARIDAE*)

Trauermücken zählen zu den schlimmsten Feinden von Zimmerpflanzen und Sämlingen. Adulte Tiere leben 7–10 Tage. In dieser Zeit kann ein Weibchen 2- bis 30-mal 100–300 Eier legen! Die Mücken setzen sich in Töpfen und Pflanzschalen fest. Sie laufen über das Substrat und fliegen bei Störung auf. Im Larvenstadium schädigen sie Wurzeln und können Sämlinge zum Absterben bringen.

Schützen lassen sich die Pflanzen durch den Einsatz von Fadenwürmern (Nematoden), die natürliche Insektenparasiten sind. Es gibt auf Trauermücken spezialisierte Arten. Sie leben im Boden und befallen nur bestimmte Larven. Dabei durchstreifen sie das Substrat nach Wirtstieren und dringen über natürliche Öffnungen in sie ein. Den Rest überlasse ich eurer Fantasie!

Trauermücken an einer Gelbfalle

TRAUERMÜCKEN DEZIMIEREN

Ihr braucht:

- eine Packung Nematoden gegen Trauermücken
- 11 l Regenwasser oder Leitungswasser
- Messbecher
- großer Eimer
- Gießkanne
- Gelbfallen oder Kartoffeln

1. Mischt das Päckchen Nematoden in 1 l Wasser. Ich verwende dafür einen Messbecher. Man kann aber nicht überdosieren, macht euch um die Menge also nicht allzu viel Sorgen!
2. Die Mischung kommt in eine gefüllte Gießkanne, mit der man die Pflanzen ausgiebig wässert.
3. Dann stellt ihr Gelbfallen auf – man bekommt sie im Gartencenter oder online. Ich befestige meine an Kabelbindern und hänge sie ins Gewächshaus, doch lassen sie sich auch an Holzspießchen oder Zweige stecken.
4. Trauermückenlarven stehen auf rohe Kartoffelstückchen. Man kann einige auf den Topfballen legen. So erfährt man einerseits, wie schwer der Befall ist, und lockt die Tiere andererseits von den Wurzeln weg.
5. Prüft regelmäßig, wie stark die Kartoffeln in euren Beeten und Töpfen befallen sind. Sitzen viele Trauermückenlarven darauf, entsorgt man sie und legt frische Kartoffelköder aus.

SCHNECKEN

In der EU ist Schneckenkorn mit dem Wirkstoff Methiocarb seit 2014 verboten, in Deutschland dürfen Präparate mit dem Wirkstoff Metaldehyd nicht mehr in Privatgärten eingesetzt werden. Es gibt inzwischen unbedenkliches Schneckenkorn mit Eisen(III)-Phosphat, das im Bioanbau zugelassen ist. Aber auch mit natürlichen Mitteln kann man die Plagegeister fernhalten, etwa indem man um Rabatten Barrieren aus Eierschalen und Sand streut, über die Schnecken nicht gern kriechen.

Auch mit intensiv riechenden Pflanzen wie Minze, Pelargonien, Schnittlauch, Knoblauch und Fenchel hält man sie auf Distanz. Ein weiteres Abschreckungsmittel ist Seetangmulch. Man kann die Tiere auch von Hand auflesen. Ich gehe nachts mit einer Taschenlampe in den Garten, werfe sie in einen Eimer und setze sie weit weg aus, etwa in einem Park.

Oben: Schnecken aus meinem Garten
Unten: Dickmaulrüssler

DICKMAUL-RÜSSLER

Dickmaulrüssler machen sich nur zu gern über Topfpflanzen her. Man findet sie oft sogar im Haus oder in Kleingärten. Sie können sich rasch ausbreiten. Man sollte also schnell reagieren, sich aufmachen und sie nachts im Licht einer Taschenlampe oder des Mondes aufsammeln.

Kleinere Pflanzen schüttelt man über einem aufgespannten und umgedrehten Regenschirm, in den die Schädlinge fallen. Adulte Tiere kann man auch mit Klebefallen fangen. Lockt Vögel, Frösche und Igel in den Garten, die die Rüssler dezimieren – was drinnen oder auf dem Balkon natürlich nicht möglich ist. Ich wüsste nicht, was meine Katzen machen würden, wenn ein Igel uns einen Besuch abstatten würde.

KATZEN UND FÜCHSE FERNHALTEN

Es kann ziemlich frustrierend sein, wenn man ungebetene Gäste im Garten hat, die Pflanzen ausgraben. Selbst gebetene Gäste wie die eigenen Katzen können manchmal aus purem Spieltrieb für Durcheinander sorgen und eure Arbeit zunichte machen. Ich gebe euch daher ein paar Tipps, wie ihr die Tiere ganz ohne Einsatz chemischer Mittel fernhaltet – so wie es auch die Natur macht. Um herauszufinden, wie man sie abschreckt, müssen wir zuerst verstehen, was sie antreibt.

VERHALTENSWEISEN

Füchse treiben sich überall herum – in ländlichen Gegenden ebenso wie in der Stadt. Sich an ständig wandelnde Umgebungen anzupassen, ist für sie kein Problem, da sie extrem intelligent sind. Auch in Großstädten wie London, wo ich zurzeit wohne, sind sie längst heimisch.

Füchse sind immer auf der Suche nach Fressbarem, das neu und aufregend ist. Das Revierverhalten von Füchsen und Hauskatzen unterscheidet sich grundlegend. Füchse verbringen einen Großteil des Tages damit, Duftmarken zu setzen und ihr Gebiet zu kontrollieren, um es vor konkurrierenden Füchsen zu schützen.

Für Katzen hingegen ist die Verteidigung des Territoriums keine Angelegenheit von Leben und Tod. Natürlich können Scharmützel mit der Nachbarskatze Besitzer nerven, die der Ansicht sind, dass ihre Katze vom Stubentiger nebenan gemobbt wird. Aber selbst wenn es für eine Samtpfote ungemütlich wird, weiß sie doch immer, dass ihre Besitzer ihr Nahrung frei Napf liefern und sie sich immer in das Haus flüchten kann. Füchse hingegen sind ganz auf sich gestellt. Sie können nicht darauf zählen, dass ihnen ein schmackhaftes Mahl serviert oder eine bequeme Couch angeboten wird, auf der sie sich zusammenrollen können. Deshalb sind Füchse äußerst vorsichtig. Sie machen sich sofort davon, wenn sie auch nur den geringsten Verdacht haben, dass Gefahr droht. Denn bei ihnen geht es immer um die nackte Existenz.

Ich habe seit sieben Jahren mit Stadtfüchsen zu tun und in dieser Zeit gelernt, wie man Stress mit ihnen im Garten vermeidet. Intensiv riechende Pflanzen halten sie fern, habe ich festgestellt! Im Lauf der Zeit habe ich etliche Hausmittel ausprobiert, doch mein selbst gemachtes Repellentspray ist die mit Abstand beste Fuchsabwehr. Hinzu kommt, dass es sich kinderleicht zusammenmischen lässt! Natürlich habe ich auch Lichter mit Bewegungsmeldern installiert. Und manchmal setze ich Löwendung als Abschreckung ein. Man bekommt ihn in Gartencentern.

REPELLENTSPRAY GEGEN FÜCHSE UND KATZEN

Der Kräutermix mit dem intensiven Geruch kann Füchse und andere Tiere fernhalten. Allerdings sollte man mehrere Abwehrmaßnahmen kombinieren. Versprüht die Flüssigkeit alle zwei Wochen und außerdem nach starkem Regen, denn der Geruch verflüchtigt sich mit der Zeit.

Ihr braucht:

- 1,5 l Wasser
- 1 Tasse Basilikumblätter, gehackt
- 1 Tasse Pelargonienblätter, gehackt
- 4 Knoblauchzehen (oder eine große Speisezwiebel), gehackt
- 1 Tasse Salbeiblätter, gehackt

1. Wasser in einem großen Topf auf dem Herd erhitzen, bis es fast kocht.
2. Das Basilikum, die Pelargonienblätter, den Knoblauch und den Salbei dazugeben.
3. Die Temperatur auf schwache Hitze zurückdrehen. Topf abdecken. Etwa 30 Minuten köcheln lassen. Topf vom Herd nehmen und abkühlen lassen.
4. Die kalte Mischung durch ein Sieb gießen, um die Feststoffe von der Flüssigkeit zu trennen.
5. Die Flüssigkeit mit einem Trichter in eine Sprühflasche gießen.
6. Den Garten einschließlich des Zauns und anderer Bereiche damit besprühen.

BIOSCHÄDLINGSBEKÄMPFUNG

Wird es wärmer, wachen die Insekten auf und kehren zurück. Man muss zwar selbst in den gesündesten Gärten mit Schädlingen rechnen, doch ist nicht jeder Schaden gleich so groß, dass eine Bekämpfung notwendig wird.

Einen Garten hält man am besten dadurch gesund, dass man sich informiert und lernt, typische Schädlinge zu identifizieren. Geht man frühzeitig gegen sie vor, zeigen umweltfreundliche Maßnahmen mehr Wirkung.

Jeder Gartenbesitzer muss von Zeit zu Zeit etwas gegen Plagegeister tun. Wichtig ist, dass er weiß, wie man seinen grünen Raum ohne den Einsatz synthetischer Pestizide sauber hält.

Als ich mit dem Gärtnern angefangen habe, waren Schädlinge meine größte Sorge. Ich habe zu harten Chemikalien gegriffen, die allem Getier im Garten den Garaus machten, ohne zwischen Freund und Feind zu unterscheiden. Der Biodiversität hat das nicht gerade gutgetan.

»Landwirte gelten als diejenigen, die am meisten Schädlingsvernichtungsmittel einsetzen. Es gibt aber auch immer noch Hobbygärtner, die Pestizide verwenden.«

Manche Chemikalien sind nicht nur schlecht für Schädlinge und Bestäuber, sondern für die ganze Nahrungskette. Wenn eine Maus ein Insekt frisst, das ein persistierendes Pestizid abbekommen hat, und eine Eule diese Maus frisst, nimmt sie etwas von dem Gift in sich auf.

Es gibt mehrere biologische Methoden der Schädlingsbekämpfung, die Wirkung zeigen, ohne das natürliche Gleichgewicht zu stören.

Von Jadam und Chos Korean Natural Farming (siehe Seite 22) habe ich gelernt, dass man die Natur beobachten und sich an ihr orientieren soll. Das heißt aber auch, nicht nur hinzusehen, sondern zugleich hinzuriechen! Merkt euch, welche Arten intensive Düfte verströmen. Sie schrecken mit ihrem Geruch oftmals Schädlinge ab. Andere locken sie an und kaschieren den Duft oder das Vorhandensein von Gemüsepflanzen, retten sie also vor hungrigen Mitessern. Kurzum: Es geht gut ohne chemische Vernichtungsmittel, denn schon allein mit Pflanzen kann man Schädlinge fernhalten.

LOCKPFLANZEN

Es gibt viele Arten, die man im Garten zur Steigerung des Ertrags oder zum Abschrecken von Schädlingen einsetzen kann. Ich habe im Lauf der Jahre viele Kombinationen ausprobiert. Durch Nachforschen, aber auch durch Versuch und Irrtum und Beobachten symbiotischer Beziehungen ist es mir gelungen, Schädlinge natürlich und ohne künstliche Chemikalien zu bekämpfen. Es ist also möglich!

Kapuzinerkresse

Die Pflanze ist komplett essbar, von den Blüten über die Triebe und Blätter bis hin zu den Samen. Sie hat einen intensiv pfeffrigen Geschmack, den man mag oder nicht mag. Kapuzinerkresse wird auch gern »Opferpflanze« genannt, weil sie Blattläuse anlockt, die sich wie wild über sie hermachen. Allerdings muss man aufpassen, dass die Schädlinge nicht auf das Gemüse übergreifen, und die Kapuzinerkresse deshalb nicht direkt neben das Gewächs setzen, von dem man die Läuse weglocken möchte.

Ein Problem sind Ameisen. Sie ernähren sich vom Honigtau der Blattläuse und züchten sie förmlich. Dazu gehört auch, dass sie die Schädlinge zu anderen Pflanzen bringen, wo sie sich vermehren und mehr Nahrung produzieren können. Wir aber wollen ihnen das Leben schwer machen, damit sie sich komplett verziehen. Das ist nicht immer möglich, deshalb empfehle ich, Nematoden einzusetzen. Mit ihnen löst man das Problem, ohne dem Garten zu schaden und die natürliche Biodiversität zu stören.

Studentenblumen

Sie sind die perfekten Lockpflanzen. Ich pflanze sie überwiegend zwischen Tomaten oder weitere Mitglieder der Nachtschattenfamilie, zu der auch Auberginen, Kartoffeln und Paprika gehören.

Es gibt über 50 Arten von Studentenblumen (*Tagetes*). Die drei beliebtesten für den Garten sind die Aufrechte Studentenblume (*T. erectus*), die Gewöhnliche Studentenblume (*T. patula*) und die Schmalblättrige Studentenblume (*T. tenuifolia*). Sie haben viele Vorzüge. So locken sie Nützlinge an, sind aber zugleich ein natürliches Pflanzenschutzmittel, da sie mit ihrem Duft den von Gemüse überdecken und Motten sowie andere Schädlinge daran hindern, ihre Eier auf die Nutzpflanzen zu legen. Zugleich sind sie

Lockpflanzen, die die Aufmerksamkeit von Schnecken auf sich ziehen.

Ich pflanze Studentenblumen meist zwischen Tomaten oder am Rand der kompletten Rabatte, sodass sie eine Barriere bilden, die den Geruch des Gemüses kaschiert. Damit beginnt man am besten 3–4 Wochen vor dem Pflanzen der Tomaten, da die Wurzeln der beiden auch noch eine Symbiose eingehen und Wurzelgallennematoden fernhalten, die die gesamte Kultur auslöschen können.

Amarant

Amarant ist eine ausgezeichnete Lockpflanze, zugleich aber schön anzusehen und in der Küche vielseitig einsetzbar. Die Blätter sind essbar, während man aus den Samen Mehl oder einen köstlichen Frühstücksbrei machen kann.

Amarant lockt Gurkenkäfer an. Es ist daher empfehlenswert, einen regelrechten Amarantwall um den Garten zu ziehen, um Gurken und Kürbisse vor dem Schädling zu schützen. Allerdings sollte man Amarant gut im Auge behalten, denn wenn er blüht und Samen ansetzt, kann er sich stark ausbreiten, sodass man ihn letztlich nicht mehr loswird und es jedes Jahr mit ihm zu tun bekommt.

Links: Roter Amarant
Rechts: Kapuzinerkresse im Garten

SCHÄDLINGE MIT PFLANZEN BEKÄMPFEN

Viele Schädlinge, darunter Möhrenfliegen, Weiße Fliegen und Blattläuse, lassen sich allein mit einer Reihe intensiv duftender Pflanzen um anfälliges Gemüse abwehren.

Kräuter und Blumen sind ausgezeichnete Begleitpflanzen für Nutzgärten, denn sie verringern Schädlingsbefall, der manchmal das Ende eurer kompletten Gemüsekulturen bedeuten kann.

Am einfachsten beschafft man sich Pflanzen zum Fernhalten von Schädlingen, indem man sie ansät. Die Aussaat empfehle ich, weil sie so einfach und bequem ist, aber auch, weil manche Gartencenter ihre Gewächse mit Chemikalien behandeln, die man nicht im Garten haben will. Außerdem können über gekauftes Material Schädlinge als blinde Passagiere in das eigene Grün gelangen. Die Aufzucht von Pflanzen als Schädlingsmittel erscheint vielen kostspielig, weshalb Hobbygärtner häufig auf synthetische Pestizide setzen, doch in Wirklichkeit sind Schädlingsvernichtungsmittel nie billig und der Schaden, den sie verursachen, bleibt jahrelang, wenn nicht gar für immer bestehen. Wir hingegen wollen mit der Natur zusammenarbeiten und eine Umgebung schaffen, in der Insekten und Mikroorganismen florieren.

Ich erstelle in der Regel vor Saisonbeginn eine Liste von Pflanzen, die ich anbauen möchte, und von Schädlingen, die sie häufig befallen. Zu jeder Nutzpflanze bekommt man durch simple Internetrecherche jede Menge Informationen. So finde ich Arten, die Schädlinge abschrecken, und erfahre zugleich, wie hoch sie werden, damit ich sie dort setzen kann, wo sie die meiste Sonne bekommen. Zum Schluss erstelle ich noch einen groben Pflanzplan und lege den Standort aller Gewächse fest.

Das klingt nach viel Arbeit, aber man muss sie nur einmal erledigen. Ihr könnt euren Pflanzplan und -kalender jedes Jahr wieder als Vorlage nehmen. Hier eine auf meine Bedürfnisse zugeschnittene Übersicht, an der ihr euch orientieren könnt:

Pflanze:
Tomate

Schädlinge:
Blattläuse, Erdraupen, Gemeine Spinnmilbe, Rote Spinnmilbe, Wurzelgallennematode, Thripse, Tomatenrostmilbe.

Schutzpflanzen:
Studentenblumen, Pelargonien, Minze, Thymian, Dill, Basilikum, Kosmeen.

Notiz:
Was den Begleitpflanzen nicht gelingt, schaffen die Vögel.

Achtet beim Einsatz von Pflanzen als Schädlingsabwehr darauf, dass sie nicht zu groß für eure Anbaufläche sind. Grundsätzlich gilt: Je mehr Arten ihr unterbringt, desto größer sind die Chancen, dass Schädlinge sich nicht festsetzen.

Ihr müsst euch nicht exakt an die Liste halten, sondern könnt mit unterschiedlichen Arten experimentieren und euch an euren Bedürfnissen orientieren. Bei der Schädlingsbekämpfung gehört das Scheitern zum Lernprozess. Man kann im nächsten Jahr immer von Neuem starten und etwas dazulernen. Ich habe im Lauf meiner Gartenkarriere schon viele Pflanzen verloren, aber das gehört nun einmal dazu. Immerhin habe ich dabei eine ganze Menge nützlicher Informationen gesammelt.

Die Pflanzenliste am Ende dieses Buchs enthält auch Tipps zu Gewächsen mit abschreckender Wirkung auf Schädlinge. Ich setze diese Pflanzen jedes Jahr bei mir ein, um die Zahl der unerwünschten Gäste möglichst gering zu halten.

SCHÄDLINGSREPELLENTS

Mit selbst gemischten natürlichen Pflanzenschutzmitteln könnt ihr einen Befall vermeiden oder Populationen, die sich bereits festgesetzt haben, dezimieren. Schädlingsbekämpfungsmittel der Marke Eigenbau sind ganz leicht herzustellen, billiger als handelsübliche Präparate und besser für die Umwelt. Im Prinzip kann man sie aus Zutaten mixen, die im Haushalt bereits vorhanden sind. Die Zahl der natürlichen und unbedenklichen Mittel ist erstaunlich groß.

Probiert eure Hausmischung vor dem großflächigen Einsatz aber erst an einem kleinen Teil der Pflanze aus, um sicherzugehen, dass sie ihr nicht schadet. Nicht sprühen sollte man die Präparate an heißen, sonnigen Tagen, da die Pflanzen dadurch versengt werden und eingehen können. Ideal ist eine Anwendung am frühen Morgen oder am Abend an einem bedeckten, trockenen und windstillen Tag.

FERMENTIERTER BRENNNESSEL- UND KNOBLAUCHTEE

Die Große Brennnessel (*Urtica dioica*) als Begleiterin schützt Obstbäume, Rosen und Tomaten, da ihre Inhaltsstoffe Schädlinge wie Thripse fernhalten. Allerdings ist es keine gute Idee, sie zwischen Nutzpflanzen wuchern zu lassen, da ihr dann zwangsläufig mit ihren tückischen Brennhaaren in Kontakt kommt.

Fermentierter Brennnesseltee ist in den letzten Jahren als natürliches Bioschädlingsbekämpfungsmittel immer beliebter geworden, auch weil er durchschlagende Wirkung hat. Ich habe in meinem Garten ständig Probleme mit Blattläusen, aber seit ich mit Brennnesseln und Knoblauch als Kombipräparat arbeite, habe ich einen merklichen Rückgang der Populationen festgestellt. Geht in einen Park oder Wald in der Stadt oder einem der Vororte, um die Brennnesseln zu sammeln. Oft wachsen sie auch direkt neben Fußgängerwegen. Die höchste Säurekonzentration haben sie, wenn man sie früh in der Saison sammelt, aber nur die zarten Triebspitzen abschneidet. Die Brennnessel enthält viele Inhaltsstoffe, die gleichzeitig Blattläuse schädigen und Pflanzenzellen stärken.

Ich und ein paar Brennnesseln

Ich setze das Präparat normalerweise zu Saisonbeginn im zeitigen Frühjahr an, wenn die Brennnesseln aus ihren überwinterten Samen im Boden frisch austreiben. Beim Umgang mit ihnen müsst ihr immer Gummihandschuhe tragen. Man kann zwar mit etwas Geschick auch mit bloßen Händen vermeiden, von den Brennhaaren gebrannt zu werden, aber auf Nummer sicher zu gehen ist allemal besser.

Geschäfte verschenken oft alte Plastikeimer, die sie nicht mehr brauchen. Wascht sie aber vorher gut aus, damit keine Lebensmittelreste mehr darin sind. Metalleimer sind nicht zu empfehlen, da sie mit der Mischung reagieren.

Ich weiche normalerweise 1 kg Brennnesseln in ausreichend Regenwasser oder Leitungswasser ein.

Wenn ihr wie ich Knoblauch anbaut, könnt ihr die kleinen Zehen oder unschöne Knollen für die Brühe verwenden. Ansonsten kauft ihr einen Vorrat von einem renommierten Anbieter, etwa einem Bioladen in eurer Nähe. Schält 3–5 ganze Knollen, zerdrückt sie und wartet 10 Minuten, bevor ihr die Zehen zu eurer Brühe gebt. Das ist ganz wichtig, denn frischer Knoblauch enthält Alliin. Durch Zerdrücken oder Zerhacken wird ein Enzym namens Alliinase aus den Zellen freigesetzt. Es verwandelt das Alliin in Allicin. Dabei handelt es sich um eine Abwehrreaktion von Knoblauch, mit dem er die meisten Schädlinge wie Blattläuse, Milben, Käfer, Schnecken, Mücken und Fliegen abschreckt.

Gebt die abgezupften Brennnesselblätter und den Knoblauch in einen Stoffbeutel. Mit hinein kommt ein Stein oder anderes Gewicht, damit die Pflanzen nicht nach oben steigen. Jetzt taucht ihr den Stoffbeutel in das Wasser im Eimer und deckt ihn ab. Lasst die Mischung mindestens ein, zwei Wochen ziehen, seht aber jeden zweiten Tag nach, wie sie sich macht. Das Zeug stinkt sehr, stellt es daher nicht in die Nähe eurer Türen und Fenster!

Sobald die Lösung fertig ist, verdünne ich sie 1:1 mit Regen- oder Leitungswasser. Ihr könnt diese Mischung direkt auf die Pflanzen sprühen, müsst aber darauf achten, dass ihr die Ober- und Unterseite der Blätter benetzt. Behaltet auch die Wettervorhersage im Auge, damit einsetzender Regen das Mittel nicht gleich wieder abwäscht. Die Brühe sollte einige Zeit auf den Blattoberflächen wirken können.

Die Mischung lässt sich in einer Verdünnung von etwa 1 Teil der ursprünglichen Lösung auf 1 Teil Wasser auch als stickstoff- und kieselsäurehaltigen Dünger einsetzen.

NÜTZLICHE NEMATODEN

Selbst Nematoden kann man auf Gartenschädlinge loslassen. Die mikroskopisch kleinen Fadenwürmer parasitieren Insekten. Sie setzen tödliche Bakterien im Körper des Wirts frei und ernähren sich dann von ihm. Sie sind ein biologisches, kein chemisches Bekämpfungsmittel. Im Gegensatz zu synthetischen Sprays, die nicht immer zielgenau eingesetzt werden können, gehen Nematoden gezielt gegen einen ganz bestimmten Schädling vor. Andere Tiere werden von ihnen nicht in Mitleidenschaft gezogen. Man kann Nematoden online bestellen. Sie sind nicht ganz billig, außerdem muss man sich genau an die Gebrauchsanweisung halten. Wichtig ist, dass man nur eine auf den jeweiligen Schädling spezialisierte Nematodenart einsetzt. Dabei müssen folgende Voraussetzungen gegeben sein:

- Der Boden darf nicht kälter als 5 °C sein, auch nachts nicht.
- Die Schädlinge oder ihre Larven müssen aktiv sein.
- Nematoden müssen bei gedämpftem Licht, also entweder frühmorgens oder in der Abenddämmerung, ausgebracht werden, da sie lichtempfindlich sind.

Vor ein paar Jahren hatte ich eine Trauermückeninvasion in meinem Haus (siehe Seite 181), weil es ziemlich feucht in meinen Aussaaten unter Pflanzenlampen war. Ich habe mit allerlei Strategien versucht, sie loszuwerden, aber geholfen haben letzten Endes nur Nematoden. Ich habe die betroffenen Kulturen und zur Sicherheit auch alle anderen Pflanzen in meiner Wohnung ein paarmal damit behandelt, woraufhin der Befall während der gesamten Saison fast auf null zurückging. Das war aber das einzige Mal, dass ich sie eingesetzt habe, weshalb ich nicht weiß, wie sie langfristig wirken.

JADAM-KRÄUTERLÖSUNG (JKL)

Für die einen ist Topinambur ein Gemüse, für die anderen ein wertvoller Bestandteil von Jadam, einer Form des natürlichen Landbaus (siehe Seite 22), in dessen Rahmen es als natürliches Pflanzenschutzmittel und Bestandteil der Jadam-Kräuterlösung (JKL) eingesetzt wird.

Auch andere Gemüsearten und sogar Blumen lassen sich für die Kräuterlösung verwenden, doch ich bevorzuge Topinambur, denn die mehrjährige Pflanze ist leicht anzubauen und praktisch in aller Welt zu haben. Die Knollen werden etwa 7–10 cm lang und breit. Sie haben eine hellbraune Schale mit roten, gelben oder violetten Untertönen und ein weißes Fleisch.

Ihr braucht:

- 700 g Topinambur, gewürfelt
- 5 l Wasser
- Netzbeutel

1. Gebt die Topinamburstückchen in einem Netzbeutel in einen großen Topf. Der Beutel sollte beschwert werden, damit der Inhalt unter Wasser bleibt.
2. Kocht das Wasser auf und dreht dann auf mittlere Hitze zurück, um es köcheln zu lassen. Ich erledige das und das Brauen anderer Kräutersude mit intensivem Geruch draußen. Ich habe dazu meine Feuerstelle ausprobiert, die ich aus ein paar alten Mauerziegeln konstruiert habe. Einer meiner Nachbarn wollte sie wegwerfen, da habe ich sie genutzt, um mir eine Grillstation daraus zu bauen.
3. Lasst das Ganze etwa fünf Stunden köcheln. Sobald die Hälfte des Wassers verdunstet ist, füllt man den Topf wieder auf.
4. Seiht die Mischung in noch kochend heißem Zustand in eine feuerfeste Flasche ab. Geht dabei mit der gebotenen Vorsicht vor und benutzt zum Beispiel Grillhandschuhe.
5. Verschließt die Flasche sofort danach und lagert sie liegend, damit die heiße Flüssigkeit mit dem Verschluss in Kontakt kommt und ihn sterilisiert.

Bei der Anwendung von JKL sollte man den Bodensatz nicht ausbringen und die Flüssigkeit daher vorher filtern, wenn sie nicht klar ist. Sie sollte mit Regen- oder Leitungswasser auf 1:100 bis 1:20 verdünnt werden. Beginnt bei den Behandlungen mit der geringsten Konzentration.

Aufgepasst!

Wichtig ist, keine selbst gemachte JKL-Mischung an heißen, sonnigen Tagen auf Pflanzen aufzutragen, da sie dadurch versengt werden und letztlich eingehen.

Man kann JKL für die Verwendung als Pflanzenschutzmittel aus verschiedenen Pflanzen ansetzen, sollte aber nicht mehrere mischen. Stellt die Lösungen lieber separat her und mischt sie kurz vor der Anwendung zu einem Kombipräparat.

Ich bereite meist einige zu, die ich dann im Lauf der Saison verwende. Meine Favoriten sind Lösungen aus Wacholder, Lavendel und Knoblauch. Ob eine Pflanze für JKL taugt, lässt sich am besten daran erkennen, wie sie mit Insekten interagiert. Als Faustregel kann man sagen, dass solche mit intensivem Geruch normalerweise gut wirken. Jede Pflanze, um die Insekten einen Bogen machen, hat in der Regel eine abschreckende Wirkung. Wird die Mischung schlecht und beginnt übel zu riechen, kann man sie immer noch im Verhältnis 1:1000 verdünnen und das Erdreich damit tränken, um das Wachstum der Pflanzen anzuregen. Weil es sich um rein pflanzliche Extrakte handelt, ist es unwahrscheinlich, dass man damit irreversiblen Schaden im Garten anrichtet. Es lohnt sich, ein bisschen mit dem zu experimentieren, was man angesetzt hat.

Damit eine JKL ihre Wirkung entfaltet, braucht man ein Benetzungsmittel. Jedes Pflanzenschutzmittel muss auf den Schädling aufgetragen werden und in ihn eindringen. Im Jadam-Landbau nennt man es Jadam Wetting Agent (JWA), wörtlich »Jadam-Benetzungsmittel«. Ich mache es nicht selbst, sondern bestelle es online, da bei der Herstellung wegen des Einsatzes von Kaliumhydroxid viel Wärme freigesetzt wird. Eine Lösung aus JWA und JKL wirkt gegen Blattläuse, Schmierläuse, Milben, Zwergzikaden, Schildläuse, Raupen, Thripse, Weiße Fliegen, Echten Mehltau und mehr. Es gibt weitere natürliche Mittel, die sich mit JKL kombinieren lassen, aber ich bin da selbst noch am Experimentieren.

Zubereitung einer Jadam-Kräuterlösung

WERKZEUG

WELCHES WERKZEUG BRAUCHT IHR?

Wenn man mit dem Gärtnern anfangen möchte, bekommt man viele Informationen geboten. Etwas unübersichtlich wird die Lage vor allem, wenn es um die Auswahl der passenden Werkzeuge geht. Die wichtigsten Utensilien für Einsteiger sind nicht schwer zu finden. Man muss sich auch nicht gleich einen ganzen Gartenschuppen voll anschaffen.

Gerade Anfängern drehen Händler gern Unmengen Werkzeug, Geräte und Materialien an. Erfahrene Hobbygärtner dagegen haben oft nur eine Basisausrüstung, mit der sie das ganze Jahr auskommen. Lauft nicht gleich ins Gartencenter, um Unsummen für unnötiges Zeug auszugeben. Ich beschränke mich auf ein paar wenige Werkzeuge und fahre gut damit.

Wichtig ist, alles zu schleifen und sauber zu halten, damit es lange hält. Säubert Griff, Stiel und Metallteile nach jedem Einsatz mit einem Tuch. Ich schärfe meine Schaufel, den Spaten, die Handschaufel, das Messer, die Gartenschere, meine Heckenschere und einige andere Werkzeuge gelegentlich mit einem Schleifstein.

Ich habe für euch eine Liste mit Werkzeugen zusammengestellt, die ich gern gehabt hätte, als ich angefangen habe, mein Gemüse selbst anzubauen.

Handschaufel und Pflanzholz aus Kupfer

SPATEN/SCHAUFEL

Der Spaten ist ein perfekter Mittelweg zwischen einer Handschaufel und einer großen Schaufel. Er wird überwiegend zum Graben von Pflanzlöchern verwendet, doch kann man mit ihm auch Erde, Kompost und organischen Dünger aus einer Grube, einem Gefäß oder einem Schubkarren schaufeln, Gräben ausheben und Rasensoden stechen.

Gerade für Hochbeete ist der Spaten eines der wichtigsten Werkzeuge. Ich habe aber auch eine Schaufel, die ich immer dann verwende, wenn ich Hackschnitzel, Erdreich und Kompost bewegen muss. Man kann mit ihr sogar dünnere Baumwurzeln abhacken. Deshalb sollte sie immer ein scharfes Blatt haben.

Schaufeln werden im Gegensatz zu Spaten vor allem zum Bewegen von Material verwendet. Um mehr Material aufnehmen zu können, haben sie meist ein größeres Blatt als ein Spaten.

GARTENHANDSCHUHE

Es gibt sie in unterschiedlichsten Materialien. Viele denken, sie bräuchten keine Gartenhandschuhe, aber Auberginen, Zucchini und viele weitere gängige Nutzpflanzen können Verletzungen verursachen, wenn man sich nicht ausreichend schützt. Ich nutze meine Handschuhe viel und oft und empfehle, lieber ein paar Euro mehr auszugeben und ein hochwertiges Paar zu erstehen, das eure wertvollen Hände wirkungsvoll schützt.

HANDSCHAUFEL

Eine Handschaufel ist das perfekte Gerät zum Jäten sowie zum Pflanzen kompakterer Gewächse. Mit ihr kann man ein kleines Blumenbeet anlegen und Kompost oder organischen Dünger aus einem Gefäß schaufeln. Sie gehört zu den vielseitigsten Gartenwerkzeugen, weshalb man immer ein, zwei Exemplare griffbereit herumliegen haben sollte. Es gibt sie in verschiedenen Ausführungen. Ich benutze seit etwa drei Jahren eine Pflanzschaufel mit höheren Seiten, die sich für fast alles eignet. Bei guter Pflege halten Handschaufeln viele Jahre. Man muss sie aber nach Gebrauch jedes Mal waschen und mit einem Tuch säubern.

GARTENSCHERE

Der Pflanzenschnitt gehört zu den Arbeiten, die im Garten regelmäßig anfallen. Mit einer Gartenschere habt ihr das beste Werkzeug dafür. Sie wird vor allem für kleinere Schnittarbeiten, zum Abzwicken von Blütenstängeln und Abschneiden kaputter Pflanzen verwendet. Es gibt zwei Arten: Bypass- und Ambossscheren. Die ersten sind für allgemeine Schnittarbeiten gedacht, die zweiten für den Schnitt dickerer Äste und harter Materialien. Clipper sind kleiner, ähneln Haushaltsscheren und sind ebenfalls eine lohnende Investition.

BLUMENSCHERE

Mit Blumen- und Floristenscheren lassen sich exakte Schnitte in beengten Verhältnissen durchführen. Die Klingen sind meist aus hochwertigem Edelstahl, während der Griff so gestaltet ist, dass man ihn sowohl als Rechts- als auch als Linkshänder benutzen kann. Ein Schnitt mit der Blumenschere regt Blumen und andere Pflanzen zu verzweigtem Wuchs an. Ich verwende sie auch, um Wildtriebe von meinen Tomaten zu zwicken und meine Chilis zu entspitzen.

RECHEN

Ein Rechen oder eine Harke ist vor allem dazu da, den Garten von Laub und pflanzlichem Unrat zu säubern. Außerdem lassen sich damit Blumenbeete nivellieren und größere Steine aus Pflanzbeeten harken. Ich setze meinen Rechen auch beim Mulchen ein, um das Material auf meinen Hochbeeten schön gleichmäßig zu verteilen. Es gibt zwei Arten von Rechen: Laubbesen und Garten- oder Heurechen. Gartenrechen werden benutzt, um Erde, Sand und andere Materialien zu glätten, während man mit Laubbesen Blätter, Gras und Ähnliches einsammelt.

PFLANZHOLZ

Ein Pflanzholz ist ein zugespitzter Holz- oder Metallstab, mit dem man Löcher in den Boden sticht, ohne die Mikroorganismen und Pilznetzwerke im Erdreich groß zu stören. Ich habe mein Pflanzholz von Charles Dowding bekommen. Es ist etwas anders als die üblichen Ausführungen, runder und nicht so stark zugespitzt, sodass man damit auch flache Rillen in den Hochbeeten ziehen kann.

GRABGABEL

Mit ihr kann man Böden besser als mit einem Spaten umgraben, da die Zinken leichter in die Erde gleiten. Eine Grabgabel hat 4–6 flache, mehr oder weniger gerade Zinken. Sie ist, wie der Name schon sagt, zum Graben da und eignet sich vor allem für verdichtete Tonböden und steiniges Terrain. Dank der festen Zinken dringt sie auch in Problemböden ein, an denen ein Spaten scheitert. Gleichzeitig lässt sich mit ihr das Erdreich lockern, bevor man es mit dem Spaten umgräbt. Das Arbeiten mit Grabgabeln ist zudem rückenschonender. Manchmal wende ich meinen Komposthaufen mit der Grabgabel.

HECKENSCHERE

Das nächste Werkzeug, das ich euch wärmstens ans Herz lege, ist eine Heckenschere. Ich setze sie vor allem ein, um Efeu an meinem Zaun zu stutzen, doch kann man auch Bäume und andere hohe Gewächse damit in Form bringen. Heckenscheren sehen mit ihren langen Klingen aus wie riesige Haushaltsscheren. Sie sind dafür gemacht, mit einem einzigen Schnitt möglichst viel abzuzwicken. Dabei entsteht eine glatte Fläche, weshalb sie sich hervorragend zum Zuschneiden von Formhecken eignen. Sträucher mit dicken Zweigen hingegen sollte man besser nicht mit ihr schneiden. Ich nutze mein Exemplar auch zum Zerkleinern von Material, bevor ich es auf den Komposter werfe, damit es sich schneller zersetzt.

GIESSKANNE

Gießkannen sind ein weiteres unerlässliches Gartenutensil. Ich besitze ein paar Kannen mit 8–10 Liter Fassungsvermögen. Zum Wässern von Sämlingen und Jungpflanzen braucht man einen Brauseaufsatz, der das Wasser sanft und gleichmäßig verteilt. In Großstädten ist es nicht üblich, einen Wasserhahn im Garten zu haben, weshalb gerade eine Gießkanne dort zu den wichtigsten Utensilien zählt. Ich fülle in der Regel jede Woche meinen Wassertank auf und verteile das Wasser anschließend mit einer Gießkanne im ganzen Garten.

SCHUBKARREN

Wenn ihr im Garten Erdreich, Kompost oder Mulch transportieren und zu Beeten bringen oder andere schwere Gegenstände bewegen müsst, hilft ein Schubkarren, viel Material auf einmal zu transportieren. Ich habe mein Exemplar vor gar nicht allzu langer Zeit im Baumarkt vor Ort gekauft und mich danach geärgert, dass ich es nicht viel früher gemacht habe. Seither habe ich damit schon etliche Fuhren Hackschnitzel aus dem Park in meiner Nähe heimgeschafft.

WETZSTEIN

Für die Klingen meiner Werkzeuge habe ich mir einen Wetzstein mit zwei Körnungen für grobes und feines Schärfen zugelegt, um immer möglichst scharfe und saubere Kanten und Klingen zu haben. Wetzsteine sind unkompliziert in der Handhabung und kosten nur ein paar Euro. Ich empfehle, Werkzeug nach Gebrauch zu säubern und vor Regen und Feuchtigkeit geschützt aufzubewahren.

DIE VORTEILE VON KUPFERWERKZEUG

Kupferwerkzeug ist verglichen mit normalen Gartenutensilien ziemlich teuer. Trotzdem lohnt sich die Anschaffung langfristig, denn das Metall hat viele Vorteile bei der Schädlingsbekämpfung und der Versorgung der Pflanzen.

Schnecken haben kupferhaltiges Blut, also kein unabhängiges Magnetfeld. Deshalb sind sie empfänglicher für das Magnetfeld der Erde. Beim Einsatz von Nicht-Kupfer-Werkzeug zum Umgraben von Böden hinterlässt man eine »Signatur« im Magnetfeld. Schnecken spüren diese Signatur auf: Sie kriechen nachts entlang der Linien des Magnetfelds herbei und halten dort inne, wo es gestört ist, um sich über die Pflanzen herzumachen. Abgesehen davon aber hält Kupferwerkzeug verglichen mit Geräten aus anderen Materialien wesentlich länger. Es ist extrem leicht und scharf, sodass man besser in das Erdreich stechen kann. Bei der Bodenbearbeitung bleiben minimale Kupferspuren in der Erde, was für die Pflanzen ein Vorteil ist, denn Kupfer ist ein wichtiger Bestandteil vieler Enzymsysteme und regt die Ausschüttung mehrerer Pflanzenenzyme an, die bei der Ligninbildung beteiligt sind. Außerdem wird Kupfer für die Fotosynthese gebraucht, spielt eine wichtige Rolle bei der Pflanzenrespiration und unterstützt den Eiweiß- und Kohlenhydratstoffwechsel in Pflanzen.

PFLANZGEFÄSSE FÜR DEN GARTEN

Kein kleiner Garten kommt ohne Pflanzgefäße aus. Sie können das Aussehen und die Atmosphäre eines Raums grundlegend prägen. Kitzelt eure künstlerischen Talente hervor, indem ihr die Töpfe speziell gestaltet und an das Design der Umgebung anpasst. Aber auch wenn ihr sie im Originalzustand lasst und nur umstellt, damit eure Pflanzen möglichst immer am optimalen Standort stehen, habt ihr schon viel davon.

Nicht vergessen sollte man auch, dass Töpfe nicht am Boden stehen müssen: Man kann sie an Zäune hängen, auf Holzleitern und Regale stellen oder auf dem Balkon platzieren, um den verfügbaren Platz optimal zu nutzen. Sogar auf Dachterrassen und Hausbooten, wo es wirklich eng zugeht, leisten sie wertvolle Dienste.

Gerade für die Kultur von Gewächsen, die einen Garten leicht überwuchern können, wie zum Beispiel Minze, sind Pflanzgefäße ideal. Wer das beherzigt, muss nicht irgendwann durch den Garten kriechen und mühsam Wurzeln ausgraben, so wie es mir einmal passiert ist.

RECYCLINGMATERIAL

Man kann fast alles zum Pflanzgefäß umfunktionieren, von Plastikflaschen, die niemand mehr braucht, bis zu alten Eimern, mit denen die Kinder früher am Strand gespielt haben. Gerade die Verwendung solcher Materialien ist wichtig, um Müll zu reduzieren. Zudem macht es Spaß, sich neue Verwendungsmöglichkeiten für etwas auszudenken. Ihr müsst nur Abzugslöcher hineinbohren und die Töpfe transportieren können, wenn sie keinen Henkel oder Ähnliches haben.

TONGEFÄSSE

Sie können im Garten schön aussehen, sind aber teuer und lassen sich auf beengtem Raum nur schwer umstellen. Lässt man sie fallen, brechen sie und können Zehen empfindlich treffen. Weil sie porös sind, entweicht Wasser, weshalb das Substrat darin auch schneller austrocknet als in Kunststofftöpfen. Zugleich lassen sie Luft nach drinnen, was wiederum ein Vorteil ist. Ideal sind Tongefäße für alle, die zum Überwässern neigen!

Die dicken Wände von Tontöpfen wirken isolierend, mildern also Temperaturschwankungen ab und schützen Pflanzen. Gute Dienste leisten sie, wenn man sie zu Ollas umfunktioniert (siehe Seite 165), die im Substrat versenkt werden und das Wässern erleichtern.

PLASTIKTÖPFE

Plastiktöpfe lassen sich gut tragen und trocknen nicht so schnell aus wie Tontöpfe. Man sieht sie oft ungenutzt herumliegen, nachdem Hobbygärtner Pflanzen im Gartencenter gekauft und nach Hause transportiert haben. Sie eignen sich sehr gut für die Kultur von Setzlingen und zum Pikieren. In ihnen kann man Pflanzen sehr leicht im Garten herummanövrieren, da sie relativ wenig wiegen. Versucht Plastiktöpfe nicht neu zu kaufen, sondern gebraucht aufzutreiben. Mehr als 90 Prozent der Töpfe werden nur für den Transport von Pflanzen von der Verkaufsstelle zum Pflanzort benötigt. Es sollten also genug Exemplare in Umlauf sein, die niemand mehr braucht.

METALLTÖPFE

Metalltöpfe sehen manchmal richtig cool aus. Sie haben etwas Vintage-artiges an sich, einen Look im Industrial Style. Außerdem kann ihnen Frost nichts anhaben. Weil sie nicht porös wie Ton sind, verlieren sie auch nicht so schnell Wasser. Ein großer Nachteil ist ihre Wärmeleitfähigkeit: Sie heizen sich im Sommer unheimlich schnell auf und können im Winter sehr kalt werden. Lässt man sie das ganze Jahr draußen, fangen sie an zu rosten und wirken dann vernachlässigt.

HOLZ

Halbfässer eignen sich bestens als Pflanztöpfe für Zwergbäume und andere Gartengewächse. Man kann sie im Garten gerade noch von einem Platz zum anderen umstellen und sie sogar bei einem Umzug mitnehmen, ohne warten zu müssen, bis die Pflanzen in der Vegetationsruhe sind und man sie umpflanzen kann, was ein großer Vorteil ist, wenn man wie ich oft umzieht. Eine gute Idee ist es auch, sie mit diffusionsdichter Farbe zu lackieren.

In Halbfässern lassen sich dekorative Miniteiche anlegen!

GEMÜSE HALTBAR MACHEN

WARUM SOLL MAN GEMÜSE EINMACHEN?

Früher war die Haltbarmachung von Lebensmitteln überlebenswichtig für alle, die über den Winter kommen wollten. Frische Nahrungsmittel verderben schnell, vor allem in der Sommerhitze. Selbst das heute übliche Einfrieren verzögert den unvermeidlichen Verfall lediglich. Bei manchem funktioniert es gut, etwa bei Sommerobst, anderes hingegen kann es unbrauchbar machen – rohe Kartoffeln etwa lassen sich nicht einfrieren. Falls ihr wie ich nur begrenzt Platz in eurem Gefrierfach habt, könnt ihr dort sowieso nicht alles parken.

Wenn wir unser Obst und Gemüse selbst anbauen, bekommen wir oft Unmengen auf einmal, weil alles zur selben Zeit reift. Dann türmt sich ein paar Wochen lang so viel auf, dass man es gar nicht schnell genug verschenken und irgendwann auch nicht mehr sehen kann. Ich persönlich aber will nicht, dass etwas verschwendet wird, und suche immer nach Möglichkeiten, Selbstgezogenes so lange wie möglich haltbar zu machen.

Es gibt verschiedene Möglichkeiten, Nahrungsmittel zu konservieren. Damit bewahrt man nicht nur ihren Geschmack und Nährwert, um sie außerhalb der Saison genießen zu können, man bunkert mit ihnen auch originelle Mitbringsel in der Speisekammer. Ein paar Zucchini zu bekommen ist ganz nett, aber wenn einem diese Zucchini geröstet und in Öl eingelegt in einem Glas als leckeres Antipasto geschenkt werden, dann macht das besonders viel Freude. Bei Freunden, die einem im Garten geholfen oder gebrauchte Materialien für Eigenkonstruktionen zur Verfügung gestellt haben, kann man sich nicht besser bedanken als mit solchen Köstlichkeiten.

EINLEGEN

Das Einlegen in Essig oder Salzlake ist eine alte Methode der Lebensmittelkonservierung. Sie ist relativ unkompliziert und das Ergebnis schmeckt köstlich. Damit Bakterien und Schimmelpilze überleben, brauchen sie Nahrung, Wasser und Sauerstoff. Nimmt man ihnen eines davon, erschwert man ihnen das Wachsen und Vermehren und damit das Verderben von Nahrungsmitteln. Allerdings braucht gerade das Bakterium *Clostridium botulinum*, die Ursache für lebensgefährlichen Botulismus, keinen Sauerstoff zum Überleben, weshalb man ihm eine der beiden anderen Voraussetzungen nehmen muss.

Da die Nahrung, die ihr haltbar macht, nicht nur die Bakterien brauchen, sondern auch ihr selbst, können wir sie ihnen nicht nehmen. Also bleibt nur das Wasser. Die meisten Bakterien sterben bei einem pH-Wert unter 4,6 ab. Eine starke Essiglösung reicht also aus, um den meisten Bakterien den Garaus zu machen. Es gibt allerdings noch mehr, was wir tun können, um die Nahrungsmittelkonservierung sicherer zu machen. Die drei wichtigsten Einlegestrategien sind schnelles, salziges und saures Einlegen. Außerdem stelle ich die italienische Giardiniera-Methode vor.

SCHNELLES EINLEGEN

Schnelles Einlegen ist die einfachste und, wie der Name schon sagt, flotteste Methode, etwas durch Beizen haltbar zu machen. Allerdings wird wegen des vorhandenen Wassers Obst und Gemüse damit nicht dauerhaft konserviert.

Gemüse wie Gurken, Möhren und Blumenkohl, aber auch Obst wie Äpfel und Kirschen wird geschält, geschnitten oder als Ganzes blanchiert, gekocht oder roh in ein Glas gegeben und in eine Flüssigkeit (1 Teil Essig auf 1 Teil Wasser) gelegt. Das Ganze kann mit Salz, Zucker und Aromagebern (Kräutern und Gewürzen) abgeschmeckt werden.

Experimentiert ruhig damit und probiert unterschiedliche Geschmacksrichtungen aus. Keine Angst, wenn's mal schiefgeht: Aus Fehlern lernt man. Und sollte es doch klappen, entdeckt ihr vielleicht etwas mit überirdisch gutem Geschmack. Lasst das Obst und Gemüse ein, zwei Stunden eingelegt, bevor ihr es serviert. In einem sterilen, luftdicht verschlossenen Gefäß kann es aber je nach verwendetem Lebensmittel bis zu einem Monat lang halten.

EINLEGEN IN SALZ

Beim Einlegen in Salz dient Letzteres dazu, Obst oder Gemüse Wasser zu entziehen, damit es durch Essig ersetzt werden kann. Das vorbereitete Nahrungsmittel wird entweder mit trockenem Salz bedeckt oder ein paar Stunden in eine Salzlake getaucht, bevor man es mit klarem Wasser spült und mit einer Einlegeflüssigkeit sowie Gewürzen in ein Glas gibt. Man kann auch Salz und Zucker hinzufügen. Das verändert Geschmack und Textur und verhindert Bakterienwachstum.

EINLEGEN IN ESSIG

Das Einlegen in Essig lässt sich mit dem Einlegen in Salz vergleichen, allerdings wird das Wasser dem Obst bzw. Gemüse mit Essig statt mit Salz entzogen. Dazu taucht man die Stücke wiederholt in Essig, bevor man sie abtropfen lässt und wieder einlegt. Das kann eine ganze Weile dauern, aber das Ergebnis ist sauer Eingelegtes, das wirklich gut schmeckt und knackig bleibt. Man kann damit einem unspektakulären Gericht richtig Schwung verleihen. Beispiel: Essiggurken.

DER KAMPF GEGEN DIE BAKTERIEN

- Um das Risiko einer Ausbreitung von Bakterien weiter zu reduzieren, kann man die Einlegeflüssigkeit pasteurisieren, bevor man sie in sterilisierten Gläsern über das Gemüse gießt. Erhitzt sie dazu einfach fünf Minuten lang auf 60 °C.
- Saubere Gläser bekommt man steril, indem man sie fünf Minuten bei 100 °C im Herd erhitzt. Die Deckel legt man in einen Topf mit kochendem Wasser.
- Befüllt die keimfrei gemachten Gläser, solange sie noch heiß sind, und verschließt den Deckel gleich darauf fest. Dadurch entsteht ein Vakuum, was den Inhalt noch haltbarer macht.
- Vorsicht beim Umgang mit heißen Gläsern, Deckeln und Flüssigkeiten: Arbeitet mit Zangen, Ofenhandschuhen und Trichtern.

EINLEGEN AUF ITALIENISCHE ART

Als Italiener bin ich mit Giardiniera aufgewachsen, einer Mischung aus eingelegtem Gemüse, die wir auch *sottaceti* nennen. Hier ein Rezept für einen typisch italienischen Mix, den ihr aber ganz nach eurem Gusto mit dem, was ihr angebaut habt, variieren könnt. Eignet sich hervorragend für Zucchini, Feuerbohnen und – wenn ihr es wie ich gern etwas schärfer mögt – Chilis.

Ihr braucht:

- 1 l Apfel- oder Weißweinessig
- 2–3 ganze Gewürznelken
- 2–3 Lorbeerblätter
- ¼ TL Senfsamen
- 1 TL schwarze Pfefferkörner
- 1 EL Salz
- 1 Blumenkohl, die Röschen vom Strunk getrennt
- 8–10 Perlzwiebeln (oder normale Zwiebeln, grob gehackt)
- 3–4 Möhren, in Scheiben geschnitten
- 2 Stangen Sellerie, in Stücke geschnitten (Fenchel ist eine hervorragende Alternative)

1. Den Essig in einem großen Topf zum Kochen bringen und die Gewürznelken, die Lorbeerblätter, die Senfsamen, die Pfefferkörner und das Salz dazugeben.
2. Den Blumenkohl, die Zwiebeln, die Möhren und den Sellerie in den Essig geben und 10–15 Minuten köcheln lassen, bis das Gemüse gekocht, aber noch fest ist.
3. Das Gemüse mit einem Sieblöffel in ein sterilisiertes Glas geben (siehe vorige Seite).
4. Das Gemüse mit dem Essig bedecken und das Glas luftdicht verschließen, solange er noch kochend heiß ist. Dadurch sollte ein Vakuum entstehen.
5. Mindestens ein paar Tage, besser noch bis zu einer Woche an einem kühlen, dunklen Platz stehen lassen. Nach dem Öffnen innerhalb einer Woche aufbrauchen.

FERMENTIEREN

Beim Fermentieren macht man sich den Stoffwechsel von Mikroorganismen wie Hefen oder Bakterien zunutze, um die Beschaffenheit von Lebensmitteln zu verändern. Die Mikroben wandeln Stärke oder Glukose in Alkohol, Milchsäure, Essigsäure und Kohlendioxid um, was das Bakterienwachstum begrenzt.

Der bekannteste Fermentationsprozess ist die Umwandlung des Zuckers in Trauben, Äpfeln und Gerste mithilfe von Hefe in Alkohol. Bei dieser alkoholischen Gärung entstehen Wein, Apfelwein und Bier – was mir sehr behagt! Sie erfolgt ohne Sauerstoff, da bei dessen Einwirken Alkohol schnell zu Essig wird.

Eine weitere Fermentation, bei der Hefe mitmischt, ist aufgehender Teig. Hefen ernähren sich von Kohlenhydraten im Teig und erzeugen Alkohol und Kohlendioxid (tatsächlich könnt ihr durch den Verzehr von rohem Teig betrunken werden, doch empfehle ich es nicht). Der Alkohol verflüchtigt sich beim Backen komplett. Beim Sauerteigbrot ist der Gärprozess offensichtlicher, da die Starterkultur durch Fermentation von Mehl entsteht. Dabei entwickelt sich Kohlendioxid, das das Brot aufgehen lässt.

Weitere bekannte Gärprodukte sind zum Beispiel Kefir oder Joghurt.

Vergorene Nahrung versorgt den Darm mit Probiotika. Das fördert die Verdauung, stärkt mutmaßlich das Immunsystem und hilft sogar beim Abnehmen. Darüber hinaus sind fermentierte Nahrungsmittel leichter zu verdauen. Weil sie meist aus rohem Gemüse bestehen, bekommt man außerdem viel Nahrhaftes zugeführt.

Bei der Fermentation von Gemüse ist der Einsatz von Hefen nicht nötig. Stattdessen wird eine Umgebung geschaffen, in der sich die gewünschten Bakterien vermehren und die schädlichen abgetötet werden. Dazu entzieht man dem Gemüse mit Salz Flüssigkeit und taucht es anschließend bei einer Idealtemperatur von 18–22 °C unter sauerstofffreien Bedingungen in Salzlake.

Die Salzmenge ist wichtig. Gibt man zu wenig Salz hinein, kommt die Gärung nicht in Gang und das Gemüse verdirbt. Ein Zuviel dagegen unterbricht die Gärung und das Ergebnis schmeckt nicht mehr.

Als Faustregel sollte man sich merken: In ein Ferment gehören je nach Gewicht und Dichte des Gemüses 2–5 Prozent Salz. Für den Anfang ist man mit 2,2 Prozent gut dabei und sollte jedes Mal gute Ergebnisse erzielen. Wenn ich 100 g Gurken habe, verwende ich also nur eine Prise. Bei dichterem Gemüse wie Blumenkohl gehe ich dagegen etwas höher. Zu genau müsst ihr es allerdings nicht nehmen. Solange genug Salz vorhanden ist, um dem Gemüse das Wasser zu entziehen und unerwünschte Bakterien abzutöten, ist alles okay.

FERMENTATIONSMETHODEN

Es gibt bei der Fermentation von Gemüse zwei Hauptverfahren. Bei einem wird das Gemüse gehobelt oder gehackt, wie bei Kimchi und Sauerkraut, und trocken eingesalzen. Beim anderen wird Gemüse als Ganzes oder in größeren Stücken in Salzlake eingelegt. In beiden Fällen ist die Salzdosis die gleiche.

Trockene Fermentation

Gehobeltes oder gehacktes Gemüse wird mit Salz gemischt und geknetet oder gestampft. Dabei entsteht eine relativ große Menge Flüssigkeit, die als natürliche Lake abläuft. Das gestampfte Gemüse wird mit Aromagebern (Knoblauch, Chili, Kräutern, Gewürzen) in ein Glas gegeben und mit der Lake bedeckt.

Fermentation in Salzlake

Das Gemüse kommt mit Aromagebern und Salz in ein Glas und wird mit Wasser bedeckt. Dann schüttelt man das Ganze, damit sich das Salz auflöst.

Bei beiden Methoden ist ganz wichtig, dass das Gemüse im Glas immer untergetaucht bleibt. So vermeidet man Sauerstoffkontakt, damit die Bakterien ihre Arbeit tun können und das Gemüse nicht verdirbt. Ich empfehle ein Gewicht obenauf zu legen, das euer Gemüse unter Wasser drückt. Es gibt im Handel spezielle Behälter und Gewichte, aber im Grunde tut es jedes Marmeladeglas und etwas Schweres wie ein Stein (man muss ihn vorher sterilisieren). Zum Schluss kommt der Deckel auf das Glas. Aber nicht luftdicht verschließen, denn es entsteht Kohlendioxid. Ihr wollt sicher nicht, dass euch alles um die Ohren fliegt! Nun stellt man das Glas mit dem Ferment bei 18–22 °C etwa drei Wochen lang an einen dunklen Platz. Danach sollte der Gärprozess abgeschlossen sein. Man kann das Gewicht entfernen, den Deckel fest zuschrauben und alles in den Kühlschrank stellen. Die Kälte verlangsamt und stoppt schließlich den Gärprozess.

Kombucha und ein SCOBY

SAUERKRAUT

Sauerkraut gehört zu den bekanntesten Fermenten. Es schmeckt zu fast allem und ist kinderleicht zuzubereiten. Das Gute an Sauerkraut ist auch, dass man reichlich Kohl verwerten kann, der in großen Mengen anfällt und rasch schlecht werden würde. Mit dieser Einsalzmethode kann man viele weitere Gemüsearten fermentieren. Als Faustregel gilt: Lässt es sich hobeln oder hacken, lässt es sich auch einsalzen.

Ihr braucht:

- 1 Kohlkopf, zähe äußere Blätter und Strunk entfernen
- grobes Meersalz
- 1 TL Kümmel
- 1 TL schwarze Pfefferkörner

1. Den Kohlkopf in eine große Salatschüssel geben. Mit kochendem Wasser blanchieren. Das Wasser muss den Kopf vollständig bedecken.
2. Den Kohl aus dem Wasser nehmen und mit einem Messer, einem Gemüsehobel oder einer Küchenmaschine hobeln. Das Wasser kann man weggießen oder als Grundlage für Gemüsebrühe verwenden.
3. Den gehobelten Kohl wiegen, um herauszufinden, wie viel Salz man braucht. Das Gewicht des Salzes sollte 2–5 Prozent des Kohlgewichts betragen. Wenn ihr keine Waage habt, nehmt etwa 3 Esslöffel Salz pro Kopf, man muss es, wie schon erwähnt, nicht allzu genau nehmen.
4. Die Gewürze dazugeben und das Salz etwa 5 Minuten lang in den Kohl hineinkneten, dann weitere 5 Minuten ziehen lassen. Normalerweise sollte sich reichlich Salzlake absetzen, doch kann man das Ganze auch durch Pressen beschleunigen.
5. Den Kohl mit den Gewürzen in ein sterilisiertes Glas geben und mit der Lake bedecken. Wichtig: Er muss untergetaucht sein. Verschließt das Glas, aber schraubt den Deckel nicht zu fest darauf, damit Kohlendioxid entweichen kann.
6. Mindestens fünf Tage, besser noch zwei Wochen bei 18–22 °C an einen dunklen Ort stellen. Je länger das Sauerkraut steht, desto saurer wird es, probiert also regelmäßig davon. Seht jeden Tag nach, ob sich Bläschen bilden. Steigen keine mehr auf, ist die Gärung abgeschlossen. Wenn ihr sie früher stoppen wollt, müsst ihr das Glas in den Kühlschrank stellen.
7. Schraubt den Deckel fest auf das Glas. Im Kühlschrank bleibt das Sauerkraut rund sechs Monate haltbar.

DÖRREN

Das Dörren von Obst und Gemüse ist die vielleicht einfachste Art der Haltbarmachung. In meiner Heimat Italien legt man alles Mögliche zum Trocknen in die Sonne. In der mediterranen Hitze verliert es im Nu sein Wasser.

In Mitteleuropa hingegen muss man sich selbst im Hochsommer eine Woche gedulden – und auch noch darauf achten, dass es nicht regnet. Andererseits kann man Obst und Gemüse sogar an einem kalten, nassen Wintertag mit wenig oder sogar ganz ohne Ausrüstung trocknen.

Bakterien brauchen wie alles Leben Nahrung, Wasser und (meistens) Luft. Entzieht man Obst und Gemüse die Feuchtigkeit, können die Mikroorganismen nicht mehr überleben und das Lebensmittel ungenießbar machen. Gedörrtes kann jahrelang halten. In über 5000 Jahre alten ägyptischen Gräbern hat man Getreidekörner gefunden, die nicht nur noch essbar waren, sondern sogar zum Keimen gebracht wurden.

Einen Dörrautomaten braucht man zwar nicht unbedingt, doch ist er ein nützliches Küchengerät. Es gibt ihn in unterschiedlichsten Preisklassen. Bisweilen findet man ihn auch gebraucht, denn vieles, was als Geschenk für die Küche begann, wird ein einziges Mal benutzt und dann weggepackt, bis man beschließt, es zu verkaufen. Fragt Bekannte und Verwandte, ob sie noch etwas haben, das im hintersten Küchenschrank im Dornröschenschlaf liegt. Gerade nach Weihnachten bekommt man auf Verkaufsplattformen vieles preiswert.

Bei der Auswahl eines Dörrautomaten sollte man darauf achten, dass er mit Temperaturregelung ausgestattet ist. Bei billigeren Ausführungen fehlt sie manchmal. Oft geht es auch ohne, aber wer etwas Besonderes dörren möchte, etwa essbare Blüten, Basilikumblätter oder Bärlauch, braucht niedrige Temperaturen (50–60 °C). Robusteres Gemüse oder solches mit hohem Wassergehalt muss dagegen bei höheren Temperaturen getrocknet werden.

Wichtig ist außerdem ein Timer. Das Dörren dauert in der Regel länger, sodass man nicht ständig aufpassen kann, ob etwas fertig ist. Dörrautomaten sind zwar meist sehr energieeffizient, aber trotzdem sollen sie nicht unnütz laufen.

Wer keinen Automaten oder nicht den Platz dafür hat (manchmal sind sie recht groß), kann im Backofen dörren. Besonders gut sind Backröhren mit Umluft, da sie die Feuchtigkeit wegtransportieren, aber es geht auch ohne.

Die meisten Kräuter und sogar ein paar Gemüsesorten lassen sich problemlos ohne Automaten oder Backofen trocknen. Man hängt sie gebündelt auf – nach ein paar Tagen sollten sie gedörrt sein.

Sie dürfen aber nicht direkt in der Sonne hängen, sonst bleichen sie aus oder bekommen eine bräunlich gelbe Farbe.

Kleine Früchte wie Trauben, Kirschen und Pflaumen lassen sich oft als Ganzes trocknen. Größere Exemplare oder Gemüse mit hohem Wassergehalt, etwa Tomaten, müssen halbiert oder dünn geschnitten werden. Je dünner die Scheibe, desto rascher trocknet sie.

Das meiste Obst und Gemüse lässt sich dörren, ob roh oder blanchiert. Eine Ausnahme sind Kartoffeln. Getrocknete Pflanzen kann man gedörrt genießen oder durch Einweichen in Wasser (oder Brühe, Alkohol usw.) rehydrieren. Ein gutes Beispiel sind Zitrusfrüchte: Während ihrer Saison im Februar und März trocknet man sie, den Rest des Jahres genießt man sie.

Oben: Sauerkraut
Links: Chilis dörren

LEICHT

MITTEL

SCHWER

TEIL VIER

DIE BESTEN PFLANZEN FÜR EINSTEIGER

TOMATEN (SOLANUM LYCOPERSICUM)

Tomaten sind meine absoluten Favoriten. Man kann sie haltbar machen, um sie das ganze Jahr genießen zu können. Ich habe so schöne Erinnerungen an die Tomatenfülle im Garten meines Großvaters und die Gläser voll schmackhafter Tomatensoßen in der Küche meiner Großmutter.

Empfohlene Sorten: Harzfeuer, Red Zebra, Vilma, Orange Banana, Schwarze Krim.

Lebensdauer: mehrjährig, wird aber einjährig kultiviert.

Pflanzzeit: Frühjahr. Im Gewächshaus: Aussaat von Ende Februar bis Mitte März. Draußen: nach dem letzten Frost.

Standort: volle Sonne. Lässt sich gut mit Basilikum und Ringelblumen kombinieren.

Höhe: 1–3 m.

Kultur: Ihr habt die Wahl zwischen determinierten (Busch-)Tomaten und indeterminierten (Stab-)Tomaten. Determinierte Sorten wachsen gut ohne Stütze in Töpfen, indeterminierte besser im Freiland oder in Pflanzsäcken und brauchen Stäbe, Stangenzelte oder Rankgitter.

Ihr könnt Tomatensamen selbst sammeln. Dazu Tomate aufschneiden und die gallertartige Masse (sie verhindert die Keimung) mit den Samen in eine Tasse Wasser geben. 2–3 Tage täglich mischen, um Schimmelbildung zu vermeiden. Nachdem die Samen auf den Boden gesunken sind, trocknet man sie und gibt sie in eine beschriftete Papiertüte, um sie im nächsten Jahr auszusäen.

Bringt die Samen im März im Anzuchtkasten auf der Fensterbank zum Keimen. Dazu füllt ihr eine Saatschale oder kleine Töpfe mit feuchter Aussaaterde, gebt 2–3 Samen pro Topf hinein, deckt alles mit Folie (Klarsichtfolie, Zellophan) oder einer durchsichtigen Haube ab und stellt es an einen warmen Platz (bei 18 °C).

Sobald sich Sämlinge entwickelt haben, nimmt man die Abdeckung ab und stellt die Pflänzchen etwa zwei Wochen bzw. bis sie groß genug zum Umtopfen sind, in die volle Sonne. Nach dem letzten Frost können sie nach draußen gestellt oder gepflanzt werden.

Wässert die Pflanzen regelmäßig und verabreicht ihnen wöchentlich einen Tomatendünger. An Stabtomaten zwickt man alle Seitentriebe ab.

Düngen: wöchentlich ein Kaliumdünger oder Brennnesseljauche.

Häufige Krankheiten und Schädlinge: Blütenendfäule erkennt man an dunklen Flecken am unteren Ende der Früchte. Sie lässt sich durch regelmäßiges Wässern verhindern. Braun- und Krautfäule kommt bei Nässe vor. Zieht eine resistente Sorte und sorgt für gute Drainage.

Bei der Samtfleckenkrankheit bilden sich gelben Flecken auf dem Laub. Die Krankheit tritt meist in schlecht durchlüfteten Gewächshäusern auf.

Wenn Früchte platzen, tut das dem Geschmack keinen Abbruch, lässt sie aber schimmeln und faulen. Durch regelmäßiges Wässern und (im Gewächshaus) Temperaturkontrolle kann man es verhindern.

Ernte: Erntet die Früchte nach Möglichkeit rot. Sie reifen aber nach dem Abzupfen noch weiter.

GURKEN (CUCUMIS SATIVUS)

Gurken sind der perfekte Sommergenuss: Sie bestehen zu 95 Prozent aus Wasser und sind vollgepackt mit Vitaminen und Mineralien, also nicht nur Durstlöscher, sondern auch gesund.

Empfohlene Sorten: Pony, Crystal Lemon, White Wonder, Kiwano.

Lebensdauer: einjährig.

Pflanzzeit: beginnt mit der Aussaat im April, mit dem Auspflanzen Ende Mai.

Standort: Man unterscheidet Einmach-, Freiland- und Salat- bzw. Schlangengurken. Letztere liefern die Gurken, die man auch vorwiegend im Supermarkt bekommt. Sie brauchen viel Wärme. Freilandgurken bevorzugen einen sonnigen, geschützten Platz, sind aber robuster als Schlangengurken und bilden kürzere, dickere manchmal auch etwas bewarzte Früchte. Pflanzt moderne Sorten, dann könnt ihr ziemlich sicher sein, keine bitteren Früchte zu bekommen.

Höhe: bis 3 m.

Kultur: Im Anzuchtkasten oder auf der sonnigen Fensterbank beginnt ihr im April mit der Aussaat in kleinen Töpfen mit Universalerde. Für die Keimung brauchen die Samen etwa 20 °C. Drückt die Samen mit der Spitze nach oben in die Erde. Nach etwa drei Wochen sollten die Sämlinge die ersten echten Blätter bilden. Nun müssen sie pikiert werden. Gewächshausgurken kommen ab Anfang Mai in einen eigenen Topf, Freilandgurken nach dem letzten Frost ins Beet. Beide brauchen nährstoffreiche Erde und sollten alle zwei Wochen mit Tomatendünger verwöhnt werden.

Gewächshausgurken kann man an Stäben oder Gerüsten hochziehen. Seitentriebe zwickt man ab. Die Spitze wird gekappt, wenn die Pflanzen zu hoch werden. Freilandgurken wachsen kriechend am Boden, doch kann man den Haupttrieb und auch die Seitentriebe an einem Draht- oder Rankgitter erziehen.

Gewächshausgurken benötigen viel Luftfeuchtigkeit. Wie auch Freilandgurken ist es ihnen am liebsten weniger, aber dafür oft gewässert zu werden. Ab der Blüte werden sie wöchentlich gedüngt.

Parthenokarpe Gewächshaussorten brauchen nicht bestäubt zu werden, um Früchte zu bilden. Deshalb sollte man die männlichen Blüten abzwicken, um eine Bestäubung und damit die Bildung von Kernen zu verhindern. Sieht man hinter der Blüte eine winzige Gurke, ist sie weiblich und bleibt. Freilandgurken brauchen ihre männlichen und weiblichen Blüten.

Gurken

Düngen: mit kaliumreichem Dünger.

Häufige Krankheiten und Schädlinge: Das Gurkenmosaikvirus wird von Blattläusen übertragen. Man sieht gelbe Muster auf den Blättern. Eine Bekämpfung ist nicht möglich, infizierte Pflanzen werden schnellstmöglich entsorgt.

Ernte: Wie groß reife Gurken werden, hängt größtenteils von der Sorte ab, doch ist es besser, relativ früh zu ernten, denn wartet man zu lange, schmecken sie nicht mehr so gut. Schneidet sie mit einem Messer oder einer Schere vom Trieb. Je mehr ihr erntet, desto mehr Früchte setzen sie an.

ZUCCHINI (CUCURBITA PEPO)

Ich bin Italiener. Deshalb hat dieses wundervolle Gemüse in meinem Herzen einen ganz besonderen Platz.

Empfohlene Sorten: Zuboda, Gold Rush, Italian Striped.

Lebensdauer: einjährig.

Pflanzzeit: Ausgesät wird im April drinnen. Jungpflanzen dürfen erst nach dem letzten Frost ins Freie.

Standort: ein sonniger Platz. Zu Nachbarpflanzen brauchen Zucchini 1 m Abstand.

Höhe: 40–60 cm, bis 1 m breit

Kultur: Setzt jeweils ein, zwei Samen in kleine Töpfe mit warmem Substrat und wässert gründlich. Für die Keimung ist eine Temperatur von 20 °C ideal. Nach dem Austreiben setzt man den jeweils kräftigsten, größten Sämling in einen größeren Einzeltopf, der bis nach dem letzten Frost im Mai drinnen bleiben muss.

Draußen brauchen Zucchinipflanzen viel Platz und reichlich Kompost. Die Erde sollte feucht gehalten werden, aber nicht staunass sein. Regelmäßiges Düngen ist ratsam. Ich gebe meinen Zucchini alle paar Wochen einen Tomatendünger.

Düngen: mit einem kaliumreichen Präparat.

Häufige Krankheiten und Schädlinge: Jungpflanzen sind unter Schnecken heiß begehrt. Mit zerstoßenen Eierschalen kann man die Schädlinge fernhalten.

Bekommt die Pflanze zu wenig Wasser, bildet sie nur männliche Blüten, die keine Früchte liefern. Ist es ihr zu nass, können die Früchte faulen. Die Erde sollte also feucht gehalten werden. Dazu wässert man den Wurzelraum, nicht die Blätter, und verringert die Verdunstung mit einer Mulchschicht. Wenn ihr faulende Blätter bemerkt, zupft sie ab.

Ernte: Die Früchte werden mit einem Messer abgeschnitten, sobald sie etwa 10 cm lang sind.

AUBERGINEN (SOLANUM MELONGENA)

Auberginen sind ausgesprochen vielseitig. Man kann sie in unterschiedlichsten Speisen verwenden, von Currys bis Baba Ganoush. Doch auch geschnitten, gesalzen und gegrillt schmecken sie köstlich.

Empfohlene Sorte: Violetta di Firenze.

Lebensdauer: mehrjährig, wird aber einjährig kultiviert.

Pflanzzeit: Wer einen beheizten Anzuchtkasten hat, sät die Samen im Winter oder zeitigen Frühjahr. Nach draußen kommen die Setzlinge nach dem letzten Frost.

Standort: Auberginen brauchen viel Sonne und feuchte Böden. Sie sind in einem Gewächshaus oft am besten aufgehoben. Wer das nicht hat, kann es mit einem warmen, windgeschützten, nach Süden gerichteten Platz probieren.

Höhe: 60–120 cm.

Kultur: Auberginen reifen langsam und sollten daher möglichst früh gepflanzt werden. Die Setzlinge bleiben etwa drei Wochen – oder bis die ersten echten Blätter da sind– in gut gewässerter, torffreier Erde im Anzuchtkasten. Dann topft man sie um und stellt sie auf eine warme, sonnige Fensterbank oder ins Gewächshaus.

Nach dem letzten Frost kommen sie nach draußen und werden wieder umgetopft oder direkt ins Freiland gesetzt. Wer Platz im Gewächshaus hat, sollte sie dort ziehen. Wie ihre Verwandten, die Tomaten, profitieren sie von einem Klettergerüst oder Stab. Vor allem im Gewächshaus, in das weniger Bestäuber gelangen, sollte man auf die Blüten klopfen, damit sie den Pollen freigeben. Irgendwann zwickt man auch die Spitze des Haupttriebs ab, damit sich Seitentriebe bilden.

Düngen: wöchentlich mit einem kaliumreichen Präparat wie Tomatendünger.

Häufige Krankheiten und Schädlinge: Am häufigsten werden Auberginen von Insekten wie Blattläusen heimgesucht. Die beste Verteidigung sind Marienkäfer. Man kann sie online bestellen.

Blütenendfäule ist auf eine schlechte Versorgung mit Kalzium zurückzuführen. Am Fruchtende bildet sich ein eingesunkener dunkler Fleck. Wichtig ist regelmäßiges Wässern.

Ernte: Erntet die Früchte, solange sie glänzen. Sind sie stumpf, sind sie überreif.

CHILIS (CAPSICUM FRUTESCENS)

Durch Chilis bin ich überhaupt erst zum Gärtnern gekommen. Sie sind bis heute mein Lieblingsgemüse. Für jeden Geschmack gibt es eine Sorte, von der süßen Aji Mandarin bis zu den berüchtigten Naga-Züchtungen.

Empfohlene Sorten: Black Gold, Jalapeno, Lila Luzi, Red Gunda.

Lebensdauer: mehrjährig, wird aber einjährig kultiviert.

Pflanzzeit: Sät Chilis schon im Februar, falls ihr einen beheizten Anzuchtkasten habt. Auf einer sonnigen Fensterbank sät man sie im März aus.

Im Gewächshaus werden sie im Mai, draußen Ende Mai/Anfang Juni gepflanzt.

Standort: Chilis brauchen viel Sonne. Wer kein Gewächshaus hat, stellt sie an einen sonnigen, geschützten Platz, möglichst mit südlicher Ausrichtung.

Höhe: Kletternde Chilis können je nach Sorte und Bedingungen bis zu 3 m hoch werden. Buschformen erreichen 2 m, doch hängen ihre Dimensionen vom Topf ab, in dem sie wachsen.

Kultur: Wer einen beheizten Anzuchtkasten und Pflanzenlampen hat, sät sie im Januar in Universalerde aus. Ansonsten tut es auch eine sonnige Fensterbank, die die Chilis im März beziehen können. Die Erde muss feucht und warm bleiben. Sobald die Sämlinge echte Blätter bilden, werden sie pikiert. Buschsorten können direkt in ihren endgültigen Topf kommen, alle anderen setzt man sukzessive in immer größere Gefäße.

Pflanzt eure Chilis im Mai ins Gewächshaus oder im Juni ins Freiland. Klettersorten zieht man an einem Stab oder Rankgitter. Man kann die Triebspitzen abzwicken, damit sie buschiger wachsen.

Wer richtig scharfe Chilis möchte, sollte sie in einer heißen Umgebung ziehen – ich empfehle das Gewächshaus. Sobald die ersten Früchte zu sehen sind, hört man auf zu düngen und wässert wesentlich weniger. Das stresst die Pflanze und macht die Schoten scharf, dafür fällt die Ernte geringer aus.

Düngen: mit Tomatendünger.

Häufige Krankheiten und Schädlinge: Die Blütenendfäule ist auf Kalziummangel zurückzuführen. Die Zellen schrumpfen und es bildet sich ein dunkler Fleck am Fruchtende. Wässert die Pflanzen gut und gebt ihnen nährstoffreiche Erde. Auch mit Tomatendünger lässt sich das Problem beheben.

Grauschimmel kann sich an zu dicht stehenden, nicht ausreichend belüfteten Pflanzen bilden. Gebt ihnen genügend Raum, sorgt für gute Luftzirkulation und entfernt befallenes Laub sofort.

Ernte: Im Hochsommer sollten die Chilis erntereif sein. Wer sie eher mild bevorzugt, erntet sie grün, wer auf Schärfe und volles Aroma steht, lässt sie ausreifen, bis sie ihre sortentypische Farbe (Gelb, Orange, Rot oder Violett) erlangt haben.

Radieschen (Raphanus sativus)

Ich mag Radieschen. Sie lassen sich so leicht anbauen und sind im Nu reif. Mit ihrem pfeffrigen Geschmack bringen sie Schwung in Salate und Sandwiches.

Empfohlene Sorten:
White Icicle, Round Black Spanish.

Lebensdauer: einjährig.

Pflanzzeit: Frühe Aussaaten werden gestaffelt (d. h. in mehreren Portionen mit zeitlichem Abstand) ab März ausgesät. Die Haupternte sät man ab dem Frühjahr bis in den Sommer hinein aus.

Wintersorten werden in der zweiten Sommerhälfte ebenfalls gestaffelt gesät.

Standort: Radieschen bevorzugen volle Sonne, kommen aber auch mit Halbschatten zurecht. Ideal sind sie als Zwischenfrucht zwischen langsamer wachsendem Gemüse wie Tomaten, denn sie unterdrücken Unkraut.

Höhe: 15 cm.

Kultur: Da es Sommer- und Wintersorten gibt, ist ein fast ganzjähriger gestaffelter Anbau möglich. Fangt schon im Vorfrühling mit der Direktaussaat an. Die Aussaaten müssen aber noch eine Weile mit Vlies und Abdeckungen geschützt werden. Die Samen kommen 1 cm tief mit 2–3 cm Abstand in die Erde. Wässert regelmäßig und dünnt bei Bedarf aus.

Häufige Krankheiten und Schädlinge: Schnecken sind ganz verrückt nach den Jungpflanzen. Mit einem Wall aus zerstoßenen Eierschalen erschwert man ihnen den Zugang zu den Leckerbissen.

Ernte: Junge Blätter sind eine gute Zutat und Garnierung für Salate. Das sollte man beim Ausdünnen im Hinterkopf behalten.

Radieschen

MAIS (ZEA MAYS)

Nichts sieht besser aus als ein paar hohe Maishalme, die sich in eurem Garten im Sommerwind wiegen. Als Bonus bekommt man auch noch leckere Kolben!

Empfohlene Sorten: Glass Gem, Strawberry.

Lebensdauer: einjährig.

Pflanzzeit: Mai/Juni.

Standort: vollsonnig. Mais ist in heißen Sommern eine gute Beschattungspflanze für Gurken, Kürbisse und Kartoffeln.

Höhe: 2 m.

Kultur: Ausgesät wird Mais im April drinnen in einem Anzuchtkasten oder auf einer warmen Fensterbank. Man braucht hohe Töpfe dafür. Die Samen werden 2–3 cm dick mit Erde bedeckt, die ideale Keimtemperatur liegt bei 18–21 °C. Staffelt die Aussaat, um die Erntezeit zu verlängern.

Vor dem Umpflanzen lässt sich das Substrat mit Kaliumdünger verbessern. Nach dem letzten Frost pflanzt man Mais im Freiland in Blöcken statt in Reihen, da er vom Wind bestäubt wird. Ihr unterstützt die Bestäubung etwas, indem ihr an die männlichen Blüten klopft.

Düngen: Bei Bedarf wird Mais mit einem kaliumreichen Dünger verwöhnt.

Häufige Krankheiten und Schädlinge: Vögel, Nagetiere und Schnecken. Mit einem Netz kann man Mais schützen.

Ernte: Erntereif sind die Kolben ab dem Hochsommer, wenn der Schopf braun wird. Ihr testet das, indem ihr einen Fingernagel in ein Korn drückt. Tritt milchige Flüssigkeit aus, ist der Kolben reif.

ROTE BETE (BETA VULGARIS)

Die dunkelroten Knollen der Roten Bete sind mit nichts zu vergleichen. Jeder Bestandteil der Pflanze ist essbar. Frühe amerikanische Siedler machten daraus sogar einen rosa Zuckerguss für Kuchen!

Empfohlene Sorten: Sugar Beets, Robuschka.

Lebensdauer: zweijährig, wird aber einjährig kultiviert.

Pflanzzeit: Frühjahr bis Sommer.

Standort: Rote Beten gedeihen in der vollen Sonne am besten, vertragen aber auch etwas Schatten. Sie bevorzugen feuchte Böden und lassen sich sogar in Hochbeeten und Töpfen kultivieren.

Höhe: 30–60 cm, Knollen golfball- bis tennisballgroß.

Kultur: Um im Sommer und Herbst lückenlos versorgt zu werden, sät man ab dem Frühjahr gestaffelt in wöchentlichen Intervallen. Sät direkt in feuchte Böden. Sobald die Sämlinge 2–3 cm hoch sind, dünnt ihr sie auf 4 cm Abstand aus.

Häufige Krankheiten und Schädlinge: Das häufigste Problem ist Schossen. Man senkt das Risiko, indem man nicht zu früh aussät und die Erde nicht austrocknen lässt. Bei Trockenheit muss also gewässert werden, aber nicht zu viel.

Ernte: Räumt um das Kraut etwas Erde weg und seht nach, ob die Knollen schon knapp unter der Oberfläche stehen. Ist das der Fall, erntet ihr sie, indem ihr den Blattschopf leicht dreht und sie aus der Erde zieht. Zu lange sollten sie nicht im Boden bleiben. Sie wachsen zwar weiter, werden aber holzig.

MÖHREN (DAUCUS CAROTA)

Der Geschmack von Möhren aus eigenem Anbau lässt sich nicht toppen. Man kann gar nicht glauben, dass sie anfangs violett waren. Irgendwann züchteten die Holländer eine orange Mutation weiter, die zum Erfolgsmodell wurde.

Empfohlene Sorten: Cosmic, Rainbow-Mischung.

Lebensdauer: zweijährig, wird aber einjährig kultiviert.

Pflanzzeit: Frühjahr/Sommer.

Standort: Möhren brauchen Sonne und durchlässige Böden. Befreit die Erde vor der Aussaat möglichst gut von Unkräutern und Steinen. Man kann sie auch in Töpfen ziehen; wegen ihrer Größe bekommt man viel Ertrag auf kleinem Raum. Allerdings muss das Pflanzgefäß hoch sein. Möhren gedeihen gut neben Lauchgewächsen wie Schnittlauch und Knoblauch, die sie vor der Möhrenfliege schützen.

Höhe: 5–50 cm.

Kultur: Zieht eine 1 cm tiefe Rille und sät die feinen Samen mit 5 cm Abstand direkt ins Beet. Dann werden die Samen dünn mit Erde bedeckt und gewässert.

Man kann im Abstand von zwei Wochen aussäen, um die Erntezeit zu strecken, und Sorten säen, die zu verschiedenen Zeiten reifen. Vorsicht: nicht das Laub verletzen, da der Geruch Möhrenfliegen anlockt.

Häufige Krankheiten und Schädlinge: Die Möhrenfliege ist eine kleine schwarze Fliege, deren Larven die Wurzeln anfressen. Man kann gegen sie nicht viel tun, deshalb ist Vorbeugen die beste Maßnahme! Stellt den Möhren Begleiter wie Schnittlauch und Knoblauch zur Seite, die den Möhrengeruch kaschieren, und pflanzt sie gruppenweise verteilt statt alle in einem Beet. Gegen Blattläuse auf dem Laub setzt man Marienkäfer ein.

Ernte: Möhren sind nach 12–16 Wochen erntereif. Um zu sehen, ob sie reif sind, zieht man eine aus dem Boden. Man kann sie im Boden lassen, um sie zu lagern. Die Blätter eignen sich übrigens für Pesto!

MANGOLD (BETA VULGARIS)

Mangold lässt sich einfach anbauen und kann ganzjährig geerntet werden. So habt ihr immer frisches Gemüse, das schnurstracks in die Küchen wandert!

Empfohlene Sorte: Rainbow.

Lebensdauer: zweijährig.

Pflanzzeit: Frühjahr/Sommer.

Standort: Sonne oder Halbschatten. Gut unter Mais.

Höhe: bis 60 cm.

Kultur: Man kann Mangold direkt aussäen. Das ist zweimal im Jahr möglich: im Frühjahr und im Hochsommer. Zieht eine 2–3 cm tiefe Rille und gebt die Samen mit 4 cm Abstand hinein. Wässert und mulcht etwas, um die Sämlinge zu schützen. Geerntet werden können Mangoldblätter so lange, bis die Pflanzen kein neues Laub mehr bilden und nicht mehr schmecken.

Häufige Krankheiten und Schädlinge: Vögel und vor allem Tauben machen sich gern über Mangold her. Man schützt die Pflanzen mit Netzen oder Vogelscheuchen vor ihnen. Letztere müssen aber öfter umgestellt werden, da sich die Vögel im Nu daran gewöhnen.

Grauschimmel zeigt sich durch verfärbte Flecken auf dem Laub, die sich ausbreiten. Befallene Teile müssen sofort entfernt werden. Der Schimmel überwintert in Form schwarzer Sporen. Er tritt normalerweise unter feuchten Bedingungen auf. Deshalb sollte man Mangold öfter auf Befall prüfen.

Auch Falscher Mehltau befällt das Laub. Man senkt das Risiko, indem man Mangold nicht zu dicht pflanzt, sodass Luft gut zirkulieren kann. Pflanzt zudem widerstandsfähige Sorten und wässert nur den Boden, nicht die Blätter.

Ernte: Die jungen Blätter können roh in Salaten verwertet werden, die älteren kocht man wie Spinat. Als Erstes erntet man die äußeren Blätter, dann arbeitet man sich nach innen vor. Sie wachsen nach, sodass man konstant versorgt wird. Mangold ist ein super Tauschgemüse.

GARTENSALAT (LACTUCA SATIVA)

Gartensalat ist eine Geschmacksbombe und das perfekte Einsteigergemüse, denn er lässt sich kinderleicht anbauen und liefert schnelle Ergebnisse.

Empfohlene Sorten: Roter Butterhäuptl, Maikönig, Rolando.

Lebensdauer: einjährig.

Pflanzzeit: Frühjahr bis Frühherbst.

Standort: Blattsalat mag direkte Sonne und windgeschützte Plätze.

Höhe: 30–100 cm.

Kultur: Ausgesät wird ins Freiland, in Pflanzsäcke oder Töpfe. Wichtig sind ein vollsonniger Platz und feuchter Boden. Man kann gestaffelt anbauen, um kontinuierlich versorgt zu werden. Frühe und späte Kulturen brauchen eventuell Frostschutz in Form von Vlies, Glasglocken oder Folientunneln.

Die Aussaat erfolgt in Reihen mit 30 cm Abstand. Drückt die feinen Samen gut an, siebt nur eine hauchdünne Schicht Erde darüber und wässert reichlich. Sobald sie keimen, dünnt ihr aus, indem ihr die schwächsten Sämlinge auszupft, bis nur noch kräftige Exemplare übrig bleiben, die in etwa 30 cm Abstand stehen.

Häufige Krankheiten und Schädlinge: Spatzen und Tauben lieben Gartensalate. Man deckt die Kulturen daher mit Vlies oder Maschendraht ab oder probiert es mit einer Vogelscheuche.

Ernte: Geerntet werden die Köpfe, wenn sie für euch groß genug sind. Schneidet sie mit einem scharfen Messer knapp über dem Boden ab.

Blattsalate können vielfältig in der Küche verwendet werden.

KÜRBISSE (CUCURBITA)

Kürbisse sind nicht nur für Halloween gut. Man kann sie auch rösten oder zu Kuchen, Suppen, Risotto und Gemüsecurrys verarbeiten.

Empfohlene Sorten: Butternut. Wer wenig Platz hat, nimmt Jack Be Little, einen Minikürbis, der ein schönes Halloween-Dekor ist, aber auch hervorragend schmeckt.

Lebensdauer: einjährig.

Pflanzzeit: Frühjahr/Frühsommer.

Standort: Kürbisse brauchen einen sonnigen, geschützten, windstillen Standort, außerdem viel Raum zum Ausbreiten.

Höhe: je nach Sorte etwa 1,2–2,5 m. Kürbispflanzen können riesig werden.

Kultur: Sät im März drinnen oder im Juni draußen aus. Die Samen müssen seitlich gesteckt und 1 cm dick mit Erde bedeckt werden. Gut wässern.

Drinnen ausgesäte Pflanzen sollte man vor dem Auspflanzen Ende Mai abhärten, indem man sie tagsüber nach draußen stellt und nachts wieder nach drinnen bringt. Nach einer Woche, also ab Anfang Juni, können sie dann dauerhaft ins Freiland.

Kürbispflanzen brauchen viel Wasser, aber keine Staunässe. Sobald sie Früchte ansetzen, legt man etwas unter die Kürbisse, damit sie keinen direkten Bodenkontakt haben und faulen.

Häufige Krankheiten und Schädlinge: Die Blätter werden oft von Echtem Mehltau befallen, wenn es heiß und trocken ist. Am besten wählt ihr robuste Sorten, entfernt krankes Laub und sprüht einmal die Woche eine Milch-Wasser-Mischung (1:8) auf die Blätter.

Ernte: Geerntet wird vor dem ersten Frost. Schneidet die Kürbisse am Stiel ab.

Kürbis

FRÜHLINGSZWIEBELN (ALLIUM FISTULOSUM)

Frühlingszwiebeln bauen sich praktisch von selbst an. Man kann sie sogar auf der Fensterbank ziehen und von dort ad hoc ernten.

Empfohlene Sorte: Lilia.

Lebensdauer: zweijährig, wird ein- und zweijährig kultiviert.

Pflanzzeit: Frühjahr bis Sommer.

Standort: sonnig, geschützt.

Höhe: bis 30 cm.

Kultur: Sät die Frühlingszwiebeln in Töpfe oder direkt ins Freiland. Zieht dazu eine etwa 1 cm tiefe Rille, streut die Samen dünn hinein und bedeckt sie mit etwas Erde. Dann gut wässern. Man kann auch ein Vlies darüberlegen, um Vögel fernzuhalten und die Kulturen zu wärmen, falls man sehr früh oder spät aussät.

Der Boden muss feucht bleiben, darf aber nicht überwässert werden. Wichtig ist, ihn unkrautfrei zu halten. Bei Topfkultur muss etwas öfter gewässert werden. Sät alle 3 Wochen eine neue Portion aus, damit ihr lückenlos versorgt seid.

Häufige Krankheiten und Schädlinge: Die Mehlkrankheit kann von anderen *Allium*-Arten übertragen werden, aber auch im Boden sitzen, wenn dort vorher Lauchgewächse angebaut wurden. Hat die Krankheit sich einmal festgesetzt, kann man nur noch wenig dagegen tun. Deshalb kultiviert man Lauchgewächse jedes Jahr an einem anderen Platz.

Falscher Mehltau droht, wenn die Zwiebeln zu feucht gehalten werden. Wässert nicht zu viel und sorgt für gute Drainage und Luftzirkulation. Bei Befallsspuren zupft ihr infiziertes Laub ab.

Ernte: Frühlingszwiebeln werden etwa 8 Wochen nach der Aussaat geerntet. Sie sollten 15 cm hoch und noch zart sein.

Frühlingszwiebeln

PORREE (ALLIUM PORRUM)

Porree ist ein fantastisches Wintergemüse. Er lässt sich einfach anbauen und schmeckt zubereitet mit Käsesoße gerade um die Weihnachtszeit himmlisch.

Empfohlene Sorten:
Blaugrüner Herbst, Northern Light.

Lebensdauer: zweijährig, wird aber einjährig kultiviert.

Pflanzzeit: Frühjahr/Sommer.

Standort: sonnig.

Höhe: 50 cm.

Kultur: Porree kann in Gefäße oder direkt ins Freiland gesät werden. Mit einem Stab zieht man eine 1,5 cm tiefe Rille und streut das Saatgut dünn hinein. Dann bedeckt man es mit Erde und wässert gut. Ein Vlies hält es warm und hindert Vögel daran, die Samen zu klauen.

Der Boden sollte feucht bleiben, darf aber nicht überwässert werden. Wichtig ist gutes Jäten. In Töpfen muss häufiger gegossen werden. Man kann die Länge des weißen Schafts erhöhen, wenn man die Stangen in Zeitungspapier wickelt. Packt sie keinesfalls in Erde, denn sie gelangt in den Porree, sodass er sich nur noch schwer säubern lässt.

Häufige Krankheiten und Schädlinge: Die Mehlkrankheit kann von anderen Laucharten in der Nähe und sogar über den Boden übertragen werden, in dem solche zuvor gewachsen sind. Deshalb pflanzt man Zwiebelgewächse am besten jedes Jahr an einen neuen Standort.

Wird Porree zu nass, kann Falscher Mehltau auftreten. Überwässert nicht und sorgt für gute Drainage und Luftzirkulation. Befallene Blätter solltet ihr abschneiden.

Ernte: Sobald die Stangen für euch groß genug sind – man kann sogar Babyporree ernten – zieht ihr sie einfach aus der Erde. Eventuell könnt ihr eine Grabgabel zu Hilfe nehmen. Porree bleibt im Beet, bis man ihn braucht.

Porree

SPEISEZWIEBELN (ALLIUM CEPA)

Die Speisezwiebel ist das verbreitetste Gemüse überhaupt und Grundlage unzähliger Gerichte rund um den Globus. Der Grund: Sie ist ausgesprochen vielseitig, leicht anzubauen und noch leichter zu lagern.

Empfohlene Sorten: Sturon, Piroska.

Lebensdauer: zweijährig, wird aber einjährig kultiviert.

Pflanzzeit: Frühjahr/Herbst/Winter.

Standort: Speisezwiebeln brauchen volle Sonne. Gut aufgehoben sind sie neben Petersilie, die Zwiebelfliegen fernhält.

Höhe: 40–80cm, die Zwiebeln können tischtennisball- bis handballgroß werden.

Kultur: Speisezwiebeln lassen sich aussäen oder aus Steckzwiebeln ziehen. Ausgesät werden sie drinnen im Januar/Februar. Dazu steckt man die Samen in etwa 1cm Abstand in die Erde und wässert gut. Sobald sie austreiben, pflanzt man sie um, vergrößert den Abstand auf 10–15cm, lässt sie aber noch bis zum Frühjahr drinnen weiterwachsen.

Steckzwiebeln werden im Frühjahr oder Herbst mit 10–15cm Abstand an einen sonnigen Platz gepflanzt und feucht gehalten. Achtet darauf, dass das Beet unkrautfrei bleibt.

Häufige Krankheiten und Schädlinge: Die Zwiebelfliege lässt sich mit Petersilie als Nachbarpflanze fernhalten.

Zwiebelhalsfäule tritt auf, wenn man zu viel gießt. Achtet auf gute Durchlässigkeit des Bodens und ausreichende Abstände.

Ernte: Mit einer Grabgabel werden die Zwiebeln aus der Erde gehebelt, sobald sie groß genug sind und das Laub zu welken beginnt. Legt sie zum Trocknen 2–3 Wochen auf Zeitungspapier oder ein Regal und dreht sie gelegentlich, bevor ihr sie an einem kühlen, trockenen Ort an einer Schnur aufhängt.

SPINAT (SPINACIA OLERACEA)

Spinat liefert und liefert und liefert. Junge Blätter erntet man für Salate, dann setzen die Pflanzen immer neue Blätter an.

Lebensdauer: ein- oder zweijährig.

Pflanzzeit: Frühling, Sommer, Herbst und Winter.

Standort: Halbschatten. Wächst gut unter Mais.

Höhe: 30 cm.

Kultur: Zieht eine etwa 1,5 cm tiefe Rille in gute, feuchte Erde im Halbschatten und streut die Samen hinein. Der Reihenabstand sollte rund 40 cm betragen. Bedeckt die Samen anschließend mit Erde und wässert sie gut. Bei Bedarf wird ausgedünnt.

Auf diese Weise könnt ihr außer im Hochsommer ein- bis zweimal im Monat einen neuen Satz aussäen, um ganzjährig lückenlos ernten zu können.

Häufige Krankheiten und Schädlinge: Wenn ihr eine Schneckenplage habt, schützt den Spinat mit Wällen aus Eierschalen.

Ein weiteres Problem ist Falscher Mehltau, vor allem bei hoher Luftfeuchtigkeit. Die Pflanzen brauchen Abstand, damit die Luft gut zirkulieren kann. Wässert nicht auf die Blätter.

Ernte: Mit der Ernte kann schon etwa sechs Wochen nach der Aussaat begonnen werden. Zupft einfach die Blätter ab, die am besten aussehen. Er treibt immer wieder frisches Laub aus.

ERBSEN (PISUM SATIVUM)

Nichts geht über den Geschmack frischer Erbsen direkt aus der Hülse. Außerdem blühen sie so schön, dass sie jeden Nutzgarten optisch aufwerten.

Empfohlene Sorten: Purple Mangetout, Hendricks.

Lebensdauer: einjährig.

Pflanzzeit: Frühjahr/Sommer.

Standort: vollsonnig. In Töpfen kultivieren oder im Freiland an Stangen bzw. Rankgittern hochwachsen lassen.

Höhe: 1,2–1,8 m.

Kultur: Man sät sie von März bis Juni ins Freiland. Hebt dazu an einem warmen, sonnigen Platz einen 20 cm breiten und 3 cm tiefen Graben aus. Alle 10 cm legt ihr einen Samen hinein. Zum Schluss wird alles mit Erde bedeckt und gut gewässert.

Erbsen brauchen etwas zum Klettern, z. B. einen dünnen Stab, ein Rankgitter oder ein gespanntes Netz. Anfangs führt man sie an ihre Stütze.

Häufige Krankheiten und Schädlinge: Erbsenwicklerlarven können vor allem den reifenden Erbsen zusetzen. Haltet den Falter mit einem Netz fern.

Auch Schnecken, Vögeln und Nagern schmecken Erbsen. Wieder eine Abdeckung mit einem Netz oder Vlies.

Ernte: Wenn ihr eine Zuckererbse habt, müsst ihr sie ernten, sobald sich die ersten zarten Erbsenhülsen entwickeln. Ansonsten wartet ihr mit dem Abzupfen, bis die Hülsen fast platzen.

Erbsen

BOHNEN (PHASEOLUS VULGARIS)

Sie schmecken nicht nur hervorragend und sind nahrhaft, sie wachsen auch fast von selbst und geben zudem sehr dekorative Rabattenpflanzen ab.

Empfohlene Sorten: Brillant, Negra, Schwarze Kugel, für warme Lagen empfehle ich Spargelbohnen.

Lebensdauer: einjährig.

Pflanzzeit: Frühjahr/Sommer.

Standort: vollsonnig. Sehr schön als dekorative Rabatte und zum Beschatten von Spinat.

Höhe: bis zu 4 m.

Kultur: Sät die Bohnen drinnen schon ab April aus. Gebt ihnen hohe Töpfe oder leere Toilettenpapierrollen, damit sie kräftige Wurzeln entwickeln. Nach dem letzten Frost kommen die Setzlinge im Mai oder Juni ins Freiland an einen sonnigen Platz. Sie brauchen unbedingt eine Stütze, etwa ein Rankgitter oder ein Stangenzelt.

Setzt die Pflänzchen mit 15 cm Abstand an die Kletterhilfe. Haltet das Erdreich vor allem während der Blüte feucht, dann setzen sie viele Hülsen an.

Häufige Krankheiten und Schädlinge: Typische Bohnenschädlinge sind Schnecken. Mit Eierschalen oder einem anderen grobkörnigen, rauen Material wie Kies kann man eine Barriere bilden.

Ernte: Ab der zwölften Woche oder wenn die Bohnen etwa 15–20 cm lang sind, erntet man sie regelmäßig ab, da das die Pflanzen zur Bildung immer neuer Hülsen anregt.

Bohnen

KARTOFFELN (SOLANUM TUBEROSUM)

Gibt es etwas an Kartoffeln, das man nicht mögen kann? Am besten sind – logo! – selbst gezogene, frisch aus dem eigenen Garten geerntete Exemplare.

Empfohlene Sorten: Bamberger Hörnchen, Blauer Schwede, Raja.

Lebensdauer: mehrjährig, wird aber einjährig kultiviert.

Pflanzzeit: Frühjahr.

Standort: sonnige, windstille Plätze. Spätfrostgefährdete Bereiche meiden.

Höhe: bis zu 1 m.

Kultur: Kartoffeln lassen sich gut in großen Gefäßen anbauen. Man kann Pflanzsäcke kaufen, aber im Prinzip ist alles mit gutem Wasserabzug brauchbar. Sogar eine Ikeatasche mit in den Boden gebohrten Löchern funktioniert.

Füllt den Sack zu einem Drittel mit guter Erde und legt 1–2 Saatkartoffeln hinein, also Kartoffeln, die gerade frische Keime bilden (wenn ihr zwei Exemplare setzt, bekommt ihr mehr Kartoffeln, dafür aber kleinere). Bedeckt sie mit Erde und wässert gut. Die Erde muss ständig feucht bleiben. Lasst den Sack nicht im kalten Wind stehen.

Mit der wachsenden Kartoffelpflanze gibt man nach und nach mehr Erde in den Sack, bis er voll ist. So hat das Wurzelsystem ordentlich Platz und bildet viele Knollen. Auch jetzt muss die Erde feucht gehalten werden, bis die Kartoffeln erntefähig sind.

Häufige Krankheiten und Schädlinge: Die Kraut- und Knollenfäule ist eine häufige Pilzinfektion, die bei warmer, nasser Witterung auftritt. Zunächst bilden sich dunkle Flecken auf dem Laub, später wird die ganze Ernte vernichtet. Sorgt für gute Drainage! Bei den ersten Anzeichen schneidet ihr das gesamte Laub ab, damit die Knollen nicht befallen werden.

Ernte: Frühe Sorten werden im Juli, späte im September/Oktober geerntet, sobald das Laub vergilbt. Einfach Sack ausleeren und Erde nach Kartoffeln durchsuchen.

INGWER (ZINGIBER OFFICINALE)

Dieses exotische Gemüse schmeckt hervorragend, als Küchengewürz ebenso wie als Tee. Es ist so leicht anzubauen, dass ihr euch fragen werdet, warum ihr Ingwer überhaupt je gekauft habt.

Lebensdauer: mehrjährig.

Pflanzzeit: Frühjahr.

Standort: drinnen oder den Sommer über auch draußen in Töpfen.

Höhe: 30 cm.

Kultur: Kauft eine Ingwerwurzel guter Qualität. Sie muss mindestens zwei Augen haben. Vergrabt sie in etwas Substrat, sodass die Augen gerade noch herausschauen. Nun stellt ihr sie warm und haltet sie einige Wochen lang feucht, bis sich Triebe bilden. Dann setzt ihr die Pflanze in einen größeren Topf. Sie muss stets gut gewässert werden.

Im Sommer kann man die Töpfe nach draußen stellen – am besten an einen geschützten Ort im Halbschatten. Vor dem ersten Frost müssen sie wieder nach drinnen umziehen.

Häufige Krankheiten und Schädlinge: Ingwer ist nicht anfällig für Krankheiten, kann sich aber im überfüllten Gewächshaus die Rote Spinnmilbe einfangen. Haltet die Luftfeuchtigkeit hoch und besprüht das Laub regelmäßig.

Ernte: Wenn die Pflanze im Herbst keine neuen Blätter mehr austreibt, kann man das Rhizom aus der Erde holen, einen Teil abschneiden und den Rest im nächsten Jahr weiterwachsen lassen.

KOPFKOHL (BRASSICA OLERACEA CONVAR. CAPITATA)

Kopfkohl ist ein erstaunlich vielseitiges Gemüse, wird aber oft unterschätzt! Er schmeckt gehobelt in einem sommerlichen Krautsalat, ist aber auch gebraten, geschmort und sogar gegrillt ein Genuss. Und dekorativ sieht er obendrein aus!

Lebensdauer: zweijährig, wird aber einjährig kultiviert.

Pflanzzeit: Frühjahr bis Spätsommer.

Standort: Ideal ist ein sonniger Platz mit festem Boden – also Erde, die nicht einsinkt, wenn man darauf tritt. Am wohlsten fühlt sich Kohl im Freiland, doch kann man ihn auch im Topf ziehen, der allerdings hoch sein muss.

Höhe: 40–60 cm. (Ein Paar in Australien hat allerdings ein mannshohes Exemplar gezogen!)

Kultur: Kopfkohl braucht Platz, das sollte man berücksichtigen. Ihr könnt ihn im Frühjahr direkt ins Freiland säen oder drinnen 6–8 Wochen vor dem letzten Frost vorziehen. Danach kann er nach draußen.

Kohl ist sehr durstig! Pflanzt ihn am besten nach starkem Regen ins Freiland oder füllt am Abend davor das Pflanzloch mit Wasser und wässert den Kohl nach dem Einsetzen noch einmal.

Mit einem gestaffelten Anbau versorgt man sich lückenlos mit Kohl. Bis zur Erntereife vergehen 4–6 Monate.

Häufige Krankheiten und Schädlinge: Raupen lieben Kohl, allen voran die des Kohlweißlings. Schützt eure Kulturen mit Netzen oder sammelt die Schädlinge mit der Hand ab.

Bei schlechter Drainage oder in eher sauren Böden droht Kohlhernie. Man erkennt sie an fahlgelben, welkenden Blättern. Gute Drainage und Kalken des Bodens senken das Befallsrisiko.

Schnecken stehen auf Kohl. Ihre Schleimspuren verraten sie. Mit einem Wall aus Kaffeesatz und Eierschalen haltet ihr sie vom Kohl fern.

Kopfkohl

TOMATILLOS (PHYSALIS PHILADELPHICA)

Tomatillos schmecken angenehm säuerlich und sind wesentlicher Bestandteil mexikanischer Salsas. Schon der bloße Gedanke an sie, gehackt mit Chili und Koriander, beträufelt mit Limettensaft und gewürzt mit Salz, lässt mir das Wasser im Mund zusammenlaufen. Für warme Sommerabende sind sie perfekt.

Empfohlene Sorte: Tomatillo Purple.

Lebensdauer: mehrjährig, wird aber einjährig kultiviert.

Pflanzzeit: Sommer.

Standort: Tomatillos mögen Sonne und brauchen gute Drainage. Man kann sie im Topf an einem geschützten, sonnigen Platz ziehen, damit sie gut tragen.

Höhe: Sie sind recht buschig und werden 0,5–1 m hoch.

Kultur: Man muss zwei Pflanzen gleichzeitig ziehen, da sonst keine Befruchtung stattfindet (Tomatillos sind selbststeril). Sie tragen reichlich, weshalb 2–3 Pflanzen normalerweise mehr als genug sind!

Ihr könnt sie schon 6–8 Wochen vor dem letzten Frost drinnen aussäen.

Sie fallen manchmal unter dem Gewicht ihrer eigenen Früchte um und sollten deshalb gestützt werden, entweder mit einer Rankhilfe oder einem Käfig.

Häufige Krankheiten und Schädlinge: Blattläuse können Tomatillos zusetzen. Man dezimiert sie am besten mit Marienkäfern oder durch Wegspritzen mit einem kräftigen Wasserstrahl.

Ernte: Erntereif sind die Früchte, sobald die Hüllen trocken sind, das Fleisch eine feste Konsistenz hat und die Farbe den für die jeweilige Sorte typischen Ton hat.

Tomatillos

STANGENSELLERIE (APIUM GRAVEOLENS)

Sellerie gehört zur »Gemüsedreifaltigkeit« Italiens und darf bei mir nicht fehlen. Soffritto (gehackte Möhren, Sellerie und Zwiebeln) ist die Basis vieler Gerichte.

Empfohlene Sorte: Chinese Pink.

Lebensdauer: zweijährig, wird aber einjährig kultiviert.

Pflanzzeit: Frühjahr.

Standort: an einem sonnigen und feuchten Standort. Kapuzinerkresse und Studentenblumen sind ideale Leibwächter gegen Schädlinge.

Höhe: 45–60 cm.

Kultur: Sät das Saatgut dünn aus und bedeckt es leicht mit Erde. Sobald die Sämlinge ein paar Blätter haben, werden sie vereinzelt. Achtet darauf, dass die Temperatur nicht zu stark sinkt, sonst schossen die Pflanzen später. Man kann sie auch drinnen vorziehen, abhärten und draußen in Furchen setzen.

Häufige Krankheiten und Schädlinge: Jungpflanzen sind vor Schnecken nicht sicher. Die Schädlinge verraten sich aber durch Schleimspuren. Ein Wall aus Kaffeesatz und Eierschalen bremst sie aus.

Echten Mehltau erkennt man daran, dass die Blätter aussehen wie mit Mehl bestäubt. Verringern lässt sich das Infektionsrisiko durch gutes Wässern und ausreichende Luftzirkulation. Am größten ist die Gefahr bei warmer, trockener Witterung im zeitigen Frühjahr. Zupft befallenes Laub ab und dünnt die Pflanzen ggf. aus, um die Durchlüftung zu verbessern.

Ernte: Stangensellerie kann vor der Ernte gebleicht werden. Dazu deckt ihr die Stangen 2–3 Wochen vor der Ernte ab, dann schmecken sie milder. Sellerie braucht 18–20 Wochen, bis er reif ist, merkt euch also, wann ihr ihn ausgesät habt! Geerntet wird er, indem man ihn direkt am Ansatz abschneidet. Ihr könnt ihn auf einer Fensterbank ins Wasser stellen – er hält dort erstaunlich lang!

Sellerie

ARTISCHOCKEN (CYNARA SCOLYMUS)

Artischocken machen mit ihrem bizarren Aussehen in jedem Garten was her. Ganz nebenbei schmecken sie auch noch, vor allem gekocht und mit Butter.

Empfohlene Sorte: Green Globe.

Lebensdauer: mehrjährig.

Pflanzzeit: Frühjahr/Sommer.

Standort: Ein warmer, sonniger Platz mit guter Drainage ist ideal.

Höhe: bis zu 1,5 m.

Kultur: Sät die Artischocken drinnen in Saatschalen aus. Sobald sie fünf Blätter haben, bringt ihr sie in den Garten und setzt sie in Blumenrabatten oder Gemüsebeete. Sie werden aber recht groß und brauchen viel Platz, was man bei der Planung berücksichtigen sollte.

Wenn ihr Bekannte mit Artischocken habt, fragt sie, ob sie ein älteres Exemplar teilen. Dem Exemplar tut es gut, da es besser trägt – und ihr bekommt eine gut angepasste Artischocke.

Gutes Wässern und Jäten sind Pflicht.

Häufige Krankheiten und Schädlinge: Schnecken mögen junge Artischockenpflanzen. Sie verraten sich durch Schleimspuren. Mit Kaffeesatz und Eierschalen versperrt man ihnen den Zugang.

Auch Blattläuse befallen Artischocken. Als natürliche Bekämpfung empfiehlt sich der Einsatz von Marienkäfern, die sich von den Schädlingen ernähren.

Ernte: Sobald die Blütenknospen golfballgroß sind, werden sie geerntet. Darauf setzen die Pflanzen weitere Blüten an. Ich finde sie megalecker!

Artischocke

FENCHEL (FOENICULUM VULGARE)

Gewürzfenchel wächst in ganz Italien wild. Überall liegt sein Anisduft in der Luft. Geschätzt wird er auch in der Küche, denn man kann von den Stielen über die Blätter bis zu den Samen alles verwerten.

Empfohlene Sorten: Gewürzfenchel: Bronzefenchel, Knollenfenchel: Montebianco.

Lebensdauer: mehrjährig bzw. einjährig.

Pflanzzeit: spätes Frühjahr/Sommer.

Standort: geschützt und sonnig.

Höhe: 1–2,5 m.

Kultur: Man kann Fenchel drinnen ansäen, darf aber beim Umpflanzen den Wurzelballen nicht stören. Besser ist Direktsaat im Freien nach dem letzten Frost.

Gewürzfenchel braucht kaum Pflege und verträgt auch Trockenheit, wenn er älter ist. Die Pflanze zieht im Herbst ein. Ab dem zweiten Jahr bildet sie Blüten und Samen.

Knollenfenchel ist eine einjährige Varietät des Fenchels, die eine verdickte Sprossbasis bildet, die man isst. Diese Form müsst ihr ausreichend gießen, damit die Knolle nicht faserig wird.

Häufige Krankheiten und Schädlinge: Echten Mehltau erkennt man daran, dass die Blätter aussehen, als habe sie jemand mit Mehl bestäubt. Ausreichendes Wässern und gute Luftzirkulation beugen einer Infektion vor. Das Risiko dafür ist im Frühjahr bei warmer trockener Witterung am größten. Zupft infiziertes Laub ab und dünnt die Pflanze aus, um die Durchlüftung zu verbessern. Gegen Blattläuse helfen Nützlinge.

Ernte: Das Laub des Gewürzfenchels kann geerntet werden, sobald die Pflanzen etwas älter sind. Schneidet aber immer nur ein paar Blätter ab. Auch die Samen könnt ihr ernten, für die Küche oder als Saatgut! Knollenfenchel erntet ihr ab Tennisballgröße.

Knollenfenchel

PILZE

Eine Pilzzucht ist eine gute Möglichkeit, den Anbau eigener Produkte zu optimieren, vor allem, wenn ihr wie ich einen kleinen Stadtgarten habt. Zugleich kann man dank einiger Arten wie dem Riesen-Träuschling die Wasser- und Nährstoffaufnahme seiner Nutzpflanzen verbessern.

Lebensdauer: mehrjährig.

Pflanzzeit: Frühjahr/Sommer.

Standort: Pilze mögen es schattig und feucht. Man kann sie in Hochbeeten, Eimern und auf Holzstämmen ziehen.

Höhe: Sie hängt von der Art und dem Platz ab, den ihr den Pilzen einräumt.

Kultur: Es gibt viele Wege, Pilze anzubauen. Eine Rolle spielen dabei das verfügbare Budget, die Ansprüche der jeweiligen Art, eure Zeit und die kultivierte Menge. Im Pilzkapitel gehe ich auf ein paar Anbaustrategien ein, aber hier soll es um die Kultur auf Stämmen gehen.

Sucht euch ein Stammstück von einem gesunden Baum. Es sollte nicht schon ein Pilz darauf wachsen, sonst kann es sein, dass man versehentlich giftige Arten mitpflegt. Ideal ist ein 1,5 m langes und 30 cm breites Rundholz.

Sobald ihr das passende Stammstück gefunden habt, bohrt ihr 1,5 cm tiefe Löcher für die Brut hinein. In einem Block sollten es nicht mehr als 50 Löcher sein. Bohrt sie 1,5 cm tief – so bleibt drinnen noch ein Freiraum unter der Verschlussmasse, in dem das Myzel wachsen kann.

Bohrt die zweite Lochreihe etwa 5 cm neben der ersten. Die Löcher sollten nicht direkt untereinander stehen, sondern versetzt, sodass sich ein Rautenmuster ergibt. Anschließend hämmert ihr die Dübel in die Löcher und versenkt sie leicht, damit noch Platz für ein Wachssiegel bleibt. Das ist sehr wichtig, denn es verhindert Schäden am Myzel und Infektionen. Welches Wachs ihr verwendet, ist egal, solange es nicht herausfällt und nicht giftig ist!

Nachdem alle Löcher Dübel enthalten und mit Wachs versiegelt sind, ist der Stamm bereit für die Inkubation. Man legt ihn am besten an einen schattigen Platz mit hoher Luftfeuchtigkeit und guter Luftzirkulation. Kommt das nicht infrage, könnt ihr ihn auch mit einem Tuch abdecken. Ist der Winter in eurer Region recht kalt, sollte man ihn in einer Garage oder einem Schuppen deponieren.

Der Stamm muss ein- bis zweimal die Woche angefeuchtet werden. Das ist ganz wichtig, denn wenn er austrocknet, ist es vorbei mit der Pilzzucht!

Riesen-Träuschling

Düngen: mit Pilzsubstrat.

Häufige Krankheiten und Schädlinge: Schnecken sind Pilzliebhaber. Sie fallen nur zu gern über eure Kulturen her. Macht ihnen daher mit Eierschalen das Leben schwer. Ein Tipp: Sie verraten sich durch Schleimspuren!

Ernte: Auf Holzstämmen fruchten Pilze ungefähr vier Jahre lang ein- bis zweimal im Jahr. Zu erwarten ist das vor allem im Frühjahr und im Herbst. Erntet die Pilze möglichst bald, denn wenn man zu lange wartet, schmecken sie nicht mehr so gut und auch ihre Textur wird nicht besser.

MICROGREENS

Ich habe mit der Kultur von Microgreens begonnen, kaum dass ich in London war. Denn jedes Mal, wenn ich in ein Restaurant gegangen bin, bekam ich Gerichte mit viel Microgreens darauf. Klar, dass das meine Neugier weckte. Das nahrhafte Minigemüse ist in vielen Geschmacksvarianten zu haben.

Empfohlene Arten: im Prinzip kann man es mit allem probieren. Am besten finde ich Luzerne (Alfalfa), Erbsen und Amarant.

Lebensdauer: einjährig.

Pflanzzeit: ganzjährig drinnen.

Standort: an einem sonnigen Platz auf der Fensterbank oder unter Pflanzenlampen, um das Wachstum zu beschleunigen und die Erntemenge zu steigern.

Höhe: 3–8 cm, je nach Art und Sorte.

Kultur: Bedeckt den Boden einer Schale mit 2 Gläsern Wasser und gebt anschließend Universal- oder Kokoserde hinein. Füllt die Schale nur bis 2–3 cm unter den Rand. Dann wird gleichmäßig ausgesät.

Besprüht die Samen mit Wasser, um sie zur Keimung anzuregen. Eine Ausnahme bilden Erbsen, die man in Wasser einweicht, bevor man sie in den Boden steckt. Falls ihr gekauftes Saatgut verwendet, sollte auf der Verpackung stehen, ob ihr es einweichen müsst. Andernfalls fragt Google oder einen Experten.

Lasst die Samen 2–3 Tage keimen und haltet euch beim weiteren Vorgehen an die Kulturempfehlungen für die jeweilige Art oder Sorte.

Häufige Krankheiten und Schädlinge: Sie sind kaum ein Thema, da man die Microgreens drinnen und in sehr kurzer Zeit zieht. Seht ihr Blattläuse oder Schimmel, werft die Pflanzen weg und sät neu.

Ernte: 2–3 Wochen nach der Keimung kann man normalerweise ernten. Dass es an der Zeit ist, merkt ihr daran, dass die Sämlinge echte Blätter bilden. Nehmt einfach eine Schere und schneidet alles knapp über der Erde ab.

Microgreens

KAPUZINERKRESSE (TROPAEOLUM)

Kapuzinerkresse ist eine schöne Begleitpflanze, mit der sich Schädlinge in die Irre führen und Bienen anlocken lassen. Aber das Tollste an ihr ist, dass ihre Blüten, Blätter und Samen essbar sind und Salaten Schwung geben.

Empfohlene Sorten: Red Wonder, Banana Split.

Lebensdauer: mehrjährig, wird bei uns aber nur einjährig.

Pflanzzeit: Frühjahr/Sommer.

Standort: sonnig bis halbschattig. Sie kann in Töpfen und im Freiland neben Kohlarten und Bohnen gezogen werden.

Höhe: 30 cm.

Kultur: Sät im Frühjahr direkt am endgültigen Standort in durchlässige Erde. Über die Bodenqualität und das Gießen müsst ihr euch nicht viel Gedanken machen.

Vor dem Aussäen wässert man das anvisierte, gut gejätete Areal. Drückt die Samen 1–2 cm tief in die Erde. Dazwischen bleiben 10 cm Abstand. Dann bedeckt man sie dünn mit Erde.

Nach einigen Wochen zupft ihr die schwächsten Sämlinge aus, sodass nur ein Pflänzchen alle 30 cm bleibt. Kapuzinerkresse in Pflanzgefäßen muss ab und an gewässert werden, ansonsten braucht sie nur bei großer Trockenheit Wasser.

Wer eine kletternde Sorte kultiviert, bietet ihr einen Stab oder ein Rankgitter.

Häufige Krankheiten und Schädlinge: Kapuzinerkresse ist äußerst anfällig für Raupen und Blattläuse, was ein großer Vorteil ist, wenn man sie als Lockpflanze nutzen möchte, um die Schädlinge von anderem Gemüse fernzuhalten. Kultiviert ein paar Exemplare mehr, dann bleiben auch für euch selbst noch essbare Blüten, Blätter und Samen.

Ernte: Die Blüten und Blätter werden jung und knackig gegessen. Ihr pfeffriger Geschmack erinnert an den von Brunnenkresse. Die Früchte erntet man, solange sie grün sind. Man kann sie wie Kapern einlegen.

Kapuzinerkresse

AMARANT (AMARANTHUS)

Diese spektakuläre Blütenpflanze wertet euren Garten optisch enorm auf. Mit ihren essbaren Blättern und nussigen Samen ähnelt sie Quinoa.

Empfohlene Sorte: dreifarbiger Amarant.

Lebensdauer: einjährig.

Pflanzzeit: Frühjahr/Sommer.

Standort: sonnige Rabatten.

Höhe: 60–100 cm.

Kultur: Die Samen werden im März auf feuchtes Substrat gestreut, aber nicht mit Erde abgedeckt. Ihr könnt sie in einen Anzuchtkasten stellen oder mit Klarsichtfolie abdecken, damit die Feuchtigkeit nicht so schnell verdunstet, aber die Samen noch Licht bekommen. Die Keimtemperatur sollte 20 °C betragen. Die Sämlinge kann man umtopfen, aber auch sie müssen feucht gehalten werden und bis Ende Mai in voller Sonne stehen.

Nach dem letzten Frost härtet man sie ab, indem man sie täglich nach draußen stellt. Im Juni kommen sie mit 30 cm Abstand in Beete. Dort muss nur bei längerer Trockenheit gewässert werden. Topfkulturen brauchen mehr Wasser.

Häufige Krankheiten und Schädlinge: Blattläuse sind zwar selten, können aber Viren übertragen, die das Laub blass und ungesund aussehen lassen. Infizierte Exemplare müssen vernichtet werden, damit sich das Virus nicht ausbreitet. Haltet die Blattlauspopulationen mit Marienkäfern klein.

Ernte: Frische, junge Blätter sind roh gut für Salate, ältere eignen sich für Pfannengerichte. Zum Sommerende werden die Samen reif und können geerntet werden. Man schüttelt sie entweder in einen Beutel oder ein Gefäß oder hängt sie umgedreht auf, bis sie von selbst abfallen.

Amarant

SONNENBLUMEN (HELIANTHUS)

Sie bringen Sonne in den Garten. Mit einem Sonnenblumenwettbewerb kann man Kinder für Pflanzen begeistern und ihre Leidenschaft fürs Gärtnern wecken.

Empfohlene Sorten: Teddybär, Goldie F1.

Lebensdauer: einjährig.

Pflanzzeit: Frühjahr.

Standort: in voller Sonne.

Höhe: 1,8–2,2 m!

Kultur: Sonnenblumen zu ziehen ist ein Erlebnis! Man nimmt eine Anzuchtplatte, steckt ein Korn pro Modul in die Erde, wässert gut und stellt sie drinnen an einen warmen, sonnigen Platz.

Sobald die Sämlinge etwa 5 cm hoch sind, pikiert man sie in Einzeltöpfe. Wieder werden sie gut gewässert und kommen an einen warmen, sonnigen Standort. Sobald sie 30 cm hoch sind und kein Frost mehr droht, ziehen sie ins Freiland um.

Ihr könnt euch aussuchen, ob ihr viele Sonnenblüten haben oder lieber ausprobieren wollt, wie hoch sie werden! Denn davon hängt ab, wie man sie pflegt. Wenn ihr auf Riesenwuchs steht, tut nichts. Wenn ihr viele Blüten bevorzugt, zwickt ihr die Triebspitzen ab, damit die Pflanzen kleiner bleiben und mehr Blüten bilden. Außerdem müssen die Stängel gestützt werden, vor allem bei Wind und Regen.

Häufige Krankheiten und Schädlinge: Blattläuse bekommt man mit Marienkäfern unter Kontrolle. Auch Eichhörnchen genehmigen sich gerne ein paar Kerne. Mit Disteln an der Basis hält man sie fern. Auch Waschbären können sich über die Kerne hermachen.

Gegen Mehltau und Sclerotinia-Fäule helfen gute Luftzirkulation und Drainage.

Ernte: Sobald der Blütenstand vertrocknet und braun wird, erntet ihr die Samen. Stülpt eine Papiertüte darüber, damit Vögel sie euch nicht wegschnappen. Man kann sie in der Küche verwenden oder im nächsten Jahr pflanzen. Sonnenblumensamen halten jahrelang!

BORRETSCH (BORAGO OFFICINALIS)

Die hübsche Pflanze wartet mit essbaren Blättern und Blüten auf, deren Geschmack an Gurken erinnert. Sie sind ideal für Sommercocktails.

Lebensdauer: einjährig.

Pflanzzeit: Frühjahr.

Standort: in der vollen Sonne oder im Halbschatten. Durchlässiges Erdreich, bevorzugt neben Bohnen und Erbsen.

Höhe: 90 cm.

Kultur: Borretsch wird am besten gleich an seinen endgültigen Platz im Freiland gesät, obwohl er auch in großen Töpfen gezogen werden kann. Er verträgt kein Umpflanzen. Grabt ihm ein 5 cm tiefes Loch, werft ein Samenkorn hinein, gebt Erde darauf und wässert gut. Zwischen den Pflanzen sollten 30 cm Abstand bleiben.

Welke Blüten werden abgezwickt, damit sich keine Samen bilden. Sie würden sich so stark ausbreiten, dass im nächsten Jahr nur noch Borretsch im Garten wächst.

Häufige Krankheiten und Schädlinge: Borretsch lockt neben Blattläusen auch Bienen und andere Insekten an, was gut für Nachbarpflanzen ist.

Ernte: Die Blüten sind eine hervorragende Garnierung für Salate und Drinks. Man erntet sie, sobald sie sich öffnen. Junge, zarte Blätter verwertet ihr am besten, bevor sie bitter und haarig werden.

RINGELBLUMEN (CALENDULA OFFICINALIS)

Die wunderschönen Blüten locken allerlei Bestäuber an. Sie sind aber auch essbar und eignen sich als Garnierung für Salate.

Empfohlene Sorten:
Pacific-Mischung, Orange Flash.

Lebensdauer: einjährig.

Pflanzzeit: Frühjahr/Herbst.

Standort: im Halbschatten zwischen Nutzpflanzen wie Tomaten und Bohnen.

Höhe: 30 cm.

Kultur: Sät das Saatgut im April zwischen andere Pflanzen, streut dünn Erde darauf und wässert gut. Nach dem Keimen wird auf 10 cm Abstand ausgedünnt, bei Trockenheit gegossen. Erntet die Blüten regelmäßig, damit die Pflanze immer weiter blüht, aber lasst zum Schluss ein paar stehen, um Samen für das nächste Jahr zu bekommen.

Krankheiten und Schädlinge: keine.

Ernte: Sobald sich die Blüten öffnen.

STUDENTENBLUMEN (TAGETES)

Die dekorative und zugleich essbare Pflanze ist eine ideale Begleiterin für andere Gewächse. Sie bringt nicht nur Schwung in Salate, sondern hält auch Weiße Fliegen fern. Es sind aber nicht alle Arten essbar.

Empfohlene Sorten:
African-Serie, Inca II Yellow.

Lebensdauer: einjährig.

Pflanzzeit: Frühjahr/Sommer.

Standort: in vollsonnige Rabatten neben Tomaten und Gurken.

Höhe: 15–90 cm.

Kultur: Die Aussaat erfolgt im März in kleinen Töpfen auf der Fensterbank oder ab Mai/Juni direkt ins Freiland. Zwischen den einzelnen Pflanzen sollten 10–20 cm Abstand bleiben.

Nach einer Aussaat im Haus müsst ihr die Pflänzchen vor dem Umzug ins Freie im Mai ein paar Wochen lang zum Abhärten täglich nach draußen stellen und nachts wieder nach drinnen bringen.

Wässert Studentenblumen im Freiland ausschließlich bei längerer Trockenheit, außer sie wachsen in Töpfen. Ein regelmäßiges Abzwicken welker Blüten verlängert die Blühdauer.

Häufige Krankheiten und Schädlinge: Unter feuchten Bedingungen können Fäule und Mehltau auftreten. Sorgt für guten Wasserabzug und eine ausreichende Luftzirkulation.

Ernte: Blüten und Blätter werden jung und frisch geerntet. Mit den Blüten kann man Gerichte ähnlich wie mit Safran färben oder garnieren.

LAVENDEL (LAVANDULA)

Lavendel wächst praktisch von selbst und lockt Scharen von Bienen in den Garten. Man kann ihn sogar zum Mischen eigener Kräuter der Provence nutzen!

Empfohlene Sorten: jede französische oder spanische Sorte.

Lebensdauer: mehrjährig.

Pflanzzeit: Frühjahr.

Standort: sonnig, mit durchlässigem Erdreich. Ich setze Lavendel gern an einen Platz, an dem ich häufig vorbeigehe, damit ich ihn möglichst oft rieche. Auch in Töpfen draußen vor dem Hauseingang kann man ihn ziehen. Das Substrat muss aber sehr durchlässig sein.

Höhe: 40–80 cm, je nach Sorte.

Kultur: Man kann Lavendel durch Aussaat heranziehen. Drinnen dauert es etwa drei Monate, bis er keimt. Im ersten Jahr draußen blüht er kaum, aber ab dem zweiten Jahr wird man reich belohnt. Wer Bestäuber in den Garten locken möchte, die auch andere Nutzpflanzen besuchen, kann das Ganze durch den Kauf von Setzlingen oder älteren Pflanzen beschleunigen.

Lavendel braucht im ersten Jahr regelmäßig Wasser. Danach kann man es lockerer angehen, denn er verträgt Trockenheit.

Schneidet Lavendel im Spätsommer nach der Blüte zurück, sonst verkahlt er. Dazu entfernt ihr den diesjährigen Wuchs und max. 2 cm des vorjährigen Holzes.

Häufige Krankheiten und Schädlinge: Am häufigsten kommt es zu Wurzelfäule, weil der Boden zu schwer oder zu nass ist. Wer nicht den passenden Boden im Garten hat, setzt Lavendel in Töpfe. Er kann vom Rosmarinkäfer befallen werden, der ihn aber nicht groß schädigt.

Ernte: Erntet die Blüten, kurz bevor sie sich öffnen, da sie in diesem Stadium am intensivsten duften. Die Zweiglein hängt ihr umgedreht auf und trocknet sie – zum Verschenken oder als Duftgeber im Haus.

Lavendel

DAHLIEN (DAHLIA)

Dahlien sind Jahr für Jahr ein Quell der Freude und Schönheit. Sie bringen mit ihren Prachtblüten im Spätsommer und Frühherbst Farbe in den Garten. Zugleich aber sind alle Dahlienknollen auch essbar. Der Geschmack variiert zwischen Wasserkastanien und würzigem Apfel.

Empfohlene Sorten: Cafe au Lait, Bishop of York.

Lebensdauer: mehrjährig.

Pflanzzeit: Frühjahr/Sommer.

Standort: warm, sonnig, geschützt.

Höhe: bis zu 1,5 m.

Kultur: Man kann Dahlien aussäen oder aus Knollen ziehen. Ideal dafür ist ein Gewächshaus, doch auch ein sonniges Plätzchen im Haus tut es. Nach dem letzten Frost müssen sie aber ins Freie.

Lasst pro Knolle nur fünf Triebe stehen. Das fällt zwar schwer, aber dafür habt ihr die Garantie, dass sich schöne, eindrucksvolle Blüten entwickeln.

Beim Auspflanzen müssen die Pflanzen gut gestützt werden, denn Wind und Regen können sie abknicken. Bei der Kultur im Topf empfehle ich eine Zwergsorte.

Schneidet regelmäßig Blüten für die Vase oder zwickt zumindest welken Flor ab, damit sie immer weiter blühen! Es reicht, sie über den ersten grünen Blättern unter der Blüte abzuschneiden.

Dahlien sind mehrjährig, überleben den europäischen Winter aber nicht. Grabt die Knollen aus und lagert sie drinnen.

Häufige Krankheiten und Schädlinge: Ohrwürmer knabbern an den Blüten. Setzt strohgefüllte Töpfe umgedreht auf Stangen. Die Tiere verkriechen sich darin und können dann weggebracht werden. Schnecken verwehrt man den Zugang mit Kaffeesatz und Eierschalen.

Ernte: Schneidet die Stängel nicht komplett ab, auch wenn es verlockend ist. Dann blühen eure Dahlien bis zum ersten Frost im Oktober oder November.

Dahlie

ZINNIEN (ZINNIA)

Zinnien waren die ersten Blumen, die die NASA im Weltall kultiviert hat – wie cool ist das denn? Sie schmecken recht bitter, eignen sich aber vorzüglich für Salate und Cocktails und setzen zudem leuchtende Farbtupfer im Garten.

Empfohlene Sorte: Zinderella Peach.

Lebensdauer: einjährig.

Pflanzzeit: Sommer.

Standort: ein sonniger Platz mit durchlässiger Erde. Auch Topfkultur ist möglich.

Höhe: 15 cm bis 1 m, je nach Sorte.

Kultur: Zinnien ziehen nicht gerne um, deshalb sät oder setzt man sie am besten von vornherein draußen oder in einen Topf mit durchlässigem Substrat. Wichtig ist auch eine Stütze, denn wenn sie umfallen oder sonst wie verletzt werden, blühen sie nicht.

Die durstigen Pflanzen dürfen nicht austrocknen. Man wässert am besten direkt den Wurzelraum. Besonders im Auge behalten solltet ihr Zinnien im Topf.

Zum Saisonende kann man die Samen für das nächste Jahr sammeln.

Häufige Krankheiten und Schädlinge: Grauschimmel ist ein Pilz, der die Blätter schrumpfen lässt und mit grauem Pilzrasen überzieht. Gute Luftzirkulation beugt einem Befall vor. Lasst keine verrottenden Blätter herumliegen und wässert direkt das Erdreich, denn wenn man von oben auf die Pflanzen gießt, verbreitet sich der Pilz umso schneller.

Ernte: Abzwicken welker Blüten verlängert den Flor. Frische Blüten sind ein schöner Vasenschmuck, machen sich aber auch in Cocktails gut.

Zinnie

SALBEI (SALVIA OFFICINALIS)

Salbeibüsche können sechs bis zehn Jahre alt werden. Ihre auffallenden violetten Blüten peppen Salate auf und geben Essig Farbe.

Empfohlene Sorten: jede panaschierte Sorte.

Lebensdauer: mehrjährig.

Pflanzzeit: Frühjahr/Herbst.

Standort: warm, sonnig, geschützt. Salbei verträgt auch Streuschatten, doch ist dort seine Färbung nicht so ausgeprägt.

Höhe: 30–80 cm.

Kultur: Ihr könnt Salbei aussäen, durch Stecklinge vermehren oder ältere Pflanzen teilen (nur nicht zu oft!).

Aussaat: Saatgut an einem sonnigen Platz auf durchlässige Böden streuen, mit 3 mm Erde bedecken und gut wässern. Bis zur Keimung kann weit über ein Monat vergehen. Dann ausdünnen und weiter oft wässern, bis sich Wurzeln bilden.

Stecklinge: Von frischem Wuchs im Frühjahr Stecklinge nehmen und vor dem Einpflanzen in Bewurzelungspulver tauchen. Mit einer Plastikschale abdecken und an einen warmen Platz auf der Fensterbank stellen, bis sich frischer Wuchs zeigt, dann um- oder auspflanzen.

Teilung: Wurzelballen aufnehmen und teilen. Beide Teile separat einpflanzen.

Häufige Krankheiten und Schädlinge: Bei einem Befall mit Echtem Mehltau sieht das Laub wie mit Mehl bestäubt aus. Der Pilz kommt vor allem im Sommer vor. Wichtig sind ausreichende Bewässerung und Luftzirkulation. Infizierte Blätter abzupfen, die gesamte Pflanze ausdünnen, damit sie mehr Luft bekommt.

Der Rosmarinkäfer beeindruckt zwar mit seinem metallisch grünen und violetten Glanz, frisst aber die Blätter. Entfernt ihn von Hand, wenn ihr ihn seht.

Ernte: Die Blätter können ganzjährig geerntet werden, denn dieser Salbei ist immergrün, allerdings schmecken sie vor der Blüte am besten. Stutzt den Halbstrauch nach der Blüte, damit er im nächsten Jahr frisch austreibt.

MINZE (MENTHA)

Es gibt viele Minzearten und -sorten. Ich kultiviere im Moment eine ganze Reihe davon, darunter Bananenminze, Schokominze, Ingwerminze, Basilikumminze, Zitronenminze, Pfefferminze und – meine absolute Favoritin – Ananasminze.

Empfohlene Sorten:
Erdbeerminze, Ananasminze.

Lebensdauer: einjährig.

Pflanzzeit: Frühjahr.

Standort: Minze wächst in so ziemlich allen feuchten, durchlässigen, fruchtbaren Böden. Sie verträgt Sonne ebenso wie Halbschatten.

Wenn ihr nicht wollt, dass sich die Minzen kreuzen, kultiviert unterschiedliche Sorten nicht nah beieinander.

Vor ein paar Jahren habe ich außerdem den Fehler gemacht, Minze im Freilandareal meines Gartens zu pflanzen. Sie hat alles überwuchert und ließ sich nicht mehr eindämmern. Ich musste schließlich die gesamte Bepflanzung herausreißen und den Boden bis in eine Tiefe von 1 m umgraben, um alle Wurzelreste herauszuholen. Minze breitet sich aggressiv über Rhizome aus, die horizontal unter der Erdoberfläche wachsen und immer mehr Wurzeln und Triebe bilden.

Das bedeutet: Selbst das kleinste Wurzelstückchen treibt wieder aus. Deshalb sollte man Minze stets im Topf ziehen oder eine Wurzelsperre einsetzen.

Höhe: 30–120 cm, je nach Variante.

Kultur: Streut die Samen locker auf die Oberfläche und bedeckt sie nur dünn mit Erde, denn sie brauchen Licht zum Keimen. Sät nicht zu dicht. Wenn man gut wässert, kann man schon nach drei Monaten erste Blätter ernten. Minze sollte regelmäßig umgetopft und nicht mit anderen Minzen kombiniert werden.

Wichtig ist regelmäßiges Wässern. Der Boden muss feucht bleiben, darf aber nicht staunass sein.

Minze wird mitunter sehr dicht und liefert oft viel mehr, als wir verbrauchen können. Wenn ihr nicht alles verwerten könnt, ist das kein Problem. Schneidet einfach Überschüssiges ab und trocknet es, um es später zu verwerten. Außerdem sollte man Seitentriebe entfernen. Gerade zum Saisonende kurz vor der Winterpause profitiert Minze von einem Rückschnitt.

Ich schneide meine Minze zum Ende der Saison in der Regel fast bis zum Boden zurück – dann treibt sie im Frühjahr umso stärker wieder aus. Bei dieser Gelegenheit kann man auch gleich Stecklinge nehmen, falls man sie vermehren möchte.

Minze

Düngen: Düngt eure Minze mit einem organischen Dünger, etwa gut verrottetem Stallmist, oder einem Langzeitdünger wie Insektenguano oder Wurmerde. Mit der Nährstoffzufuhr könnt ihr zum Saisonstart im Frühjahr oder rund einen Monat nach dem Säen beginnen.

Häufige Krankheiten und Schädlinge: Minze ist das Angriffsziel etlicher Schädlinge, darunter Milben und Blattläuse.

Bei leichtem Befall spritzt man die Tiere mit einem harten Wasserstrahl weg – Blattläuse wird man damit in der Regel gut los. Als letztes Mittel kann bei starkem Befall der Einsatz eines Insektizids geboten sein. Besorgt euch ein Präparat auf der Basis eines zugelassenen biologischen Wirkstoffs, das Nützlinge wie Käfer und Schmetterlinge schont. Bringt es an einem bedeckten Tag aus.

Auch natürliche Fressfeinde von Blattläusen wie Florfliegen und Marienkäfer kann man als biologische Bekämpfung anlocken oder zu Saisonbeginn sogar aussetzen. Besorgt euch aber heimische Arten.

Leider recht oft wird Minze vom Pfefferminzrost, einem Schadpilz, befallen. Ihr erkennt ihn an kleinen rostroten Flecken auf der Blattunterseite. Später kommen verfärbte Beulen dazu. Schneidet eine befallene Pflanze sofort rigoros zurück.

Ernte: Zwickt Triebe oder Blätter bei Bedarf ab. Wenn ihr eine Pflanze zurückschneidet, könnt ihr die abgeschnittenen Teile trocknen, in Essig oder Öl einlegen oder sogar in der Küchenmaschine hacken und einfrieren.

PETERSILIE (PETROSELINUM CRISPUM)

Petersilie gehört in der italienischen Küche zu den meistverwendeten Kräutern. Sie wird zur Erfrischung des Atems genutzt und oft mit Knoblauch kombiniert.

Lebensdauer: zweijährig.

Pflanzzeit: Frühjahr/Sommer.

Standort: Petersilie wächst gut im Halbschatten, ist also bestens für Rabatten geeignet.

Höhe: 30–60 cm.

Kultur: Sät mehr Petersilie aus, als ihr braucht, sie keimt nämlich nicht allzu zuverlässig. Die Erfolgschancen sind höher, wenn ihr sie vorher 36 Stunden in warmes Wasser einweicht, um die harte Schutzhülle von den Samen zu entfernen.

Petersilie braucht es feucht und warm. Wer also kein Gewächshaus hat, deckt die Töpfe mit einem durchsichtigen Plastikbeutel ab, bis die Samen keimen. Dann wird er abgenommen und der Topf an einen sonnigen Platz im Haus gestellt. Dünnt die Keimlinge in jedem Topf bis auf das kräftigste Pflänzchen aus. Diese härtet ihr ab und pflanzt sie ins Freie.

Bei der Kultur in Töpfen muss das Pflanzgefäß ziemlich hoch sein, damit die Wurzeln viel Platz haben. Wichtig ist ferner ausgiebiges Wässern. Durch regelmäßiges Abernten regt man die Pflanzen zum Neuaustrieb an.

Häufige Krankheiten und Schädlinge: Möhrenfliegenlarven fressen Gänge in die Wurzeln. Gegen einen Befall kann man nicht viel tun, deshalb ist Vorbeugung alles! Verletzt Petersilie nicht, denn der Geruch lockt die Fliege an. Man kombiniert sie mit Begleitern wie Schnittlauch und Knoblauch, nicht jedoch mit Möhren.

Möglich ist ferner ein Blattlausbefall. Marienkäfer sollten das regeln.

Ernte: Petersilie für die Küche wird am Ansatz abgeschnitten. Wer etwas für den Winter braucht, trocknet sie oder friert sie in Eiswürfeln ein.

Petersilie

BASILIKUM (OCIMUM BASILICUM)

Als Italiener kann ich nicht genug von Basilikum bekommen. Ich gebe es in Tomatensalat, auf Pizza, in Pastasoße oder verarbeite es zu Pesto. Es ist unkompliziert und ein großartiger Begleiter für – dreimal dürft ihr raten – genau: Tomaten.

Empfohlene Sorten: Genoveser Basilikum, Thai-Basilikum, violettes Basilikum.

Lebensdauer: ein- bis mehrjährig, wird aber einjährig kultiviert.

Pflanzzeit: Frühjahr/Sommer.

Standort: Basilikum macht sich gut auf einer hellen Fensterbank ohne direkte Sonne oder als Begleitpflanze von Tomaten, Chilis und Spargel.

Höhe: 30–100 cm.

Kultur: Sät Basilikum im März in eine Saatschale aus und stellt sie an einem warmem Ort auf. Das Substrat muss feucht bleiben, darf aber nie triefend nass sein. Nach dem Austrieb setzt man die Sämlinge in Einzeltöpfe, stellt sie warm und hält sie weiter feucht.

Nach dem letzten Frost kann man die Töpfe tagsüber nach draußen stellen. Im Juni pflanzt ihr das Basilikum aus oder lasst es im Topf.

Wenn ihr Basilikum regelmäßig aberntet und nicht blühen lasst, könnt ihr es bis in den Herbst erhalten und nutzen.

Häufige Krankheiten und Schädlinge: Das Hauptproblem von Basilikum sind Schnecken, gerade wenn man es im Freiland oder bodennah kultiviert. Macht ihnen den Zugang zu den Blättern mit einer Barriere aus Eierschalen schwer.

Ernte: Sobald die Pflanzen etwas größer sind, könnt ihr ernten. Schneidet oder zupft immer ganze Triebstücke über einer Blattachsel ab. So verzweigt sich das Basilikum und wächst weiter.

Basilikum

ROSMARIN (SALVIA ROSMARINUS)

Das vielseitige Kraut sieht gut aus und riecht fantastisch. Es ist eine Bereicherung für jeden Garten, vor allem im Frühjahr, wenn es blüht.

Empfohlene Sorte: Barbecue.

Lebensdauer: mehrjährig.

Pflanzzeit: Frühjahr/Herbst.

Standort: sonnig, geschützt, auf sehr durchlässigen Böden.

Höhe: 50–150 cm.

Kultur: Man sät Rosmarin im März drinnen in einem Anzuchtkasten oder im Mai auf einer Fensterbank aus. Die Samen werden in Saatschalen oder Einzeltöpfe auf feuchtes Substrat gestreut. Obenauf kommt eine staubdünne Lage Erde, dann wird alles mit einem Plastikbeutel oder Frischhaltefolie abgedeckt.

Sobald die Keimlinge ein paar Zentimeter groß sind, siedelt man sie in größere Töpfe um. Das Substrat muss sehr durchlässig sein – ihr könnt die Drainage verbessern, indem ihr den Boden mit einer Kiesschicht bedeckt. Die Wurzeln dürfen auf keinen Fall im Wasser stehen.

Im Frühsommer kommen die nun schon etwas größeren Pflänzchen nach draußen. Sollen sie ins Freiland, weist man ihnen einen sonnigen Platz mit stark durchlässiger Erde zu. Wenn ihr Lehmböden habt, hebt ihr ein Loch aus, mischt Kies in den Aushub und werft ihn wieder in das Loch, bevor ihr den Rosmarin hineinpflanzt.

Erntet Rosmarin regelmäßig ab und schneidet ihn jährlich im Winter zurück, damit er nicht verkahlt.

Häufige Krankheiten und Schädlinge: Das größte Problem für Rosmarin ist unzureichender Wasserabzug. Wenn der Freilandboden eine schlechte Durchlässigkeit hat, zieht ihr eure Pflanzen in Töpfen mit einem durchlässigen Substrat.

Ernte: Erntet Rosmarin bei Bedarf.

Vermehrung: Schneidet einen frischen, 15–20 cm langen Trieb ab und zupft die unteren Blätter ab. Entfernt das untere Ende bis unter ein Blattauge (ein Knoten, aus dem Blätter entsprungen sind) und taucht die Wunde in Bewurzelungspulver. Dann steckt ihr das Triebstück in einen Topf mit Substrat und einer Bodenschicht aus Kies. Haltet ihn feucht, aber nicht zu nass.

OREGANO (ORIGANUM VULGARE)

Oregano ist ein hervorragendes Mittelmeerkraut, das ich in meiner italienischen Küche oft zum Einsatz bringe. Es lässt sich leicht anbauen, duftet fein und sieht gut aus, wenn es blüht.

Lebensdauer: mehrjährig.

Pflanzzeit: Frühjahr.

Standort: Ideal ist ein sonniger, geschützter Platz, an dem man Oregano als Bodendecker einsetzen kann.

Höhe: 30–60 cm.

Kultur: Streut im März ein paar Samen auf feuchte, durchlässige Erde. Stellt das Gefäß warm, etwa an ein sonniges Fenster. Die Erde muss feucht bleiben, doch darf sich keine Nässe stauen.

Topft die Sämlinge um und gebt ihnen bis Mai einen warmen Platz. Eventuell muss noch einmal umgetopft werden, falls nicht geplant ist, sie ins Freiland zu setzen. In diesem Fall wartet ihr bis nach dem letzten Frost und härtet die Pflanzen außerdem ein, zwei Wochen lang ab.

Oregano kommt an einen sonnigen, geschützten Standort mit durchlässiger Erde. Zur Sicherheit kann man eine Handvoll Kies ins Pflanzloch werfen. Im Freiland wird sparsam gewässert, im Topf etwas mehr, vor allem bei Hitze. Erntet Oregano regelmäßig ab. Im Hochsommer schneidet ihr den Oregano zurück, damit er frisch austreibt. Zieht man ihn in Pflanzgefäßen, topft man ihn jährlich im Frühjahr um.

Häufige Krankheiten und Schädlinge: Bei guter Drainage sollte es keine Probleme geben.

Ernte: Zwickt euch bei Bedarf frische Triebe ab. Im Hochsommer schneidet man die ganze Pflanze zurück und lässt die Zweiglein in der Sonne trocknen.

Oregano

SCHNITTLAUCH (ALLIUM SCHOENOPRASUM)

Schnittlauch trumpft nicht nur mit auffallenden Blüten auf, er schmeckt auch göttlich und ist völlig unkompliziert, ob draußen oder auf der Fensterbank.

Empfohlene Varianten: Knoblauch-Schnittlauch. Wer genug Platz hat, kann es auch mit Sibirischem Lauch probieren.

Lebensdauer: mehrjährig.

Pflanzzeit: Frühjahr.

Standort: vollsonnig bis halbschattig.

Höhe: 30 cm.

Kultur: Wenn ihr einen beheizten Anzuchtkasten habt, könnt ihr mit der Aussaat im März bei 20–25 °C anfangen. Mit der Aussaat auf einer Fensterbank wartet ihr besser bis Mai. In beiden Fällen wird das Saatgut auf feuchte, durchlässige Erde gestreut und drei Wochen lang in Ruhe gelassen.

Sobald sich Sämlinge gebildet haben, setzt man sie in kleine Töpfe um, hält sie aber noch immer feucht. Wenn sie schließlich ab Mai ins Freiland kommen, müsst ihr sie allmählich an die Bedingungen draußen gewöhnen. Schnittlauch bevorzugt einen sonnigen bis halbschattigen Platz in durchlässiger Erde.

Er treibt jedes Jahr neu aus und breitet sich sogar aus. Man kann ihn teilen, was vor allem in Töpfen ratsam ist.

Häufige Krankheiten und Schädlinge: Bei zu viel Nässe bzw. Luftfeuchtigkeit droht Schnittlauchrost, der gelbe Flecken auf den Blättern verursacht. Ein Gegenmittel gibt es nicht, befallene Exemplare müssen vernichtet werden, dürfen aber nicht auf den Kompost, da sich der Pilz sonst ausbreitet. Pflanzt keine Lauchgewächse mehr am alten Standort.

Ernte: Die Blätter werden nach Bedarf am Ansatz abgeschnitten, die Blüten zwickt man direkt am Stiel ab.

Schnittlauch

THYMIAN (THYMUS VULGARIS)

Thymian gehört zu den vielseitigsten Kräutern. Er lässt sich einfach kultivieren und sieht auch noch gut aus, vor allem, wenn er zu blühen beginnt.

Empfohlene Sorten: Zitronenthymian, Sand-Thymian (der sogar trittfest ist).

Lebensdauer: mehrjährig.

Pflanzzeit: Frühjahr/Herbst.

Standort: sonnig, geschützt, mit sehr durchlässiger Erde.

Höhe: etwa 25 cm.

Kultur: Ausgesät wird Thymian im März in einem beheizten Anzuchtkasten oder im Mai auf einer Fensterbank. Verwendet eine Saatschale oder Einzeltöpfe mit feuchtem Substrat, streut das Saatgut darauf, deckt es dünn mit Erde ab und stülpt einen durchsichtigen Plastikbeutel darüber oder spannt eine Klarsichtfolie.

Später kommen die Sämlinge in größere Töpfe. Weil gute Drainage entscheidend ist, sollte eine Bodenschicht aus Kies mit hinein. Das verhindert, dass die Wurzeln im Wasser stehen.

Sind die Pflänzchen schon größer, werden sie bis zum Spätsommer bei Bedarf noch einmal umgetopft. Dann können sie ins Freiland umziehen. Soll das ihr endgültiger Standort werden, weist ihr ihnen einen sonnigen Platz mit stark durchlässiger Erde zu. Dazu hebt ihr ein Loch aus, gebt Kies hinein oder mischt etwas Kies in den Aushub und pflanzt den Thymian wieder ein. Er wächst gut auf Kies, ja, sogar in Mauer- und Pflasterritzen.

Häufige Krankheiten und Schädlinge: Die größte Gefahr ist Überwässerung. Nach dem Einwachsen muss Thymian nicht mehr gewässert werden. Es tut ihm gut, wenn er im Winter nach drinnen gebracht wird, vor allem bei feuchter Witterung.

Ernte: Schneidet Blätter und Blüten bei Bedarf ab.

Thymian

ERDBEEREN IM TOPF (FRAGARIA × ANANASSA)

Erdbeeren liefern die Sommersüße schlechthin. Nichts geht über selbst gezogene Früchte. Sie gedeihen im Topf oder einer Blumenampel und sehen gut aus.

Empfohlene Sorten: Mara des Bois, Mieze Schindler, Honeoye.

Lebensdauer: mehrjährig.

Pflanzzeit: Frühjahr/Sommer.

Standort: in voller Sonne.

Höhe: 15–50 cm, je nach Sorte.

Kultur: Ihr braucht pro Erdbeerstaude einen hohen, großen Topf mit durchlässigem, nährstoffreichem Substrat (eine Lage Kies am Boden ist ideal). Ihr könnt im Frühjahr sogenannte Frigopflanzen kaufen und einsetzen, die beste Pflanzzeit für Erdbeeren ist jedoch der August.

Die Erde muss feucht bleiben, doch dürfen die Pflänzchen nicht im Wasser sitzen. Eine wöchentliche Dosis Tomatendünger tut ihnen gut. Bilden sich keine Beeren mehr, schneidet man die Staude zurück, damit sie im Frühjahr neu austreibt. Sie sollte mindestens zwei Jahre gut tragen, danach ersetzt man sie.

Häufige Krankheiten und Schädlinge: Schnecken und Vögel sind ein Problem. Legt Stroh unter die Pflanze, das hält Schnecken fern, unterdrückt Unkraut und wärmt den Boden. Mit Netzen verhindert ihr den Beerenklau durch Vögel.

Bei hoher Feuchtigkeit kann Grauschimmel die Erdbeeren befallen. Haltet die Pflanze möglichst trocken und wässert nur morgens den Boden. Befallene Früchte entfernt ihr am besten sofort.

Vermehrung: Erdbeeren bilden Ausläufer, aus denen neue Exemplare entstehen. Solange die Hauptpflanzen tragen, zwickt man die Ausläufer ab, damit sie alle Energie in die Bildung von Beeren stecken. Beginnen sie aber schwächer zu fruchten, kann man die Ausläufer wachsen lassen. Zunächst klammert ihr sie mit Draht auf einem Topf mit Erde fest, die Ausläufer bleiben dabei aber noch mit der Mutterpflanze verbunden. Haben die Ausläufer selbst Wurzeln gebildet, trennt ihr sie von der Mutterpflanze und topft sie ein. Wer das jedes Jahr macht, hat man immer frische Pflanzen.

HIMBEEREN IM TOPF (RUBUS IDAEUS)

Himbeeren sind ein völlig unkompliziertes Obst, sie zu kaufen kann aber ins Geld gehen. Zieht man sie im Topf, kann man sie überall genießen, auch ohne Garten.

Empfohlene Sorten: Sommerhimbeeren: Sanibelle, Golden Queen, Meeker. Herbsthimbeeren: Autumn Bliss, Himbo-Top.

Lebensdauer: mehrjährig.

Pflanzzeit: Ausgesät wird im Winter, Ruten pflanzt man im Frühjahr.

Standort: sonnig.

Höhe: 1–2 m.

Kultur: Himbeeren werden oft als Strauch gekauft, entweder wurzelnackt oder in Töpfen, lassen sich aber auch ansäen. Das Saatgut gibt es im Handel, doch tragen Himbeeren bei Aussaat frühestens nach 18 Monaten.

Sät Himbeeren in einer Saatschale mit feuchtem Substrat etwa 6 mm tief mit 2–3 cm Abstand aus. Dann stellt ihr sie in ein Frühbeet draußen oder in einen nicht beheizten Raum, etwa einen Schuppen oder eine Garage, damit sie keimen.

Im Frühjahr kann man die Pflänzchen bei etwa 16 °C an einen halbschattigen Platz im Freien stellen. Unterdessen könnt ihr schon die Töpfe vorbereiten. Sie müssen mit stark durchlässigem, nährstoffreichem Substrat gefüllt werden. Sommerhimbeeren brauchen eine Stütze. Sobald die Sämlinge 2–3 cm hoch sind, topft man sie um. Sie benötigen 30–50 cm Platz. Also setzt man sie entweder zusammen in ein sehr großes Gefäß oder gleich einzeln in Töpfe.

Häufige Krankheiten und Schädlinge: Himbeeren sollten mit einem engmaschigen Netz vor Vögeln, Mäusen, Wanzen und der Fruchtfliege geschützt werden.

Ernte: Erntet die Beeren vorsichtig und häufig.

Himbeeren

WASSERMELONE (CITRULLUS LANATUS)

Man kann Wassermelonen in fast jede beliebige Form bringen. Stülpt ein durchsichtiges Glasgefäß darüber, solange sie noch klein sind. Das kann ruhig auch eckig sein. Wenn die Melone darin wächst, nimmt sie die Form des Gefäßes an. Würfel- und herzförmige Wassermelonen sind besonders in Japan beliebt.

Empfohlene Sorten: Für beengte Verhältnisse eignet sich Champagne F1 am besten.

Lebensdauer: einjährig.

Pflanzzeit: Frühjahr/Sommer.

Standort: Wassermelonen brauchen viel Sonne und durchlässige Böden. Selbst ein Topf auf dem Balkon eignet sich, er muss nur groß genug sein! Ich empfehle eine kompakte Sorte. Melonen lassen sich sogar an Kletterhilfen ziehen. Gute Begleitpflanzen, die Schädlinge fernhalten, sind Studentenblumen und Kapuzinerkresse.

Höhe: 40 cm, Ranken bis 10 m lang, sortenabhängig.

Kultur: Ihr könnt Samen aus gekauften Wassermelonen hernehmen (sie lassen sich fünf Jahre lang lagern), bekommt dann aber keine spezielle Sorte. Nach der Aussaat drinnen setzt man die Pflänzchen ins Freie, sobald der Boden warm genug ist. Man kann sie im Gewächshaus, unter Glasglocken oder im Frühbeet vortreiben. Wassermelonen sind Kletterpflanzen, die sich großflächig ausbreiten, ihr braucht also viel Platz. Wenn ihr sie an Rankgittern zieht, muss das Gerüst sie und die Melonen tragen. Ihr könnt die Früchte in eine Art Hängematte betten, etwa aus einem alten T-Shirt.

Häufige Krankheiten und Schädlinge: Als Vorbeugung gegen Echten Mehltau – er tritt meist im Sommer auf – helfen ausreichend Wasser und Luftzirkulation. Befallenes Laub zupft ihr ab.

Möglich ist ein Befall mit Blattläusen. Dezimieren lassen sie sich mit Florfliegen und Marienkäfern.

Ernte: Sobald Melonen erntereif sind, wird ihre glänzende Schale stumpf und die Unterseite hellgrün oder gelb.

ZUCKERMELONEN (CUCUMIS MELO)

Wusstet ihr, dass es über 1200 Zuckermelonensorten gibt? Die weltweit teuerste ist die japanische Yubari King. Ein Exemplar kostet bis zu 20000 Dollar!

Empfohlene Sorte: Rich Sweetness.

Lebensdauer: einjährig.

Pflanzzeit: spätes Frühjahr/Sommer.

Standort: Ideal ist ein sonniger Platz mit viel Luftfeuchtigkeit. In unseren Breiten zieht man sie am besten im Gewächshaus, im Folientunnel, unter einer Glasglocke oder im Frühbeet. Im Topf gedeihen sie eventuell auch auf einem Balkon. Beste Ergebnisse sind von Zwergsorten zu erwarten.

Zuckermelonen können sich unter Umständen mit Gurken kreuzen. Wer Samen gewinnen will, sollte sie nicht nebeneinander kultivieren.

Höhe: 40 cm, Ranken bis 5 m lang!

Kultur: Treibt eure Zuckermelonen drinnen vor, denn Frost bringt sie um. Sät sie zu mehreren in einem Topf, dann wartet ihr, bis sie keimen. Entfernt den schwächsten Sämling und pflanzt die übrigen nach draußen, sobald kein Frost mehr droht. Wenn sie an der ersten Blüte keine Frucht ansetzen, ist das kein Grund zur Besorgnis – Melonen fruchten normalerweise erst nach der zweiten Blüte. Ihr zieht sie am besten an Kletterhilfen und zwickt die Triebspitzen über dem fünften Blatt ab, um die Bildung von Seitentrieben zu fördern. Behaltet aber nur die kräftigsten Triebe und entfernt die restlichen!

Behaltet nur die drei größten Früchte pro Trieb und schneidet den Rest ab, sobald sie so groß sind wie ein Ei.

Düngen: Sehr sinnvoll bei Melonen ist ein kaliumreicher Dünger.

Häufige Krankheiten und Schädlinge: Echten Mehltau erkennt man am pudrigen Blattüberzug. Er tritt vor allem im Sommer auf. Wässert ausreichend und sorgt für gute Luftzirkulation, das senkt das Befallsrisiko. Infiziertes Laub zupft man ab, den Rest dünnt man aus, um die Durchlüftung zu verbessern.

Blattläuse sitzen bei Gurkengewächsen manchmal auf der Blattunterseite und saugen Saft. Dezimieren lassen sie sich mit Florfliegen und Marienkäfern.

Ernte: Schnüffelt an den Melonen! Riechen sie süß, sind sie erntereif. Wenn ihr weniger wässert, kurz bevor sie ganz reif werden, schmecken sie süßer.

ZWERGOBSTBÄUME

Zwergobstbäume sind lediglich Miniversionen von großen Obstgehölzen. Sie lassen sich leichter pflegen und kultivieren, vor allem in beengten Verhältnissen. Das Beste an ihnen: Man kann sie in Töpfen ziehen. Und genau das tue ich!

Lebensdauer: mehrjährig.

Pflanzzeit: Bäume sollten während ihrer Vegetationsruhe gepflanzt werden, also im Winter oder zeitigen Frühjahr. So können sie neue Wurzeln bilden, die ihnen abgeschnitten wurden oder beim Umpflanzen verlorengegangen sind. Sind sie bis April nicht in der Erde, haben sie zu wenig Wurzeln, um den Austrieb mit Wasser zu versorgen. Dann wartet man besser bis Dezember, wenn sie wieder in ihre Ruhephase treten.

Standort: Ein geschützter Südost- oder Südwestgarten ist ideal für die meisten Obstbäume, denn dort bekommen sie viel Sonne. Noch besser wäre ein hinterhofartiger, von Wänden gesäumter Garten. Dort können sie aber im Regenschatten stehen, vor allem wenn sie als Spaliere an Wänden wachsen. Ein Bewässerungssystem ist dort unverzichtbar.

Höhe: Die meisten Zwergbäume werden 2,5–3 m hoch.

Zwergapfelbaum

Zwergpfirsichbaum

Kultur: Wenn ihr Bäume für euren Garten auswählt, denkt daran: Sie brauchen Platz, um sich auszubreiten. Kauft keine älteren Exemplare, denn damit schafft ihr euch jede Menge Probleme an. Ideal sind 2- bis 3-jährige Junggehölze. Ihr müsst zwar dann noch ein, zwei Jahre warten, bis sie erstmals tragen, aber zumindest handelt ihr euch damit keinen Ärger ein.

Obstgärten werden normalerweise als Gittermuster mit Reihen in Nord-Süd-Richtung angelegt. Das ist aber kein Muss – die Bepflanzung wird vielmehr vom Layout eures Gartens vorgegeben. Ausreichend Platz ist allerdings unerlässlich; letztlich spielt dabei die endgültige Größe der Bäume eine Rolle. Zwergbäume sollten mindestens 3,5 m Abstand haben, mittelschwach wachsende mindestens 5 m. So bekommt jedes Exemplar genug Sonne und hat ausreichend Wurzelraum für sich.

Die beste Zeit zum Umpflanzen ist im März nach der Hauptfrostperiode und vor dem Ende der Vegetationsruhe. Schneidet den Baum vorher. Das minimiert später den Wasserverlust und regt das Gehölz zum Neuaustrieb an.

Jungbäume müssen nach dem Einpflanzen regelmäßig gewässert werden, wobei natürlich auch das Wetter eine Rolle spielt. Konstante Wasserversorgung sichert eine optimale Wurzelbildung. Gut reagieren Bäume auch auf einen Mulch aus reifem Stallmist auf Strohbasis.

Häufige Krankheiten und Schädlinge: Schlechte Drainage ist für viele Obstbäume eine Katastrophe. Symptome sind schlechtes Wachstum, verfärbtes Laub, Blattfall und eine lichte Krone. Am ehesten lässt sich das vermeiden, indem man für ein durchlässiges Erdreich sorgt.

Wenn Bäume von Heerscharen von Blattläusen befallen werden, dauert es für gewöhnlich nicht lange, bis ihnen hungrige Marienkäfer auf dem Fuße folgen. Bis sie anrücken, kann aber schon viel Schaden angerichtet worden sein, vor allem an Jungbäumen. Zum Glück kann man inzwischen lebendige Marienkäfer preiswert kaufen und freilassen, sodass sie die Bekämpfung übernehmen.

Andere Schädlinge wie Raupen, Schnecken und Käfer lassen sich von Hand absammeln, doch rufen auch sie natürliche Fressfeinde auf den Plan, sodass letztlich ein Ökosystem von guter Biodiversität entsteht.

Krankheiten wie Obstbaumkrebs, Monilia und Grauschimmel können den ganzen Baum zum Absterben bringen, wenn man nichts dagegen tut. Indem ihr abgefallenes Laub und Früchte aufsammelt, senkt ihr das Infektionsrisiko. Bei Befallsspuren schneidet man einfach die erkrankten Teile weg und sorgt für gute Luftzirkulation.

Ernte: Die Früchte werden je nach Sorte geerntet, sobald sie reif sind.

REGISTER

K

L

M

N

O

P

R

S

T

U

V

W

Z

BILD-NACHWEIS

NOCH MEHR SPASS UND LESEFREUDE

ISBN 978-3-8310-4620-1

ISBN 978-3-8310-4624-9

ISBN 978-3-8310-3900-5

ISBN 978-3-8310-4621-8

DK

www.dk-verlag.de